技工院校电子商务专业教材
中等职业学校电子商务专业教材

电子商务网页设计

张丽媛　主编

中国劳动社会保障出版社

简介

本教材主要包括电子商务网站的规划与设计、网页开发工具的使用、网页的基本操作、图像和多媒体的应用、表单和超链接的应用、网页的布局与美化、网页特效的制作、响应式网页设计等内容。

本教材以“项目—学习任务”形式编写，设计了学习目标、任务描述、相关知识、任务实施、任务评价、思考与练习等多个栏目，形式生动丰富，语言简练通俗，易于学生理解并将理论转化为实践，从而适应职业岗位的需要。

本教材由张丽媛任主编，张彦美任副主编，石梦飞、陈晓宇参与编写。

图书在版编目（CIP）数据

电子商务网页设计 / 张丽媛主编. -- 北京：中国劳动社会保障出版社，2025. --（技工院校电子商务专业教材）（中等职业学校电子商务专业教材）. -- ISBN 978-7-5167-6892-1

Ⅰ. F713.36；TP393.092

中国国家版本馆 CIP 数据核字第 20254BY656 号

中国劳动社会保障出版社出版发行

（北京市惠新东街 1 号　邮政编码：100029）

*

河北宝昌佳彩印刷有限公司印刷装订　　新华书店经销

787 毫米 × 1092 毫米　16 开本　19 印张　359 千字

2025 年 5 月第 1 版　　2025 年 5 月第 1 次印刷

定价：48.00 元

营销中心电话：400-606-6496

出版社网址：https://www.class.com.cn

https://jg.class.com.cn

前言

目前，电子商务已成为国家产业结构优化升级、转变区域经济发展方式的战略重点，企业对电子商务专业人才的需求日益旺盛。为了培养更加符合电子商务技术领域和职业岗位（群）任职要求的中等技术应用型人才，我们组建了一支由多所中等职业学校电子商务专业带头人、专职教师及企业专家组成的编写团队，开发了这套电子商务专业教材。教材主要具有以下几点特色。

第一，满足中等职业学校教学所需。结合国家职业标准、企业需求及教学实际，构建了一个涵盖电子商务、跨境电子商务、移动商务、网络营销与直播电商的完整教材体系，包括《电子商务基础》《电子商务法律法规》等专业基础课教材，《电子商务网页设计》《电子商务数据采集与处理》《短视频制作》等技术与服务类专业核心课教材，《网店运营实务》《跨境电子商务基础与实务》《电商直播》《网店推广》等运营与推广类专业核心课教材，《电子商务会计》《电子商务物流》《电子商务文案写作》等专业拓展课教材及配套习题册等，体系完整，覆盖面广，能够满足中等职业学校教学所需。

第二，契合企业岗位任职要求。中职电子商务专业毕业生主要面向网商、跨境电商和服务电商企业，使用计算机、网络、通信等现代信息技术从事商务活动。因此，教材紧跟企业岗位任职要求，以从零起点培养学生的职业能力为原则，根据国家职业标准中的技能要求和相关知识要求设计教材内容，突出企业需求，彰显中职电子商务教材特色。

第三，符合学生认知规律。教材以中等职业学校教学模式为指引，采用“项目一学习任务”式编写形式，通过丰富的案例分析、知识拓展和课堂思考，激发学生的学习兴趣，让学生在实践中学习，在任务中成长。另外，教材的设计也充分考虑了学生的认知规律，尽可能多地以图表代替大段冗长的文字叙述，降低学习难度；采用双色或四色印刷，以提高教材的表现力。

第四，教学资源配套丰富。我们遵循有效性原则，根据教材内容和教学实际，开发相对应的微课、视频、图片资源库等数字化配套产品，以便于教师拓展教学和学生自主学习。电子课件及习题册答案可登录技工教育网（jg.class.com.cn）查询下载，数字化配套产品扫描书中二维码即可在线观看或收听。

本套教材的编写工作得到了有关学校的大力支持，教材的编审人员做了大量的工作，在此，我们表示衷心的感谢！同时，恳切希望广大读者对教材提出宝贵的意见和建议。

目 录

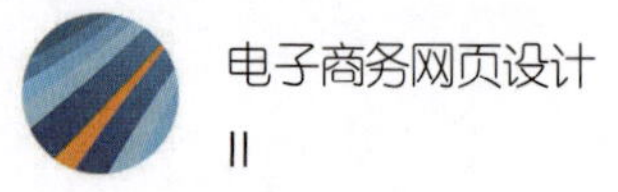

项目一
电子商务网站的规划与设计

项目概述

随着网络的广泛普及和消费者购物习惯的改变，电子商务市场的规模持续扩大。越来越多的消费者选择在线购物，这推动了电子商务行业的迅猛发展。电子商务网站作为实现电子商务交易的重要平台和窗口，不仅具备商品展示、交易处理等功能，还充当了企业与消费者之间沟通的桥梁。

要想开发一个成功的电子商务网站，首先必须进行系统的规划和设计。这个过程包括确定网站的目标和功能需求，进行用户研究和市场分析，设计网站架构和用户界面，以及规划技术实现方案等。只有在充分规划和设计的基础上，才能确保电子商务网站能够满足用户需求，提供便捷、安全的交易环境，并最终实现商业目标。

学习任务 1　电子商务网站结构设计

知识目标

1. 熟悉电子商务网站建设流程。
2. 了解电子商务网站类型。
3. 掌握网站物理结构、目录结构和逻辑链接结构。

技能目标

1. 能够全面收集客户信息，精准分析客户需求。
2. 能够根据客户需求，设计出既实用又符合用户期望的网站结构。

某鲜花店为拓展业务，决定创建“网上花店”网站，借助电子商务模式，提供网上鲜花销售、快递配送及订单管理等一站式服务，以期促进鲜花市场的进一步发展。本任务，我们将围绕行业特性、企业状况、市场态势及客户需求进行深入分析，充分挖掘“网上花店”网站所需功能，并对其进行合理规划与科学设计。

一、电子商务网站建设流程

构建一个成功的电子商务网站并非易事，需要深思熟虑的规划和细致入微的建设过程。从深入的需求分析、精心的规划设计，到严谨的开发建设，再到最终的测试上线以及后续的运营维护，每一个环节都至关重要。电子商务网站建设流程如图 1–1 所示。

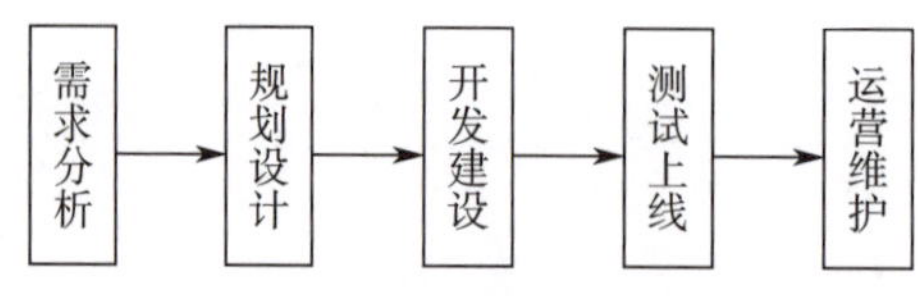

图 1–1　电子商务网站建设流程

1. 需求分析

首先要明确电子商务网站的具体需求，包括网站应具备的功能、页面设计风格、整体架构以及系统性能要求等。同时，进行深入的市场调研和竞争对手分析也是不可或缺的环节，这可以确保网站不仅满足用户需求，还能在激烈的市场竞争中脱颖而出。

2. 规划设计

在深入分析需求后，应根据所得结论来制定网站的整体规划和详细设计方案。这一过程涉及创建原型图、草图等多种设计初稿，为网站的具体构建提供明确指导。

3. 开发建设

进入开发阶段，就要进行细致的编码工作。在此过程中，要选择最适合项目需求的技术工具，精心编写程序代码，从而确保电子商务网站的每一个功能和模块都能按照设计要求完美实现。

4. 测试上线

在网站开发完成后，需要进行一系列严格的测试，包括功能测试、兼容性测试以及性能测试等，旨在确保网站的稳定性和可靠性，以期在上线后能够无故障运行。

5. 运营维护

网站正式上线后，需要进行日常的运营管理和维护工作，包括发布新闻、定期更新产品、及时处理用户订单等任务。同时，也要重视网站的安全问题，采取有效措施来防范黑客攻击，确保网站数据的安全。

此外，在网站建设过程中，还有一些其他关键的准备工作需要完成，包括挑选合适的域名和稳定的主机服务，以及按照法规要求进行网站备案等不可或缺的程序。这些步骤对于确保网站的顺利运行和合法性至关重要。

二、电子商务网站类型

根据电子商务平台的不同经营性质，可以将其划分为多种类型。具体来说，按照交易主体的不同，可以将电子商务平台划分为六种类型，分别是 B2B（企业对企业）、B2C（企业对消费者）、C2C（消费者对消费者）、O2O（线上到线下）、B2G（企业对政府）以及 C2G（消费者对政府）。目前 B2B、B2C 和 C2C 是市场上主流的电子商务网站类型。

1. B2B（Business-to-Business）类型

B2B 即企业对企业的电子商务模式，专为企业间网上交易设计。它不仅提供供求信息服务和附加信息服务，还包括与交易相关的配套服务，并具备客户管理功能。这一模式主要依托互联网进行产品、信息和服务的交流与交易。通过这类网站，企业可以发布信息、查询所需内容、展示产品以及进行广告宣传。它为企业提供了一个平台，使他们能够直接促成大规模交易。此外，企业间还能通过网络进行协商，签署电子合同，并完成在线交易。阿里巴巴网是 B2B 模式的代表，其首页如图 1-2 所示。

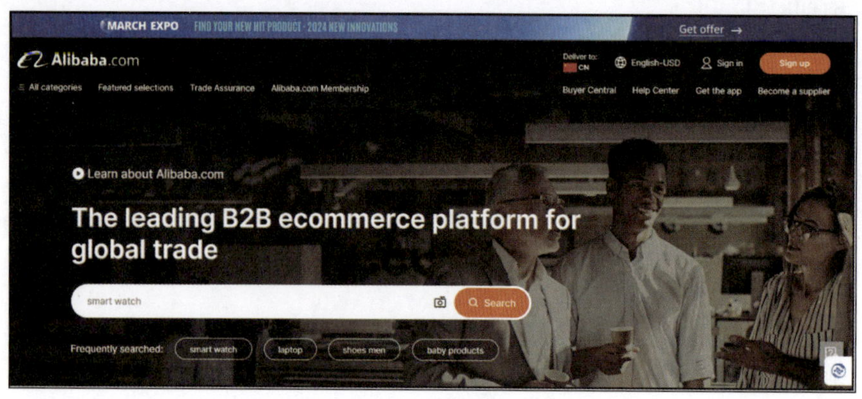

图 1-2 阿里巴巴网

2. B2C（Business-to-Customer）类型

B2C 即企业对消费者的电子商务模式，是企业直接向消费者销售产品和提供服务的商业零售方式。在此模式下，企业为普通消费者提供一系列在线功能，包括商品查询、商品展示、商品浏览、信息发布、用户登录以及前台购物等。通过这些功能，商家和消费者能够顺利完成各类商品交易。当当网是 B2C 模式的代表，其首页如图 1-3 所示。

图 1-3 当当网

3. C2C（Customer-to-Customer）类型

C2C 即个人对个人的电子商务模式。在这种模式下，电子商务平台提供在线交易的市场，卖方可以在平台上发布商品信息并由平台展示，买方则可以浏览并选择自己所需的商品进行竞价或直接购买。简而言之，这是一个允许个人之间进行商品交易的平台。拍拍网是 C2C 模式的代表，其首页如图 1-4 所示。

图 1-4　拍拍网

三、客户信息收集

对于网站建设者而言，在接收到客户建设电子商务网站的意向后，首要任务是全面收集客户的各类信息。简而言之，就是需要深入了解客户制作网站的目的、具体目标以及功能定位。收集的信息应涵盖以下内容。

1. 企业自身信息

需要了解企业建立网站的动因，比如是为了塑造企业形象、推广产品、开展电子商务交易，还是旨在打造行业性质的交流平台；同时，还需了解这是否是企业发展的基本需求，抑或是为了市场进一步开拓的策略延伸；此外，还需要了解企业概况，如企业的组织结构、销售模式、当前的信息化程度、对设计的特定要求，以及产品的独特性等。

2. 市场信息

需要掌握当前行业的整体状况，深入了解竞争对手的网站设计及其策划理念，具备哪些功能以及这些功能在实际运营中的作用。

3. 目标客户信息

充分了解目标客户信息，包括他们的年龄层、性别比例、学历分布、职业特点、个性特征、行为习惯、兴趣偏好、收入水平，以及他们所处的地理位置等详细信息。这些数据将为网站的精准定位和个性化服务提供有力支持。

四、客户需求分析

通过深入分析前期收集的客户信息，我们可以明确客户建立网站的具体目的，即其业务需求，以及客户期望网站能够实现的功能和包含的模块。除此之外，我们还会进一步了解客户的其他特殊要求。需求分析的主要内容如图 1–5 所示。

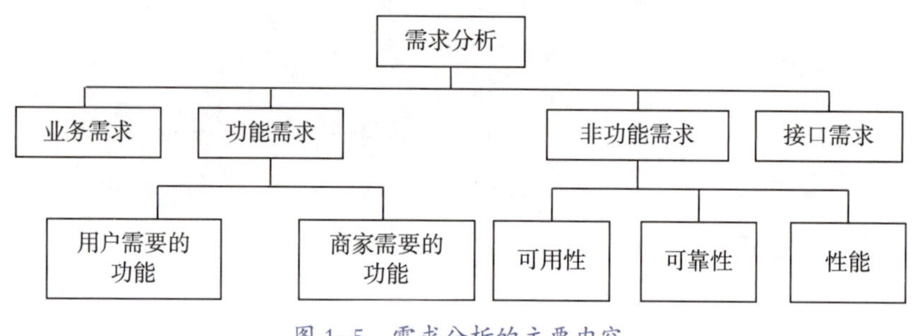

图 1–5 需求分析的主要内容

1. 业务需求

业务需求是指在开展项目或解决问题之前，对业务方面提出的需求进行深入研究和细致分析的过程。其分析结果对于指导网站的设计、开发以及其他后续活动具有重要的指导意义。

2. 功能需求

功能需求分析则是对用户的需求进行深入挖掘和理解，从而明确在网站开发过程中前台和后台应具备的功能。

3. 非功能需求

非功能需求是指那些不直接关联网站具体功能的需求，但它们对网站的总体特性有着重要影响，如网站的安全性、响应时间等。

4. 接口需求

接口需求则主要关注数据传输的类型、格式、传输协议以及交互方式等，以确保各个模块之间能够实现准确高效的数据交换。

五、网站物理结构

1. 网站物理结构的概念

网站物理结构，即网站的实际存储结构，它反映了网站目录及所包含文件的真实存放位置。简而言之，物理结构就是网站的实际目录结构，它揭示了文件在服务器上的物理地址。一般来说，只有静态网站才具有明确的物理结构，而动态网站或伪静态网站则不具有物理结构。

2. 网站物理结构的类型

网站物理结构主要分为扁平式物理结构和树形物理结构两种。

（1）扁平式物理结构

扁平式物理结构（见图 1-6）主要适用于小型网站。若大型网站采用此结构，并将大量网页文件直接置于根目录下，将会导致文件查找和维护变得异常烦琐。这种结构的优势在于其清晰性和简洁性，对于搜索引擎优化极为有利。

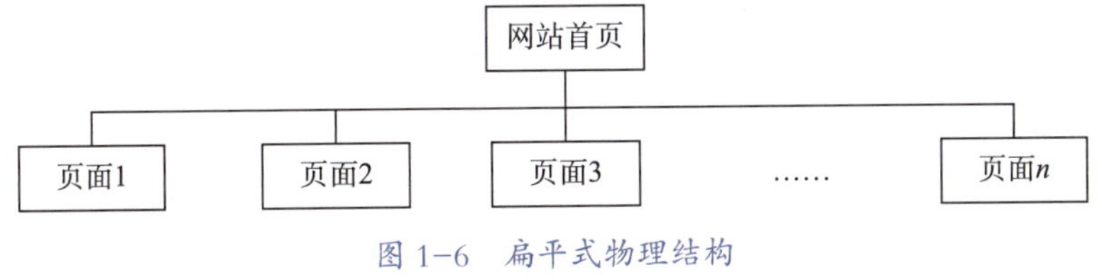

图 1-6 扁平式物理结构

（2）树形物理结构

对于规模较大的网站，通常需要采用两至三层甚至更多层级的子目录来确保网页能够正常存储。这种多层级的目录结构被称为树形物理结构，其特点是在根目录下进一步细分为多个频道或子目录。在每个子目录下，再存储与该目录相关的内容或商品网页（见图 1-7）。这种结构有助于更好地组织和管理大量的网页内容。

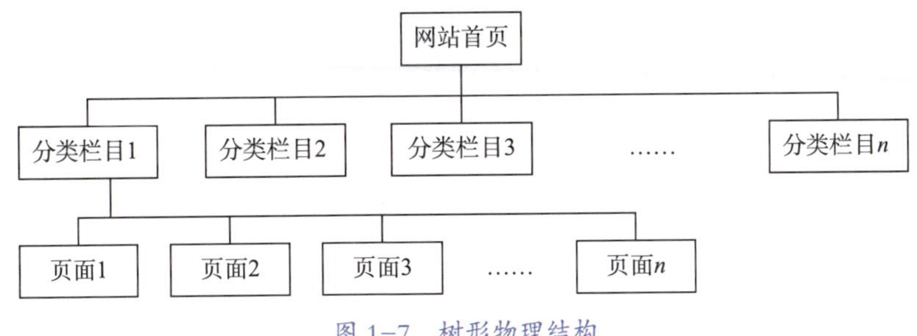

图 1-7 树形物理结构

采用树形物理结构的好处在于其能使网站结构逻辑清晰，页面之间的隶属关系一目了然，从而便于维护。但是，这种结构对于搜索引擎的抓取来说会稍显困难。鉴于当前互联网上的网站内容普遍较为丰富，因此大多数网站都选择了树形物理结构。

六、网站目录结构

1. 网站目录结构的概念

网站目录结构指的是在建立网站时所设置的文件目录。尽管目录的质量对浏览者没有直接影响，但对于网站管理者而言却至关重要。它直接关系到站点的维护管理、后期的修改以及迁移等工作的便利性和效率。表 1–1 展示了网上商城的典型目录结构。

表 1–1　网上商城的典型目录结构

页面名称	全路径	页面说明
index.html	/ware/index.html	商品专柜首页，也是数码专柜首页
machine.html	/ware/machine.html	整机专柜首页
detail.html	/ware/detail.html	商品详细信息页面
add.html	/ware/add.html	添加商品页面，只有管理员才有权限
modify.html	/ware/modify.html	修改商品页面，只有管理员才有权限
manageclass.html	/ware/manageclass.html	管理商品专柜类别页面，只有管理员才有权限
search.html	/ware/search.html	搜索商品页面

2. 网站目录的建立原则

（1）避免将所有文件都存放在根目录下

将所有文件都存放在根目录下会导致文件管理混乱，降低工作效率，同时上传速度也会受影响。因为服务器在上传新文件时需要检索整个目录，文件数量越多，耗费的时间就越长。

（2）根据主菜单栏目建立子目录

根据主菜单栏目建立子目录，不仅方便文件查找，还有利于网站的高效运行。例如，企业网站可以根据“公司简介”“产品介绍”“在线订单”和“用户反馈”等栏目来设置相应的子目录。

（3）根据更新频率管理次要栏目

对于不需要频繁更新的栏目，如“关于本站”“网站发展历程”等，应独立设置子目录，以便于管理和维护。

（4）各目录下设立独立的图片文件夹

在网站维护过程中，图片管理往往较为复杂。建议在每个物理或逻辑目录下都创建一个独立的图片（image）文件夹。例如，在男装目录下的衬衫子目录中，可以专门设置一个只存放衬衫相关图片的 image 文件夹，这样便于后续的图片添加、删除和更新操作。

（5）控制目录的层级深度

为了简化管理和维护工作，同时确保搜索引擎能够轻松检索网站内容，从而有利于网站的推广和优化，应避免创建过深的目录结构。

（6）避免使用中文命名目录

使用中文命名目录容易导致各种问题。建议使用英文命名目录，例如，用“image”命名图片文件夹，用“CSS”命名样式表文件夹等。

此外，在设计目录结构时，还需根据网站的规模、栏目数量和更新频率等因素进行综合考虑。

七、网站逻辑链接结构

1. 网站逻辑链接结构的概念

网站逻辑链接结构，也称链接结构，主要指的是网站页面之间相互链接的关系。与物理结构不同，逻辑链接结构是由网站页面之间的相互链接关系所决定的，而物理结构则取决于网站页面的实际存储位置。

2. 网站逻辑链接结构的基本形式

（1）树状链接结构（一对一）

在树状链接结构中，用户浏览页面时需逐级深入，同样也需要逐级返回，其结构如图 1-8 所示。这种结构的优点在于其条理性强，访问者能够清晰地知道自己的当前位置，从而避免“迷路”的情况；其缺点在于浏览效率相对较低。例如，当从一个栏目的子页面跳转到另一个栏目的子页面时，用户必须先返回到首页，然后才能进入新的栏目。

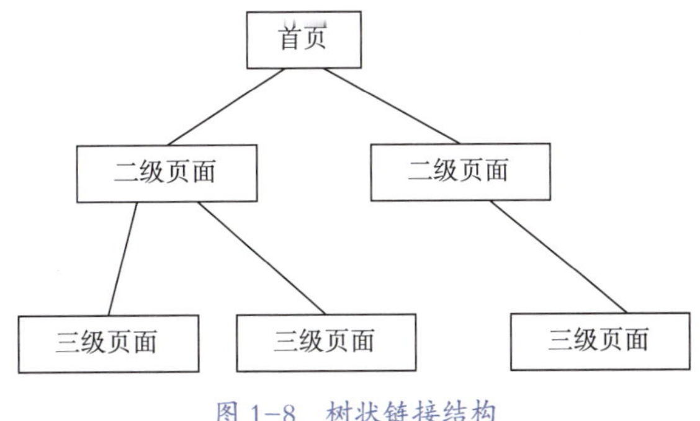

图 1-8　树状链接结构

（2）星状链接结构（一对多）

在每个网页中设置一个共享的链接中枢，确保所有网页都能通过这个中枢相互链接。在这样的设计中，各个网页之间没有明显的层级划分，如图 1–9 所示。这种布局提供了灵活的导航方式，使得用户可以轻松地在不同页面之间跳转。

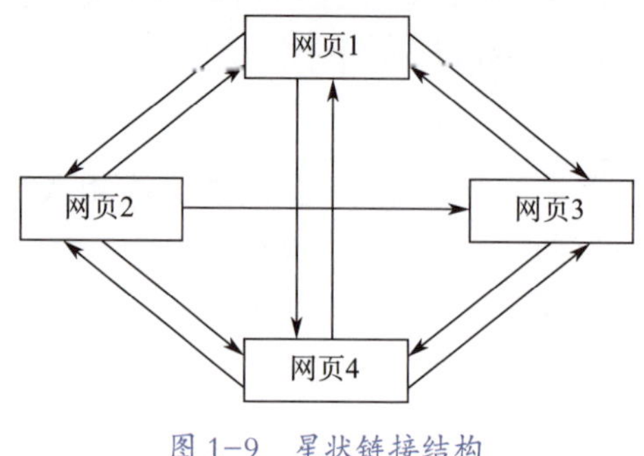

图 1–9　星状链接结构

小贴士

优秀的网站在物理结构和逻辑结构方面都表现得非常出色。这两者既可以相互重合，也可以有所区分。合理地控制逻辑结构不仅能显著提升网站的用户体验，还能有效提升网站各个页面在搜索引擎中的权重。

任务实施

首先需要深入了解客户的建站业务需求和目标，明确网站需要实现的具体功能，确定网站应包含的模块，并探究客户可能提出的其他特别要求。在充分把握客户需求的基础上，进行细致的规划与设计工作，进一步挖掘并归纳“网上花店”网站的核心功能，从而构建出网站的基础架构。

● 步骤 1：项目需求分析

1. 行业特点

近年来，全球花卉产业发展迅猛，其年均增长率较高。花卉产业因其高利润和广阔的市场前景，已被视为全球最具发展潜力的产业之一。目前，大多数鲜花销售公司仍停留在传统营销模式，这意味着网上销售鲜花存在巨大的商业机会。

2. 企业概况

该花店主营各类鲜花、绿色植物以及鲜花相关产品（如精美花篮、水晶土、植物养料、鲜花包装纸等），同时提供鲜花包装和快递服务。自开业五年来，坚持采用传统营销方式，以零售为主导，业务运营稳定，业绩表现良好。目前，进货、销售和配送流程已相当成熟，并积累了一批忠实的老顾客。

3. 市场分析

年轻的白领群体因工作繁忙，更倾向于选择简便快捷的购花方式。电话订花虽然方便，但由于订货人和收货人往往不同，货到付款的方式在实际操作中存在困难，支付环节变得复杂。而通过“网上花店”平台，顾客可以方便地在线选购花卉并完成支付，大大节省了选购、支付和配送的时间成本，实现了足不出户就能送花的便捷体验。

● 步骤 2：客户需求分析

“网上花店”将采用多种现有的网络技术，构建一个包含鲜花、礼品等商品的多层级查询、选择及订购功能的网上销售系统。这个系统的目标是为顾客提供一个便捷、高效且安全的网上购物环境。

客户的目标是打造一个吸引人且具有用户友好性的购物平台，该平台不仅安全可靠，还将提供个性化的服务。这包括设计直观且易于操作的界面，提供详尽且高质量的产品信息，以及能够根据顾客需求提供个性化定制服务。此外，通过简化购物流程以及提供多样化的支付方式以更好地满足顾客需求。

客户期望能够实时追踪订单状态、接收配送通知，以确保购物的安全性和隐私保护。同时，客户也希望考虑移动端的适配性和响应式设计，以便顾客在任何设备上都能获得良好的购物体验。为了向顾客提供周到的服务，客户还希望设置在线聊天功能和联系表单，以便顾客能够随时获得帮助。

此外，客户还希望整合社交媒体功能，并建立用户反馈机制，以促进与顾客的互动，并不断改进服务。

基于以上客户需求分析，设计该网站的系统功能，如图 1–10 所示。

● 步骤 3：网站物理结构设计

“网上花店”将提供明晰的导航功能，确保顾客能够迅速而轻松地找到他们所需要的信息和产品。为此，需要精心设计网站的物理结构，具体如图 1–11 所示。这样的布局旨在为用户提供更加流畅和直观的浏览体验。

● 步骤 4：网站目录结构设计

在网站的根目录下，应当遵循首页的栏目结构，为每个栏目分别设立一个对应的目录。同时，根据实际需求，在各栏目目录下进一步设置如 images、css、scripts 等

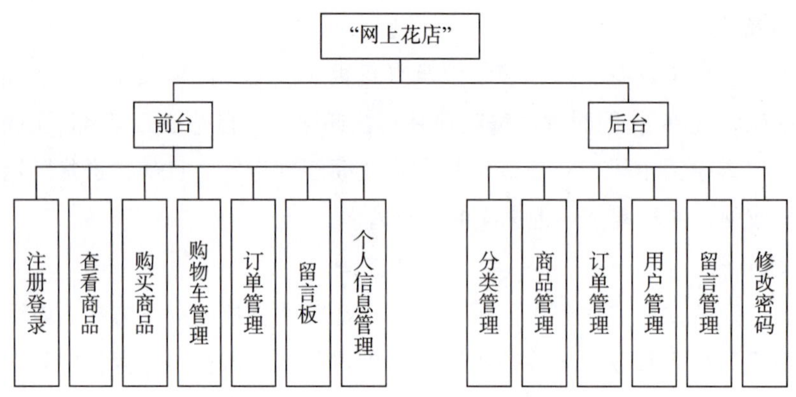

图 1-10 “网上花店”网站系统功能设计

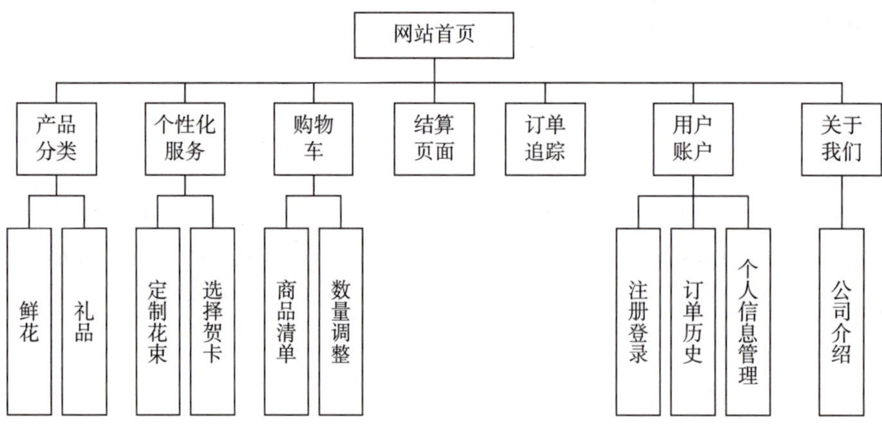

图 1-11 “网上花店”网站物理结构设计

子目录，以便妥善存储该栏目特有的图片、样式表和脚本文件。这样的布局既有利于网站的日常维护，也便于文件管理。针对“网上花店”的实际需求和目录建设的命名规范，需要在根目录下设置的各个文件夹的具体内容见表 1-2。

表 1-2 “网上花店”的根目录

根目录	目录功能说明
index.html	网上花店首页
shopping	购物过程中涉及的网页
images	存放网站的图片
css	统一存放层叠样式表

续表

根目录	目录功能说明
scripts	统一存放网站的脚本
manage	存放后台管理的各种页面
flowers	存放鲜花栏目的网页内容
gifts	存放礼品栏目的网页内容
register.html	用户注册页面
reg-result.html	用户注册成功页面
login.html	用户登录页面
guestbook.html	用户留言页面

● 步骤 5：网站逻辑链接结构设计

结合“网上花店”网页间的相互关系，可以采用混合链接结构。具体来说，首页与一级页面之间将采用星状链接结构，以确保用户可以从首页快速访问到各个一级页面；而一级页面与二级页面之间则采用树状链接结构，以提供清晰的内容层级和导航路径。这样的设计旨在优化用户体验，帮助用户更高效地浏览网站内容。详情可参考图 1-12。

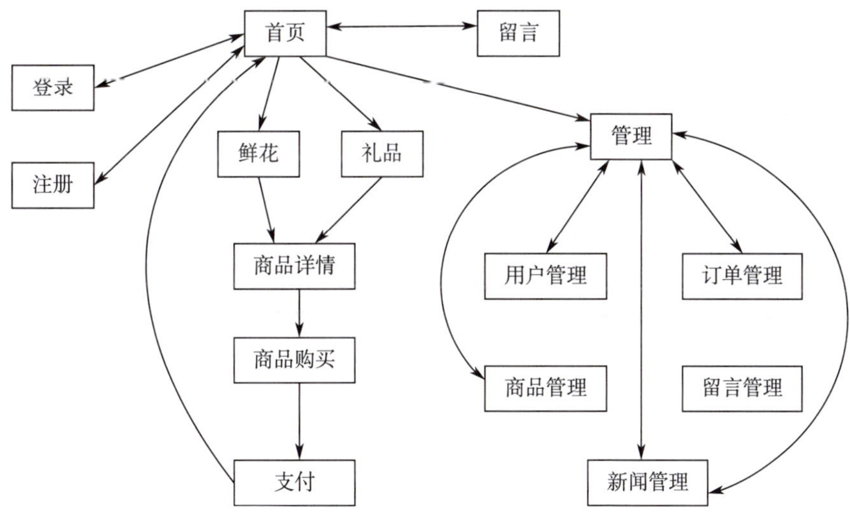

图 1-12　“网上花店”网站逻辑链接结构设计

任务评价

任务评价表

学习任务	电子商务网站结构设计		
项目	评价内容	配分	得分
知识	熟悉电子商务网站建设流程	15	
	了解电子商务网站类型	15	
	掌握网站物理结构、目录结构和逻辑链接结构	20	
技能	能够全面收集客户信息，精准分析客户需求	25	
	能够根据客户需求，设计出既实用又符合用户期望的网站结构	25	
任务评价		合计得分	

思考与练习

1. 在设计电子商务网页时，为了进行有效的需求分析，应收集客户的哪些关键信息？
2. 简述网站目录结构的定义及网站目录的建立原则。
3. 阐述网站逻辑链接结构与网站物理结构之间的主要区别。

学习任务 2　电子商务网站版面设计

学习目标

知识目标

1. 了解网页构成、网站风格、网页结构的类型。
2. 掌握电子商务网站页面构成。
3. 熟悉网站页面色彩搭配。

● **技能目标**

能够根据需要合理地设计网站风格、页面布局和色彩搭配。

任务描述

网页的版面设计和色彩运用对于网站的功能性和视觉吸引力具有直接的影响。在此任务中，我们要根据“网上花店”的具体功能来明确网站的整体风格，并据此确定首页、商品列表页以及商品详情页的布局结构和色彩配置。这些设计既要满足电子商务网站标准，又要兼具美观与实用性。参考效果如图 1–13 至图 1–15 所示。

图 1–13　首页效果

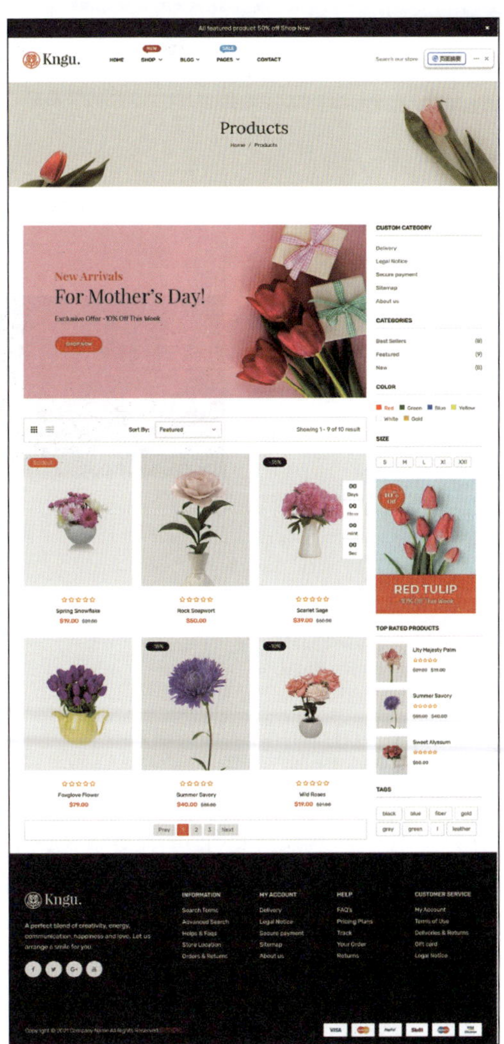

图 1–14　商品列表页效果

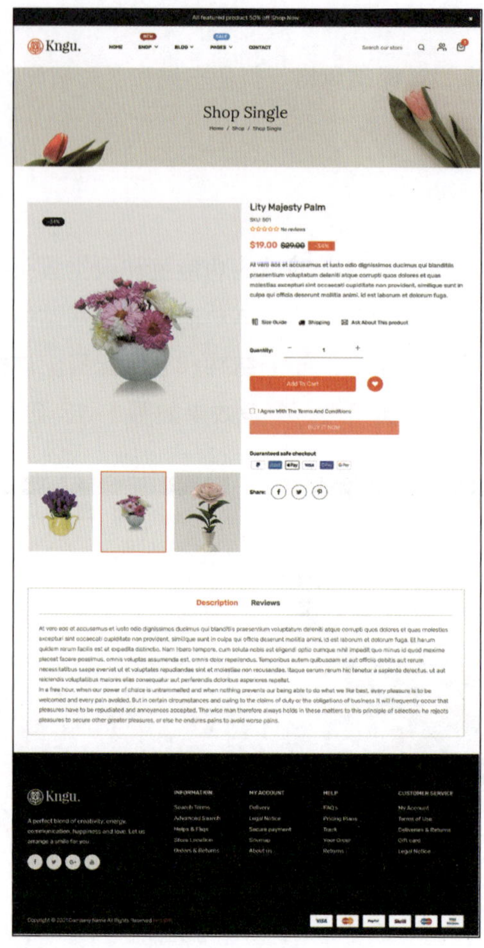

图 1-15　商品详情页效果

一、网页构成

网页融合了多样元素，包括文本、图像、音频和视频等。文本，作为网页信息的核心传递者，其设计必须清晰易读，同时与网页的整体风格和布局和谐相融。图像，包括照片、图标以及图表，是网页中不可或缺的视觉元素。它们不仅需要与网页的主题和内容紧密相连，还需要兼顾加载速度，以确保网页性能的优化。随着多媒体技术的进步，视频和音频元素在网页中的应用愈发普及，它们以更直观、生动的方式呈现内容，有效吸引并维持用户的注意力。

若希望网页更加生动有趣，则需要巧妙融入表单、表格、超链接等交互功能，并

精心选择网页的色彩搭配与字体，设计便捷的导航。这些细节的完善，能显著提升用户体验，让用户在浏览信息时更加流畅与高效。表单，作为收集用户信息的工具，包含了文本框、下拉框、单选框等交互控件，便于用户输入或选择信息。表格则用于数据的条理化展示，常见于信息列表或数据概览中。超链接，作为网页间的桥梁，实现了页面间的快速跳转，是网页导航与内容组织的关键。色彩搭配与字体选择，在网页设计中占据举足轻重的地位。不同的色彩传递不同情感，直接影响用户的心理感受；而字体的变化，则能塑造出独特的视觉风格，进而影响用户的阅读体验。导航栏通常设置于网页的醒目位置，如顶部或侧边，它集中呈现了网页的主要栏目与链接，是引导用户浏览网页的重要工具。

二、网站风格

网站的外观、内容和文字等方面共同塑造了其独特风格。这种风格可能体现在色彩运用、技术应用或交互方式上，使得浏览者能够清晰地识别出这是该网站的独特标志。例如，哔哩哔哩的网站风格生动活泼（见图 1–16），而新华网则展现出专业严肃的氛围（见图 1–17）。这些都是网站给人们留下的截然不同的印象和感受。

根据风格与功能的不同，网站可以大致分为功能型网站和展示型网站两大类。

功能型网站是指那些为实现特定功能或提供专门服务而设计的网站。这类网站与普通网站的区别在于，它们更加注重用户体验以及精准满足用户的具体需求。电子商务网站、社交媒体平台、公共服务网站、音乐流媒体、视频分享平台、在线招聘网站、在线教育平台和金融服务网站等，均属于功能型网站的范畴，如图 1–18 所示。在设计这类网站时，必须深入考虑用户的需求和体验，以确保各项功能都能顺畅实现。

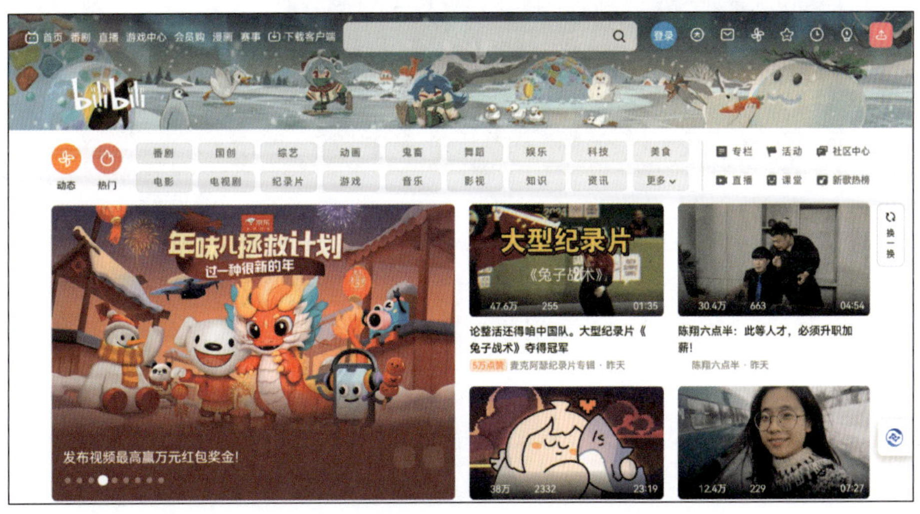

图 1–16 哔哩哔哩

图 1-17　新华网

图 1-18　功能型网站

展示型网站主要是指以展示企业产品与服务为主要功能的网站。它们通常包含企业产品与服务介绍、企业概况、企业文化阐释、企业荣誉与资质展示等内容。这些网站的功能结构相对简洁，更注重视觉效果的呈现，而非复杂的功能设计。因此，在美工设计上需要注重营造强烈的视觉冲击力，以吸引浏览者的注意力，如图 1–19 所示。

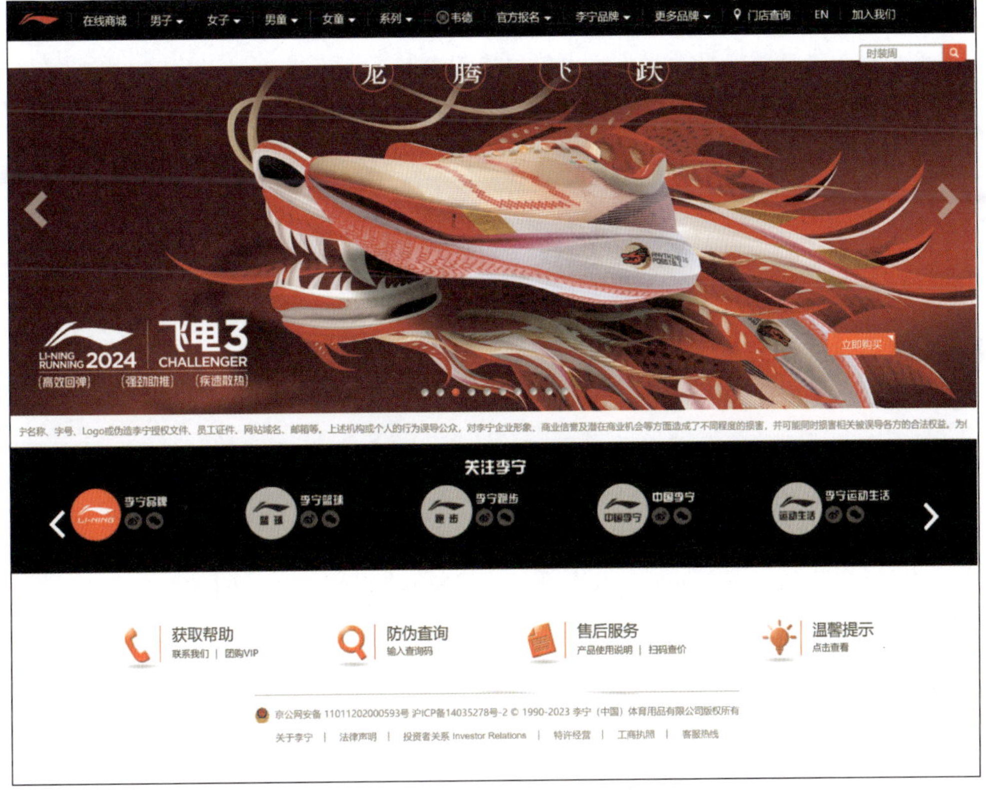

图 1–19　展示型网站

小贴士

随着互联网购物的广泛普及，网店间的竞争日益加剧，这使得商品主图的设计备受瞩目。一张出色的商品主图不仅能吸引消费者的目光，更能有效提升商品的购买转化率。因此，确立一套完备的网店商品主图设计规范显得至关重要。

商品主图的尺寸规范指的是主图的宽高比例，这一比例对图片的清晰度和展示效果有着直接影响。一般而言，网店商品主图多采用方形或长方形这两种尺寸规格。

在商品主图的背景设计方面，背景色应与商品色调相协调，同时务必保持简洁，避免任何不必要的杂物和文字信息干扰视觉。

光线运用在网店商品主图设计中占据至关重要的地位。设计人员需要精心考虑光源、光照强度以及光线方向等诸多因素。

商品主图的样式选择同样至关重要，它直接关系到主图的吸引力和整体美感。网店商品主图通常采用实物照片或3D渲染图这两种样式。

在布局方面，它涉及商品与背景之间的空间比例及位置关系。合理的布局能够凸显商品的独特卖点，同时提升主图的整体美感和吸引力。

商品主图的质量也是不容忽视的一个环节，它主要体现在图片的清晰度和色彩真实度上。高质量的主图能让消费者更清晰地了解商品细节，从而促进购买决策。

在主图中加入文字信息是一种有效的传达产品和品牌信息的方式，但需要注意避免过度使用或过于突出文字，以免分散消费者的注意力。

最后，配件在商品主图设计中也起着重要作用。它们能够帮助消费者更直观地理解商品，进而增强商品的实用价值展示效果。

三、网页结构的类型

1. “国”字型布局

“国”字型布局的典型特征为在页面顶端设置 logo（标志）、导航栏以及横幅广告。紧接着的下方区域是网站的主体内容，该部分常被分为左侧、中间和右侧三个主要区块（见图 1-20）。页面底部则用来展示网站的基本信息、联系方式、版权声明等内容。这种布局结构常见于大型网站，便于系统地罗列和展示大量的信息与产品。

2. 拐角型布局

拐角型布局与“国”字型布局在整体构思上较为相似，仅在细节表现上略有差异。在页面上方，同样醒目地展示 logo、导航栏和横幅广告。页面中间部分采用左右分栏

图 1-20　“国”字型布局

设计，其中左侧设置一列相对较窄的菜单或快捷链接，右侧则是较为宽敞的内容展示区域（见图 1-21）。页面底部依旧展示网站的辅助性信息和版权声明等内容。这种布局方式因其灵活性和实用性，也被广泛采用。

3. 左右框架型布局

左右框架型布局的页面设计，其典型特征是在页面左侧设置一列清晰的文字链接，便于用户快速导航。在这一列的顶部，通常会放置主导航栏，以便用户轻松跳转到网站的不同部分。有时，还会在导航栏上方添加醒目的标题或 logo，以增强品牌识别度。页面右侧则主要用于展示正文内容或网站的主体信息（见图 1-22）。这种布局方式因其能够提供良好的用户体验和便捷的导航功能，在论坛设计中尤为常见。

图 1-21　拐角型布局

图 1-22　左右框架型布局

4. 上下框架型布局

上下框架型布局与左右框架型布局在结构上相似，主要区别在于元素排列的方向。在上下框架型布局中，文字链接被置于页面上方，这样的设计便于用户一眼就能找到所需导航。页面下方则主要用于展示正文内容和网站主体信息（见图 1–23）。这种布局为用户提供了直观且高效的浏览体验。

图 1-23　上下框架型布局

5. 标题文本型布局

标题文本型布局方式，其设计理念与杂志排版风格颇为相似。在这种布局中，页面最上方醒目地展示标题或类似的引导性元素，紧接着的中间部分则是翔实的正文内容（见图 1-24）。页面最下方通常会设置一些版底信息，如联系方式、版权声明等。这种布局方式由于能够清晰地引导用户关注核心内容，并提供必要的辅助信息，常见于搜索引擎类网站和注册页面。

6. 封面型布局

封面型布局的页面，其特色在于直接采用富有设计感的图像或动画作为醒目的网页背景。页面上通常仅配置一个简洁的“进入”按钮，该按钮即为页面的全部内容。这种布局风格极具开放性和自由度，若能巧妙运用，将为用户带来极致的视觉享受，如图 1-25 所示。

图 1-24　标题文本型布局

图 1-25　封面型布局

四、电子商务网站页面分类

电子商务网站的页面主要可以分为首页、商品列表页以及商品详情页。接下来，我们将以华为商城为例，详细阐述这些页面的特点。华为商城作为一个以品牌展示与销售为主要功能的电商平台，其页面设计充分体现了电子商务网站页面的典型特点。

1. 首页

首页是展示最新、最热门信息的窗口，它集中了网站的所有核心卖点。同时，首页还承担着引导用户通过导航菜单访问网站其他栏目的重要任务。在首页的顶部中央

位置，通常会设置主导航菜单，这样的设计便于用户快速、便捷地进入他们感兴趣的列表页面，具体页面可参考图 1–26。

图 1–26　华为商城首页

2. 商品列表页

商品列表页是一个集中展示多款产品的聚合页面。用户可以通过在首页主导航中点击相应的导航菜单项，轻松进入商品列表页。该页面根据网站的整体定位，对提供给用户的内容进行了细致的分类和整合。每一个列表页都有其独特的定位，同时，它们都服务于网站的核心定位。在这样的页面上，商品按照不同的系列进行展示，内容通常按时间顺序排列，方便用户便捷地查找更多同类信息，具体页面可参考图 1–27。

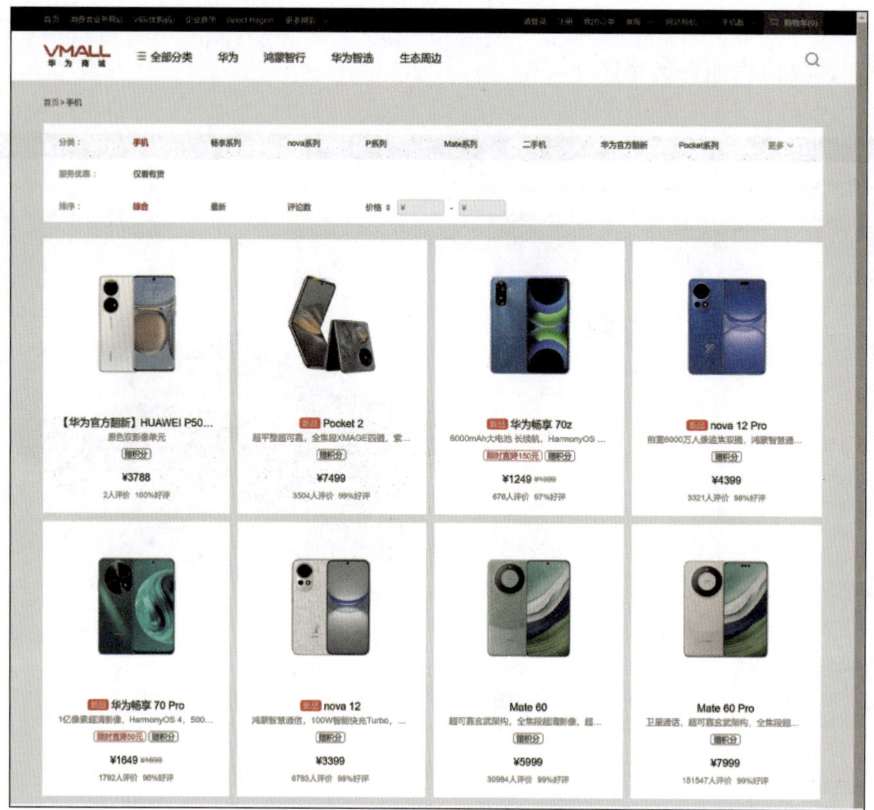

图 1-27　华为商城商品列表页

3. 商品详情页

商品详情页，又称商品展示页，是用户获取特定商品详细信息并作出购买决策的关键页面。它必须提供详尽、清晰的商品信息，包括购买选项和用户交互功能。当用户从商品列表页点击某个具体商品时，就会进入该商品详情页。一个完善的商品详情页应包含以下元素：商品名称、高质量的商品图片、详细的商品介绍、具体的规格参数、明确的价格标注、售卖店铺的信息、用户评价以及精选的视频和图片资料等，具体页面可参考图 1-28。

五、页面色彩搭配

在设计网页时，色彩搭配至关重要。恰当的色彩组合能够迅速且有效地向访问者传达网站的核心理念，而不恰当的搭配则可能对网站的浏览量造成负面影响。因此，在确定色彩搭配方案之前，我们首先需要深入了解色彩对浏览者心理产生的各种影响。

1. 颜色传达的信息

颜色传达的信息见表 1-3。

图 1-28　华为商城商品详情页

表 1-3　颜色传达的信息

颜色	传达的信息
红色	一种强烈且喜庆的色彩。它具有强烈的刺激效果，容易激发人的情感冲动，体现昂扬的精神风貌，给人带来热情与活力的感受
橙色	一种能激发情绪的色彩。它传达出轻快、欢欣、热烈和温馨的感觉，同时也被视为时尚的代表
黄色	带给人温暖的感觉。它象征着快乐、希望、智慧和轻松愉悦，给人一种灿烂辉煌的视觉印象
绿色	这种色彩处于冷暖色调之间，给人和睦、宁静、健康及安全的感觉。当绿色与金黄色或淡白色搭配时，会营造出一种优雅而舒适的氛围
蓝色	象征着永恒与博大，具有凉爽、清新和专业感。当蓝色与白色混合时，能展现出一种柔和、淡雅和浪漫的氛围，让人感觉平静而理智
紫色	给人一种神秘而深沉的感觉
黑色	传达出深沉、神秘、寂静以及悲哀和压抑的复杂情感
白色	象征着纯洁、明快和干净，给人一种清新脱俗的感觉
灰色	代表中庸、平凡、温和与谦让，同时也透露出一种高雅的气质

2. 网页色彩搭配的关键点

（1）巧妙运用单色

虽然网站设计时应避免单调，但单色可通过调整其饱和度和透明度来创造丰富的层次，使网站既简洁又不失变化。

（2）利用邻近色

邻近色指的是色轮上相邻的色彩，如绿色与蓝色、红色与橙色。采用邻近色进行设计，不仅可避免网页色彩过于杂乱，还能实现页面的和谐与统一。

（3）合理运用对比色

对比色能显著突出重点，产生强烈的视觉冲击。在设计时，通常以一种颜色为主色调，对比色则作为点缀，这样既能凸显网站特色，又能起到画龙点睛的效果。

（4）黑色的巧妙运用

黑色是一种独特且强大的色彩，当它被恰当地运用并融入合理的设计中时，能够营造出令人震撼的艺术效果。特别是当黑色作为背景色，与其他鲜艳的色彩搭配时，会给用户带来深刻的视觉冲击。

（5）网页配色时的关键提醒

1）为了避免给用户带来视觉混乱，在同一页面中应限制色彩的使用数量。尽量将使用的颜色控制在三种以内，以保持页面的整洁与清晰。

2）背景和前景内容的对比度应足够大，以突出页面的核心内容。避免使用过于复杂的图案或纯度极高的色彩作为背景，以确保内容的可读性。

任务实施

在做好“网上花店”的需求分析和确认网站结构之后，我们需要结合行业特性来设计网站的整体风格、页面布局以及色彩搭配。

● 步骤 1：“网上花店”整体风格设计

“网上花店”作为一个功能型网站，其设计风格应着重于提供便捷、高效且安全的购物环境和优质的用户体验。我们的目标是让用户能够轻松查询、自由选择并顺畅订购鲜花、礼品等各类商品。因此，设计时不应过分强调传达某种特定的艺术风格或创意概念，而应专注于打造一个实用性强、功能明确且操作性良好的用户界面，从而更好地满足用户的实际需求与期望。

● 步骤 2：“网上花店”首页结构设计

“网上花店”首页内容包含网站标题、导航栏、横幅广告、特价商品、推荐商品、

网站新闻、公告、版权信息等，选用“国”字型布局比较适合，因为这种布局既能突出重点，又能保持整体的协调性。首页的结构设计可参考图 1–29。

在商品展示方面，我们将通过分类导航的方式，全面而系统地展示所有商品。特别地，我们会将重点放在那些有优惠活动、折扣力度大、销量高、用户评价好以及具有创新点的商品上，通过首页的显眼位置，更多地展示给客户，从而引导他们进行购买。

- 步骤 3：“网上花店”商品列表页结构设计

结合“网上花店”的功能需求，商品列表页的顶部应保留导航栏，以便用户能够轻松切换至其他页面，如首页或不同的花卉分类页面。为了满足用户快速定位特定商品的需求，页面应提供一个醒目的搜索框。在页面上方区域，我们设计了商品筛选和排序功能栏，用户可以设置多种筛选条件，如花卉的具体类别、可接受的价格范围、偏好的颜色等。同时，用户还可以根据不同的排序选项，如价格或商品销量，来调整商品的排列顺序，从而更便捷地找到心仪的商品。商品展示区则采用直观的网格布局，每个网格内展示商品的缩略图、名称及基本信息，便于用户一目了然地了解商品详情。“网上花店”的商品列表页整体采用拐角型布局，其结构设计可参考图 1–30。

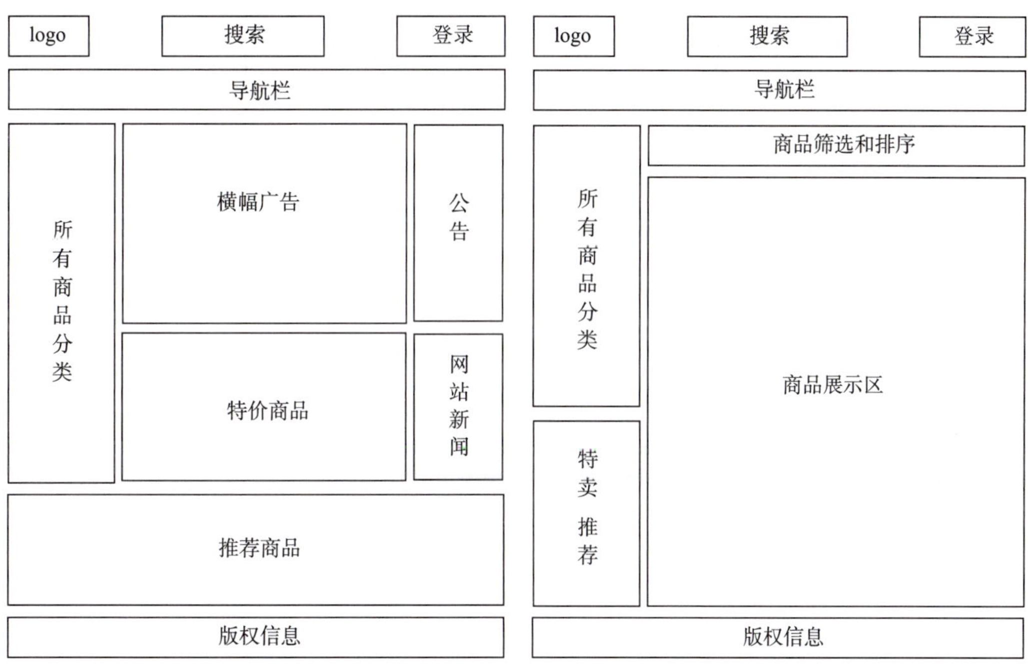

图 1–29　“网上花店”首页结构设计　　图 1–30　“网上花店”商品列表页结构设计

- 步骤 4：“网上花店”商品详情页结构设计

“网上花店”的商品详情页包含商品的主图及其缩略图、详尽的商品信息区域、具体的商品详情描述、便捷的购物车选项、清晰的配送信息，以及用户评价等模块。这一页面的结构设计可参考图 1–31。

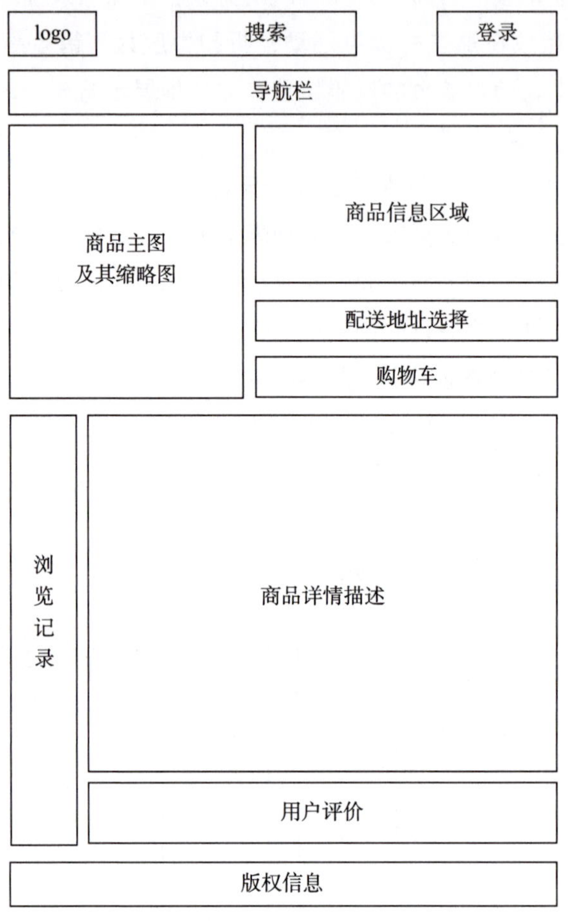

图 1–31 “网上花店”商品详情页结构设计

- 步骤 5：“网上花店”页面色彩搭配

以首页设计为例，“网上花店”的色彩搭配效果可参考图 1–32，展现了清新、专业的视觉风格。

网页的底色是展现整个电子商务网站风格的关键因素。鉴于商品图片通常包含多种颜色，可以选择白色作为网页底色，以有效凸显前景内容。在文字设计方面，综合考虑字体、字号、颜色和排版。为了确保页面在不同系统和浏览器上呈现一致的视觉效果，可以选用广泛兼容的宋体字体，并将默认字号设置为 12 号，颜色设定为黑色。

图 1-32 “网上花店”首页色彩搭配

任务评价表

学习任务	电子商务网站版面设计		
项目	**评价内容**	**配分**	**得分**
知识	了解网页构成、网站风格、网页结构的类型	30	
	掌握电子商务网站页面构成	20	
	熟悉网站页面色彩搭配	10	
技能	能够根据需要合理地设计网站风格、页面布局和色彩搭配	40	
任务评价		合计得分	

思考与练习

1. 请列举根据网站风格划分的网站类型。
2. 假设一个设计公司承接了一个电商网站的设计任务，这个网站具有众多的商品分类和庞大的信息量，作为设计团队中的网页美工，你会推荐采用哪种类型的网页结构?
3. 在进行页面色彩搭配时，有哪些注意事项?

项目二
网页开发工具的使用

项目概述

网页开发工具是指专门用于创建和编辑网页的软件或应用程序。这些工具提供了一系列功能，包括代码编辑、页面布局设计、图像处理、调试以及测试等各个方面。无论是初学者还是专业开发者，都能根据自身需求选择合适的工具，从而使开发工作变得轻松高效，有助于构建出既美观又实用的网站。通过本项目的学习，我们将深入了解网页开发工具 Dreamweaver CC 的安装流程、启动方法、使用技巧以及退出操作，学会灵活运用这类软件，以提升我们的工作效率。

学习任务 1　Dreamweaver CC 的启动与退出

学习目标

- 知识目标

1. 了解网页开发工具。
2. 熟悉 Dreamweaver CC 的功能。

- 技能目标

1. 能够正确启动 Dreamweaver CC 软件。
2. 能够正确退出 Dreamweaver CC 软件。

为机房内的计算机安装授课必备的软件——Dreamweaver CC。安装后需要打开软件进行检查，确保软件能够正常使用后退出。

一、网页开发工具

目前市场上有多款流行的网页开发工具，其中的代码编辑器包括 VSCode、Sublime Text、WebStorm、HBuilder、Notepad++ 以及 Dreamweaver 等。

VSCode 是一款专为现代 Web 和云应用开发设计的跨平台源代码编辑器，可在 Mac OS X、Windows 和 Linux 上流畅运行。

Sublime Text 是一款功能强大的文本编辑器。其最初的设计理念是打造一个扩展性强的类似 Vim 的编辑器。

WebStorm 是一款 JavaScript 开发工具，它与 IntelliJ IDEA 共享同源技术，并继承了 IntelliJ IDEA 在 JavaScript 开发方面的强大功能。

HBuilder 是一款专为 HTML5 设计的 Web 开发集成开发环境（IDE）。

Notepad++ 是一款特色鲜明的自由软件纯文本编辑器，提供了完整的中文化界面和多国语言支持。它不仅适合用于编写简单的文本文件，也非常适合作为编程编辑器使用。

Dreamweaver 是 Adobe 公司推出的一款兼具网页制作和网站管理功能的网页编辑软件。这款软件是专为专业网页设计人员打造的视觉化开发工具，能让用户轻松制作出跨平台、跨浏览器且动态十足的网页。在本教材中，我们将以 Dreamweaver CC 软件为例进行详细讲解。

二、Dreamweaver CC 简介

Dreamweaver CC 引入了众多新功能和增强功能，包括网页元素快速检查、实时检查中的全新编辑功能、CSS 设计工具的显著增强、实时插入功能、支持 SFTP 连线时使用身份文件、还原 / 重做功能的优化，以及 Business Catalyst 和 PhoneGap Build 工作流程的改进等。此外，用户还能体验到访问 Dreamweaver 扩展功能的新方式、

同步设置功能，以及直接发送错误报告或功能要求等便捷操作。同时，帮助中心和帮助菜单也有所改进，能为用户提供更为贴心的支持。

三、安装的系统要求

如果想运行和使用 Dreamweaver CC 软件，计算机必须满足 Adobe 官方规定的最低系统配置。实际使用中，为了提高软件的运行效率和稳定性，建议使用配置更高的计算机。

任务实施

- 步骤 1：准备工作

首先，需检查计算机配置是否满足 Dreamweaver CC 软件的安装要求。随后，应从正规渠道或官方网站获取软件，为接下来的安装做好准备。

- 步骤 2：初始化安装

对于任何系统的软件安装，都需要有与该系统相匹配的安装文件。这些文件通常以压缩或分散的形式提供，只有在准备安装并在计算机上进行初始化后，它们才会转换成能被计算机识别的格式，从而顺利进行安装。对于 Dreamweaver CC，其安装程序是“setup.exe”。只需用鼠标双击该文件，即可开始程序的初始化安装，如图 2–1 所示。

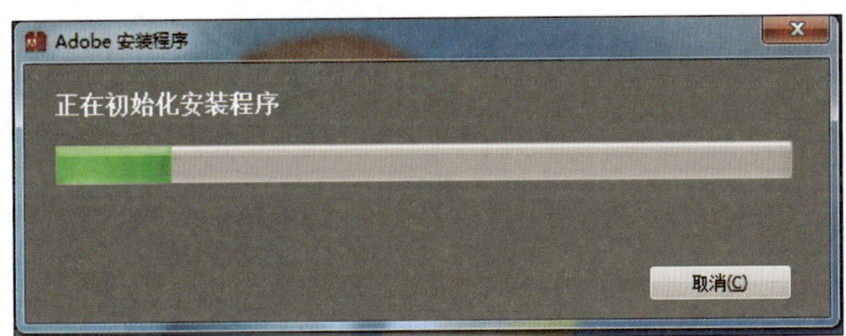

图 2–1　初始化安装程序界面

- 步骤 3：进入欢迎界面

初始化安装完成后，软件会跳转到欢迎界面，为用户提供“安装”和“试用”两种选项，如图 2–2 所示。如果用户选择安装试用版，通常试用期会设定为 30 天。若用户已拥有序列号，则可直接选择“安装”选项。在此，我们用鼠标点击“安装”按钮以继续。

图 2-2 欢迎界面

● 步骤 4：进入登录界面

选择安装选项后，系统会弹出登录界面。只有完成登录，才能进行后续的安装步骤。此时，请点击“登录”按钮，如图 2-3 所示，以继续安装流程。

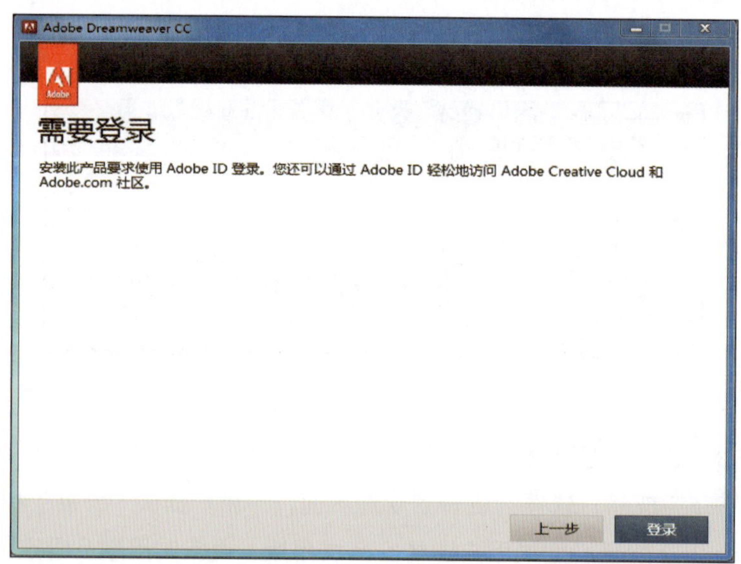

图 2-3 提示登录界面

● 步骤 5：进入选择登录方式界面

选择登录后，会弹出如图 2-4 所示的界面，可以选择通过扫描二维码登录 Adobe

ID，或者复制给出的网址，在网页浏览器中进行登录。

图 2-4　选择登录方式界面

● 步骤 6：登录网页

复制网页地址并进行跳转后，将看到如图 2-5 所示网页登录界面。此时，需要输入 Adobe ID 账号和密码进行登录。如果还没有 Adobe ID 账号，可以先进行注册。

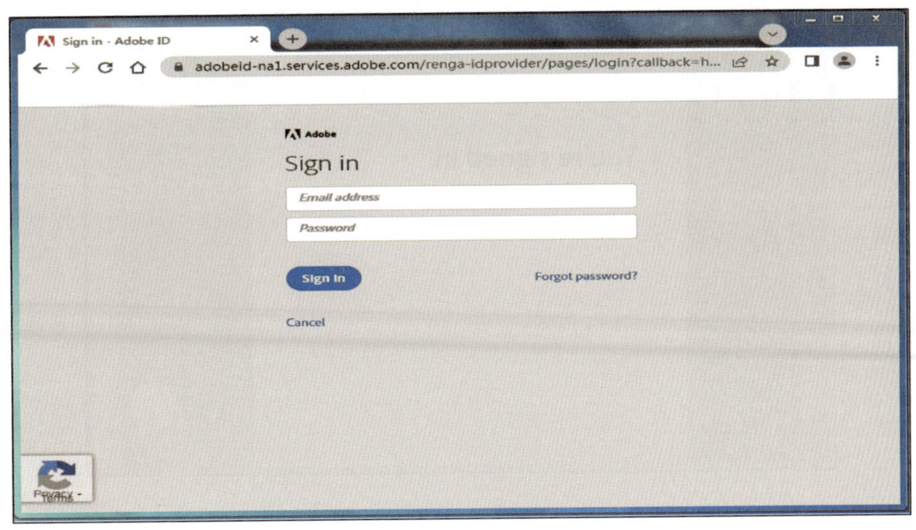

图 2-5　网页登录界面

● 步骤 7：激活链接

登录完成后，会跳转至如图 2-6 所示的界面，需要在此输入验证码。该验证码已由 Adobe 发送至账户关联邮箱中，请进入邮箱查看并输入该验证码。当验证码输入正确时，系统会提示登录成功，如图 2-7 所示。

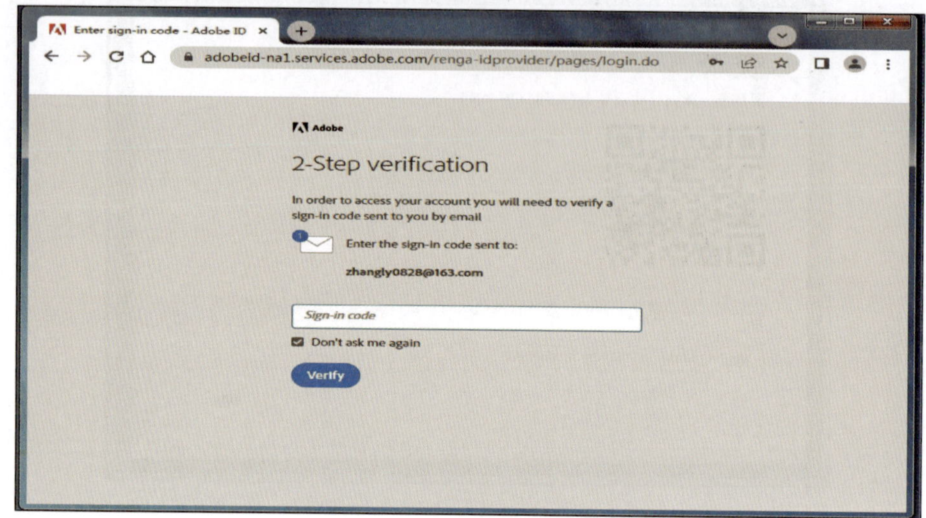

图 2-6　输入验证码界面

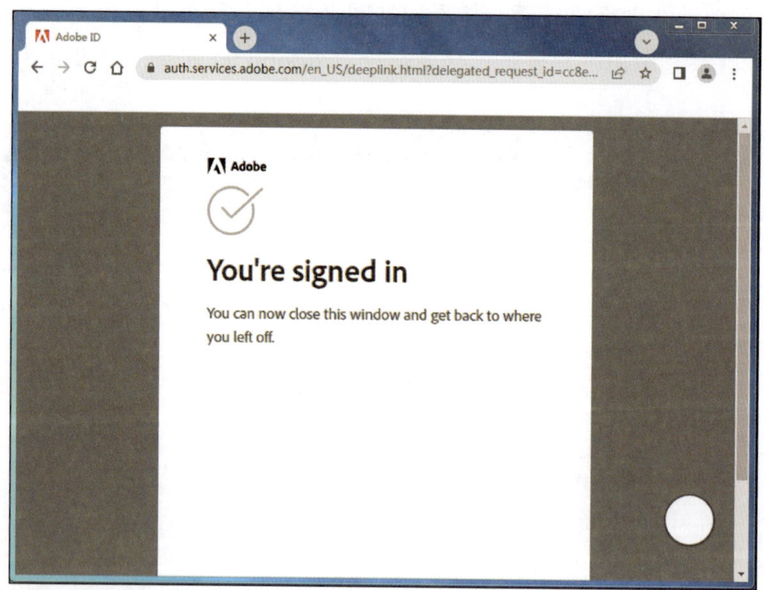

图 2-7　登录成功

- 步骤 8：接受协议

登录成功后，会弹出如图 2-8 所示的 Adobe 软件许可协议。只需用鼠标点击“接受”按钮，即可继续安装过程。

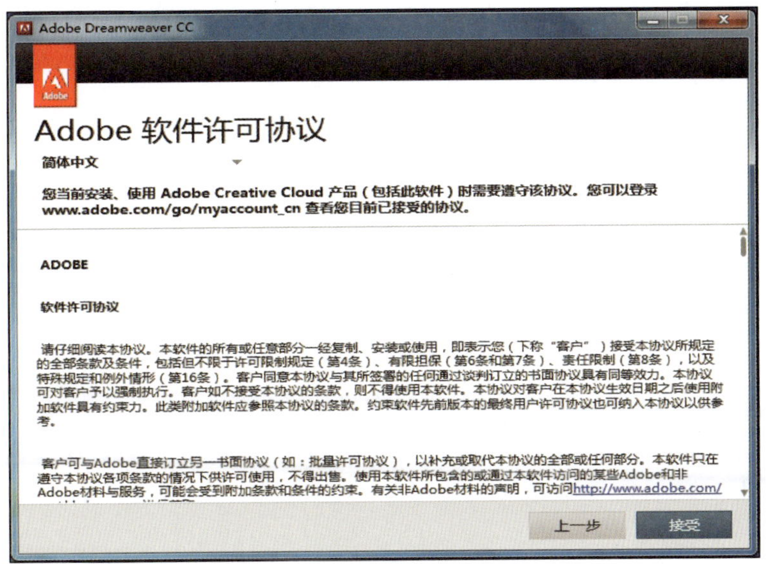

图 2–8　接受软件许可协议界面

● 步骤 9：填写序列号

接受许可协议后，需要填写已购买的序列号，并点击“下一步”按钮以继续安装过程，如图 2–9 所示。

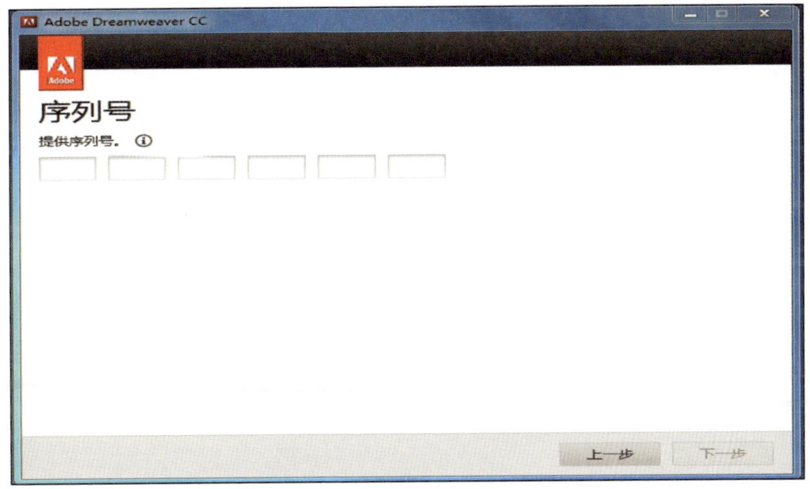

图 2–9　填写序列号界面

● 步骤 10：软件安装

在填写正确的序列号并成功进入下一步后，会弹出如图 2–10 所示的界面，这标志着正式进入了安装环节。在此界面中，可以选择安装语言和软件的安装位置。完成这些选择后，直接点击“安装”按钮，软件就会开始安装程序，如图 2–11 所示。

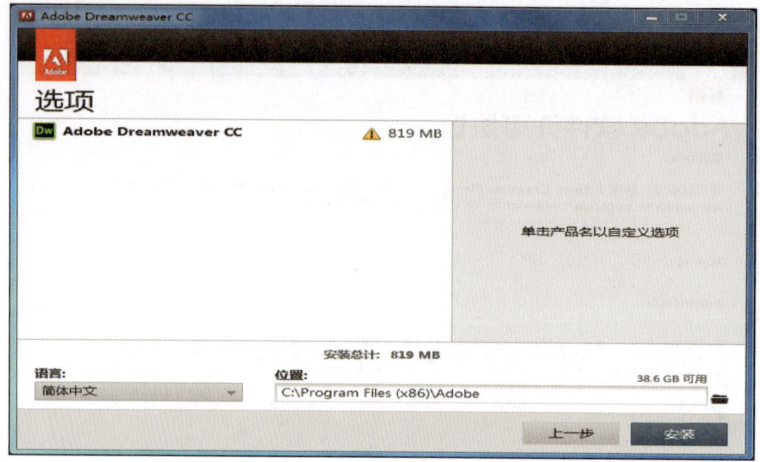

图 2-10 安装界面

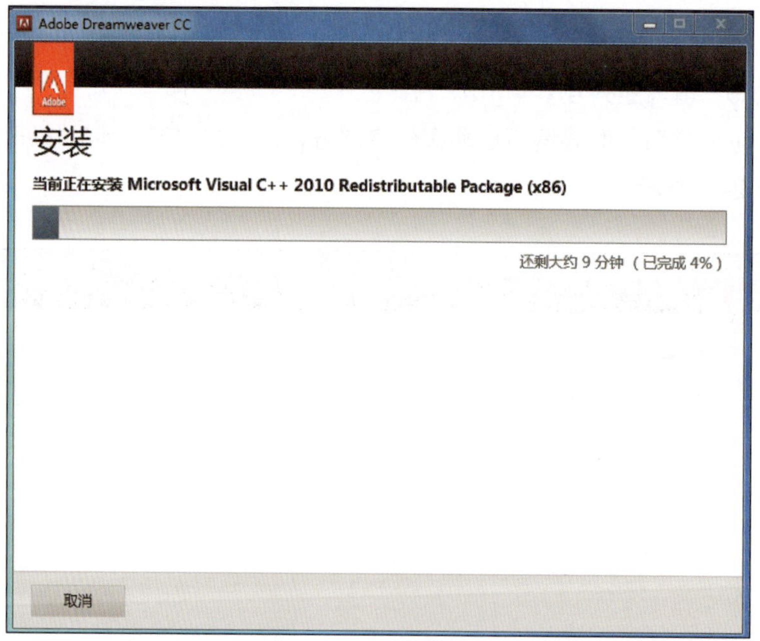

图 2-11 安装过程

● 步骤 11：软件安装完成

软件安装完成后，会弹出如图 2-12 所示的界面，可以选择直接用鼠标点击“关闭”按钮结束安装程序，或者点击“立即启动”按钮来打开软件。

● 步骤 12：启动 Dreamweaver CC

系统安装完成后，可以通过“开始”菜单中的“程序”选项找到并点击 Adobe Dreamweaver CC 来启动软件，或者直接双击桌面上的快捷图标也可启动。

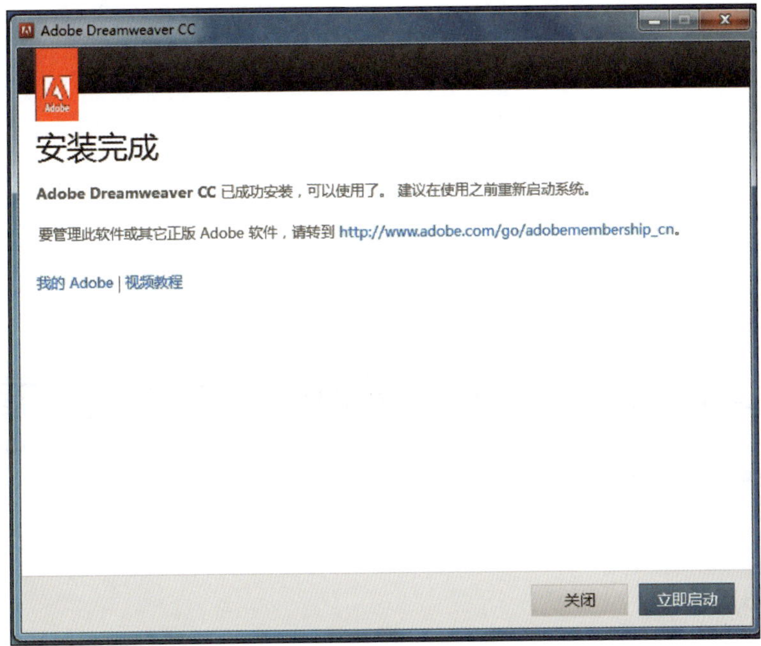

图 2-12　安装完成

● 步骤 13：退出 Dreamweaver CC

要退出 Dreamweaver CC 软件，可以直接点击右上角的“关闭”按钮，或者执行“文件”菜单中的“退出”命令，还可以使用组合键“Alt+F4”来快速关闭软件。

任务评价表

学习任务	Dreamweaver CC 的启动与退出		
项目	**评价内容**	**配分**	**得分**
知识	了解网页开发工具	20	
	熟悉 Dreamweaver CC 的功能	30	
技能	能够正确启动 Dreamweaver CC 软件	25	
	能够正确退出 Dreamweaver CC 软件	25	
任务评价		合计得分	

思考与练习

1. Dreamweaver CC 具备哪些特性和功能?
2. 在进行 Dreamweaver CC 软件安装时，有哪些要注意的事项?
3. 退出 Dreamweaver CC 软件有哪些方法?

学习任务 2　Dreamweaver CC 的工作界面

学习目标

知识目标

1. 了解 Dreamweaver CC 界面的布局。
2. 熟悉 Dreamweaver CC 界面菜单命令的含义。

技能目标

1. 能够正确使用菜单栏及其子菜单命令。
2. 能够灵活切换应用代码视图和设计视图。
3. 能够独立打开或关闭各个面板。

任务描述

某公司为树立全新的企业形象，拓宽销售渠道，决定升级公司网站，升级期间用户将不能访问公司网站，网站需要向访问者展示暂停服务页面（见图 2–13），依据该效果图，利用 Dreamweaver CC 软件，在文档窗口制作一个纯文本的提示页面，并进行预览，文档命名为 error.html。

相关知识

软件初次启动后，屏幕上会显示菜单栏、欢迎界面和属性面板，具体布局如图 2–14 所示。最上方的是菜单栏，这里汇集了软件的大多数功能，用户可以根据实际需求，点击菜单栏中的相应项目，以使用所需的功能。

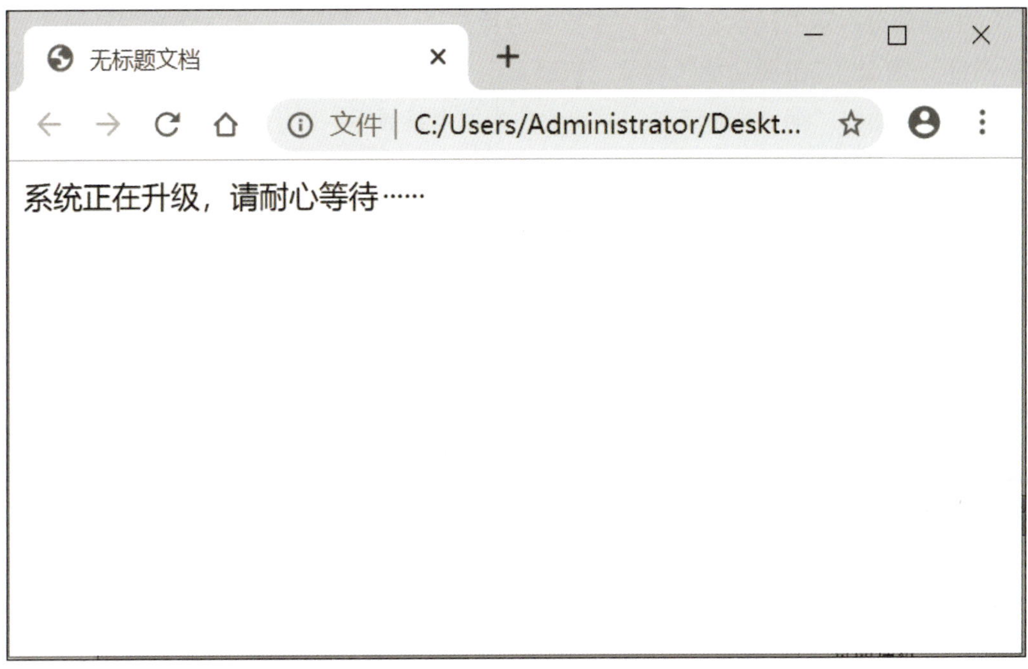

图 2-13　任务效果图

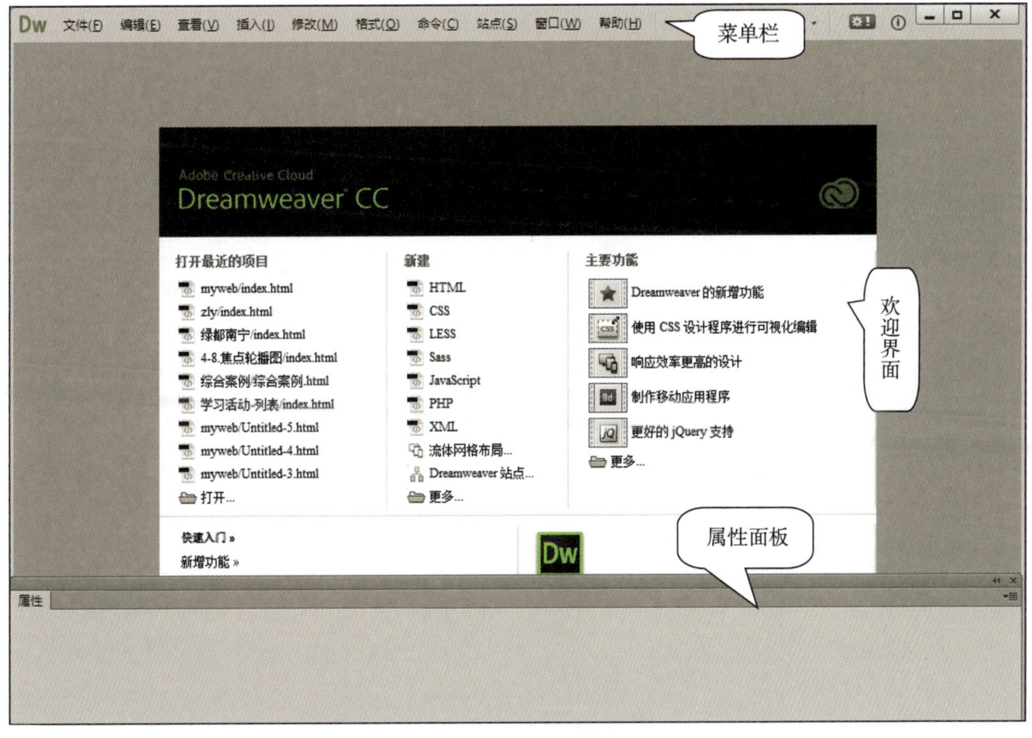

图 2-14　软件启动界面

中间部分展示的是欢迎界面，它旨在为用户提供便捷操作，其中包含“打开最近的项目”“新建”“主要功能”以及“快速入门”等快捷菜单。若用户不希望显示欢迎界面，可以通过“编辑—首选项”菜单命令来取消其显示。

底部是属性面板，该面板主要用于设置文档窗口中选中元素的属性，从而实现各种样式效果。在 Dreamweaver CC 中，用户可以直接在属性面板中修改元素的属性。根据所选元素的不同，属性面板中的内容也会相应变化。如果不慎关闭了属性面板，用户可以通过“窗口—属性”菜单命令重新打开，或者直接使用组合键“Ctrl+F3”快速调出。

在新建一个网页后，Dreamweaver CC 会从启动界面转入工作界面。这个工作界面延续了 Dreamweaver 系列软件一贯的简洁、高效和易用的特点。用户可以在工作界面中轻松找到软件的大部分功能，具体界面如图 2-15 所示。

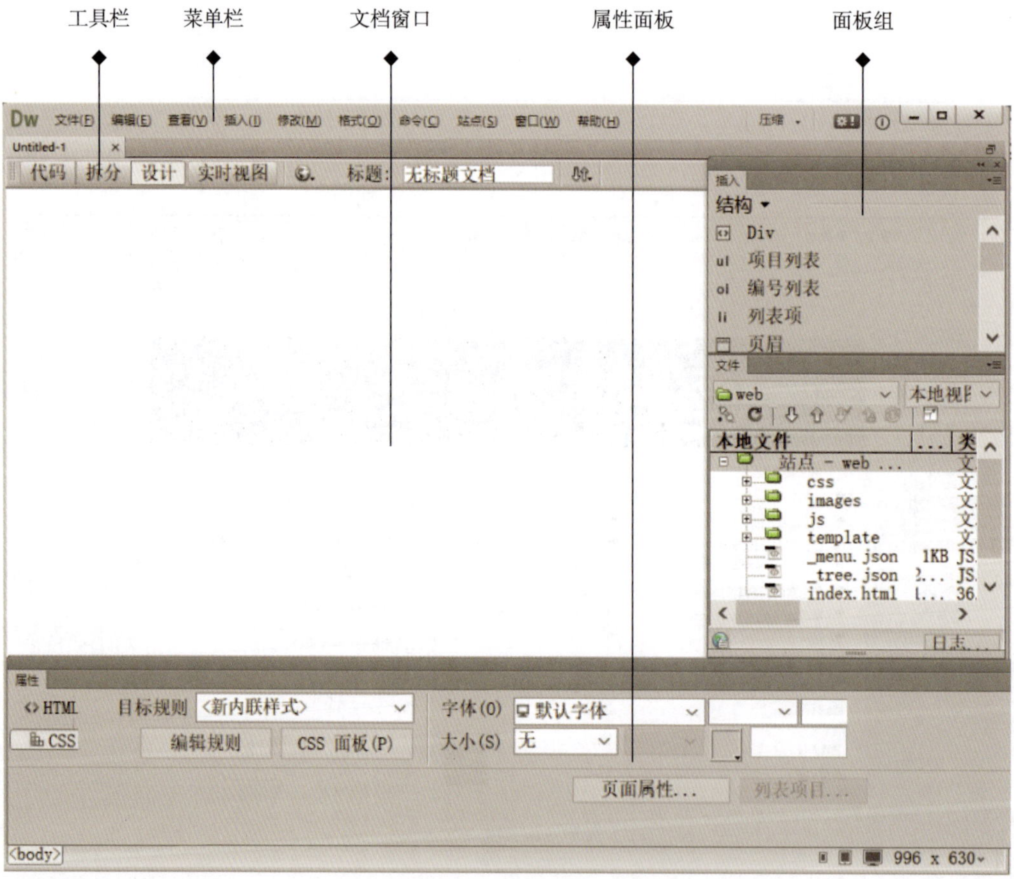

工具栏　菜单栏　文档窗口　属性面板　面板组

图 2-15　工作界面

小贴士

用 Dreamweaver CC 制作网页的流程为：创建与管理站点、在网页中创建文本、使用图像与多媒体丰富网页内容、在网页中添加超链接、使用表格布局页面、应用 CSS 样式美化网页、应用 DIV+CSS 布局网页、使用框架布局网页、利用模板和库创建网页、使用 JavaScript 行为创建动态效果、进行站点的发布与推广。

一、菜单栏

Dreamweaver CC 的菜单栏包含 10 个菜单项，分别是文件、编辑、查看、插入、修改、格式、命令、站点、窗口和帮助。这些菜单项为用户提供了丰富的功能和操作选项，如图 2–16 所示。

Dw　文件(F)　编辑(E)　查看(V)　插入(I)　修改(M)　格式(O)　命令(C)　站点(S)　窗口(W)　帮助(H)

图 2–16　菜单栏

文件菜单用于管理当前文档，包括新建、打开、保存、预览等操作，如图 2–17 所示。

编辑菜单用于对文档内容进行常规编辑操作，如查找和替换等。需特别注意的是，首选参数设置也位于编辑菜单中，方便用户进行个性化配置，如图 2–18 所示。

查看菜单提供了多种文档视图选项，用户可以根据需要显示或隐藏不同类型的页面元素、工具栏等，从而更灵活地编辑和预览网页，如图 2–19 所示。

插入菜单用于用户向网页中添加各种对象，如图像、链接、表格等，极大地丰富了网页的内容和功能，如图 2–20 所示。

修改菜单用于更改选定页面属性，帮助用户精细调整网页元素的表现和行为，如图 2–21 所示。

格式菜单用于设置文本的格式样式，包括字体、大小、颜色等，使网页文本更加美观且易于阅读，如图 2–22 所示。

命令菜单为用户提供了对各种命令的快速访问途径，提高了工作效率，如图 2–23 所示。

站点菜单提供了用于管理站点以及上传、下载文件的便捷选项，方便用户进行网站的维护和更新，如图 2–24 所示。

窗口菜单整合了软件中的所有面板、检查器和窗口，用户可以通过该菜单快速访问和管理这些工具，提升工作效率，如图 2-25 所示。

新建(N)...	Ctrl+N
打开(O)...	Ctrl+O
打开最近的文件(T)	›
关闭(C)	Ctrl+W
全部关闭(E)	Ctrl+Shift+W
保存(S)	Ctrl+S
另存为(A)...	Ctrl+Shift+S
保存全部(L)	
保存所有相关文件(R)	
另存为模板(M)...	
回复至上次的保存(R)	
导入(I)	›
导出(E)	›
在浏览器中预览(P)	›
验证	›
与远程服务器比较(W)	
设计备注(G)...	
退出(X)	Ctrl+Q

图 2-17 文件菜单

撤消(U)	Ctrl+Z
重做(R)	Ctrl+Y
剪切(T)	Ctrl+X
拷贝(C)	Ctrl+C
粘贴(P)	Ctrl+V
选择性粘贴(S)...	Ctrl+Shift+V
清除(A)	
全选(A)	Ctrl+A
选择父标签(G)	Ctrl+[
选择子标签(H)	Ctrl+]
查找和替换(F)...	Ctrl+F
查找所选(S)	Shift+F3
查找下一个(N)	F3
转到行(G)	Ctrl+G
显示代码提示(H)	Ctrl+H
刷新代码提示(F)	Ctrl+.
代码提示工具(T)	›
缩进代码(I)	Ctrl+Shift+>
凸出代码(O)	Ctrl+Shift+<
平衡大括弧(B)	Ctrl+'
重复项(E)	›
代码折叠	›
同步设置(S)	›
标签库(L)...	
快捷键(Y)...	
首选项(P)...	Ctrl+U

图 2-18 编辑菜单

代码(C)
拆分代码(S)
设计(D)
代码和设计(A)
垂直拆分(V)
左侧的设计视图(D)
切换视图(S)　Ctrl+Alt+`
刷新设计视图(E)　F5
刷新样式(Y)
实时视图(L)　Alt+F11
实时视图选项(O)
实时代码(C)
检查(I)　Alt+Shift+F11
可视化助理(V)
样式呈现(S)
代码视图选项(W)
窗口大小(Z)
缩放比率(F)
标尺(R)
网格设置(G)...
辅助线(U)
跟踪图像(M)
插件(N)
显示外部文件(X)
隐藏面板(P)　F4
工具栏(B)
相关文件(R)
相关文件选项(O)
代码浏览器(C)...　Ctrl+Alt+N

图 2-19　查看菜单

Div(D)
HTML5 Video(V)　Ctrl+Alt+Shift+V
画布(A)
图像(I)
表格(T)　Ctrl+Alt+T
Head(H)
脚本(S)
Hyperlink(P)
电子邮件链接(K)
水平线(Z)
日期(D)
IFRAME
字符(C)
结构(S)
媒体(M)
表单(F)
jQuery Mobile(J)
jQuery UI
模板(L)
收藏夹(O)
最近的代码片断(R)

图 2-20　插入菜单

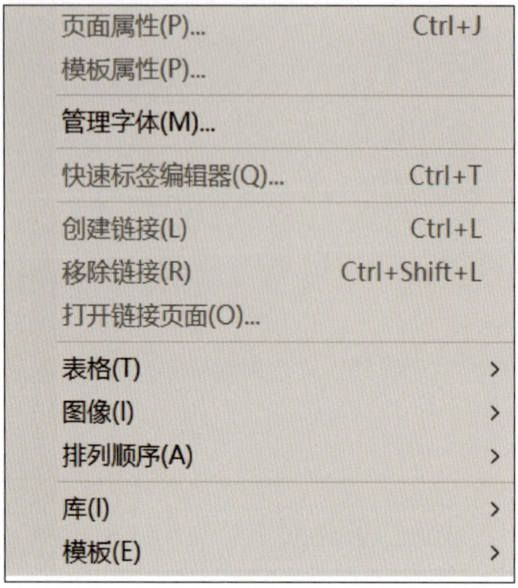

页面属性(P)... Ctrl+J
模板属性(P)...
管理字体(M)...
快速标签编辑器(Q)... Ctrl+T
创建链接(L) Ctrl+L
移除链接(R) Ctrl+Shift+L
打开链接页面(O)...
表格(T) >
图像(I) >
排列顺序(A) >
库(I) >
模板(E) >

图 2-21　修改菜单

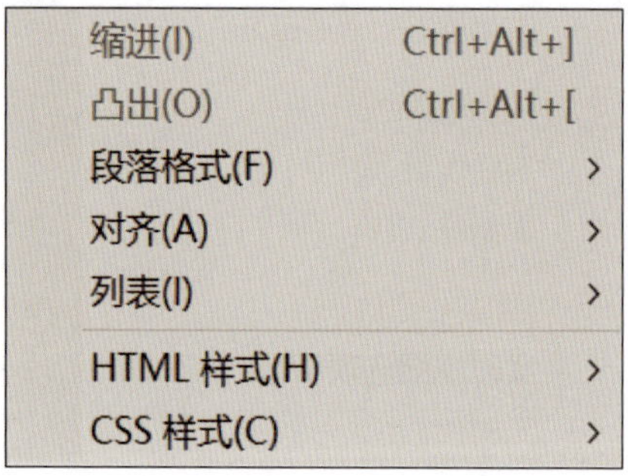

缩进(I) Ctrl+Alt+]
凸出(O) Ctrl+Alt+[
段落格式(F) >
对齐(A) >
列表(I) >
HTML 样式(H) >
CSS 样式(C) >

图 2-22　格式菜单

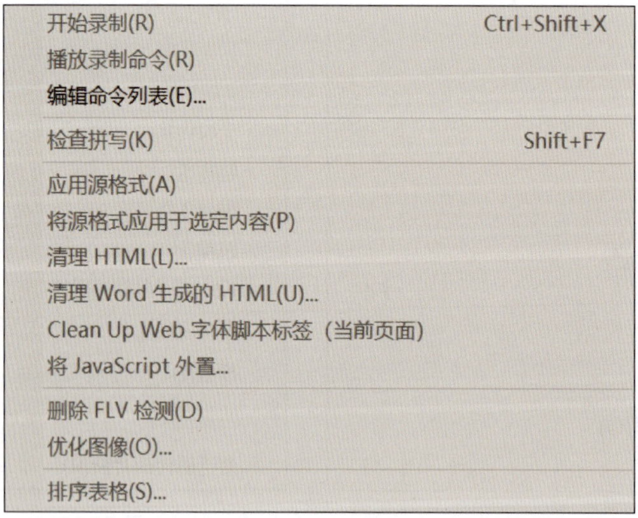

开始录制(R) Ctrl+Shift+X
播放录制命令(R)
编辑命令列表(E)...
检查拼写(K) Shift+F7
应用源格式(A)
将源格式应用于选定内容(P)
清理 HTML(L)...
清理 Word 生成的 HTML(U)...
Clean Up Web 字体脚本标签（当前页面）
将 JavaScript 外置...
删除 FLV 检测(D)
优化图像(O)...
排序表格(S)...

图 2-23　命令菜单

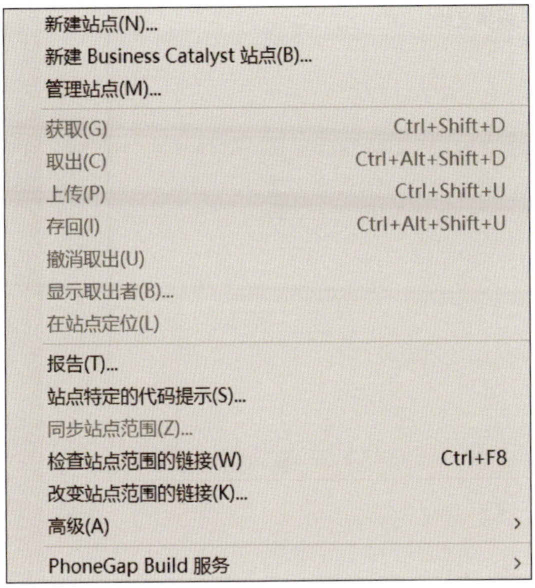

图 2-24　站点菜单

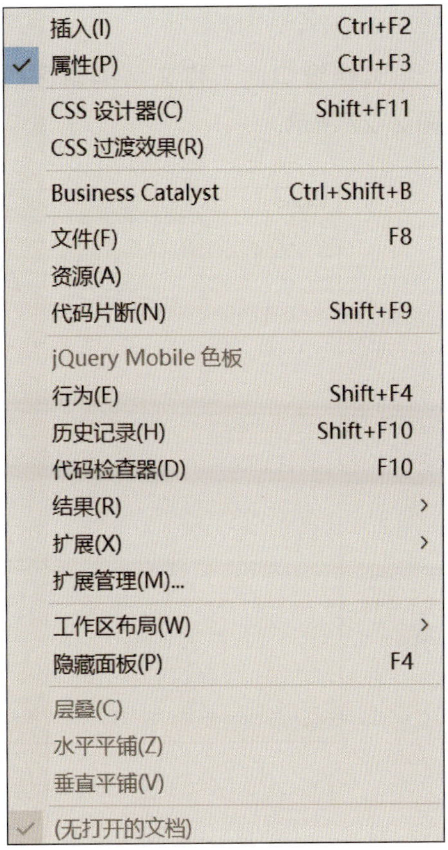

图 2-25　窗口菜单

二、工具栏

使用工具栏中的视图工具，可以轻松地在代码视图、设计视图和拆分视图之间进行切换，具体如图 2-26 所示。其中，代码视图主要用于在文档窗口中展示 HTML 源代码；设计视图用于显示网页的最终设计效果；而拆分视图巧妙地将代码视图和设计视图结合在一起，便于用户同时查看和编辑源代码和设计效果。此外，工具栏还提供了实时视图功能，能够模拟网页在浏览器中的显示效果，使用户在设计过程中就能预览到实际的网页呈现效果。最后，通过点击“预览 / 调试”按钮，用户可以直接通过浏览器查看网页文档的实际浏览效果。

图 2-26　工具栏界面

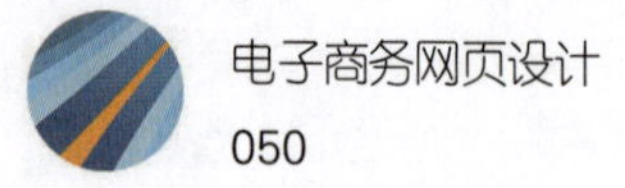

三、文档窗口

文档窗口，又称文档编辑区，其主要功能是用于展示和编辑文档内容，如图 2–27 所示。

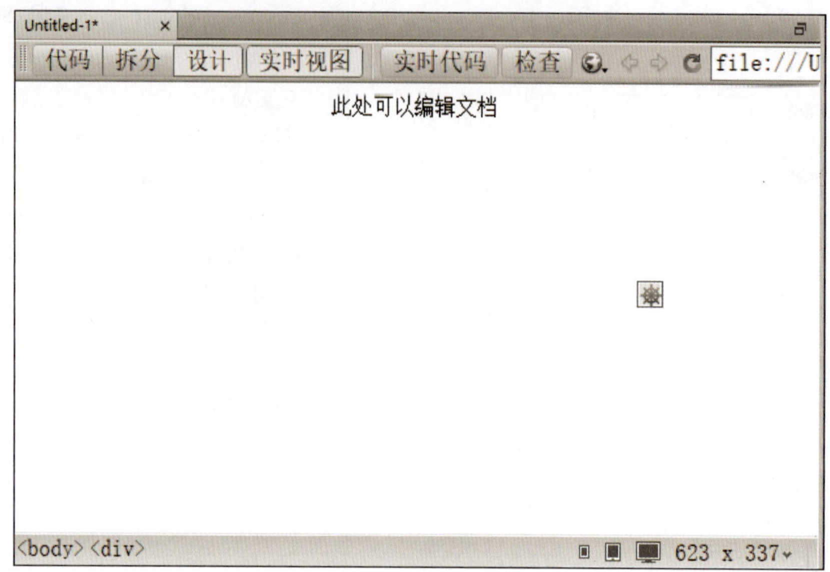

图 2–27　文档窗口

四、属性面板

属性面板的主要作用是设置当前页面上正在编辑内容的各项属性（见图 2–28）。用户可以通过依次点击“窗口”和“属性”来打开或关闭该面板。根据所选的页面元素不同，属性面板中显示的属性值也会相应变化。

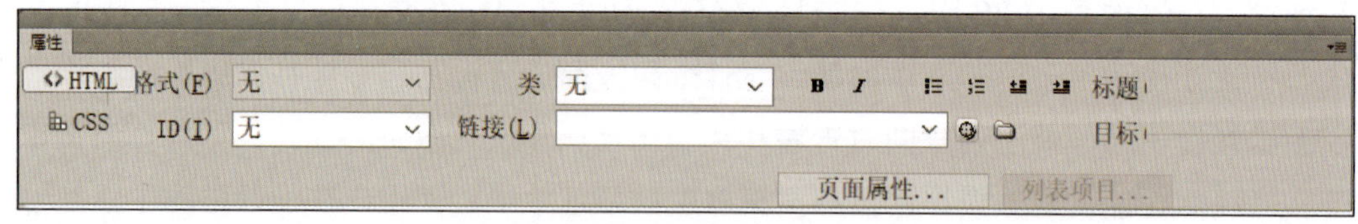

图 2–28　属性面板

五、面板组

面板组位于工作界面的右侧，旨在帮助用户更好地监控和修改工作内容（见图 2–29）。当用户在面板中对文档进行编辑操作时，相应的修改效果会实时显示在窗口中，这为用户编辑页面提供了极大的便利。通常，用户可以通过依次点击“窗口”和“属性”来打开或关闭面板组。

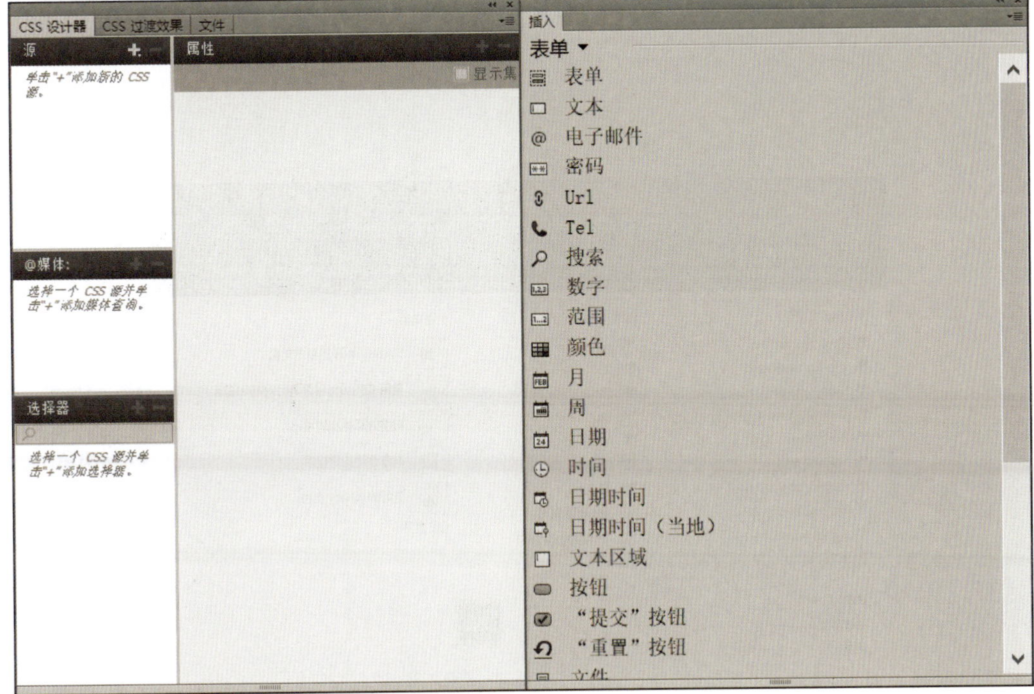

图 2-29　面板组

任务实施

● 步骤 1：打开软件

在桌面上找到 Dreamweaver CC 软件的快捷方式，双击鼠标以打开该软件。接着，单击欢迎屏幕上的“新建—HTML”选项，即可完成第一个网页的新建工作（见图 2-30）。

● 步骤 2：打开面板

打开 Dreamweaver CC 软件后，在菜单栏中找到并点击“窗口”，然后选择“文件”，以打开文件面板。在此面板中，可以清晰地查看当前文档的目录结构，具体如图 2-31 所示。

● 步骤 3：预览网页

在工具栏中找到“设计”按钮并点击，文档窗口将切换至设计视图。接着，可以在文档窗口中单击以定位文本插入点，然后输入“系统正在升级，请耐心等待……”。最后，点击工具栏中的“预览 / 调试”按钮，此时将会弹出一个网页，如图 2-32 所示。

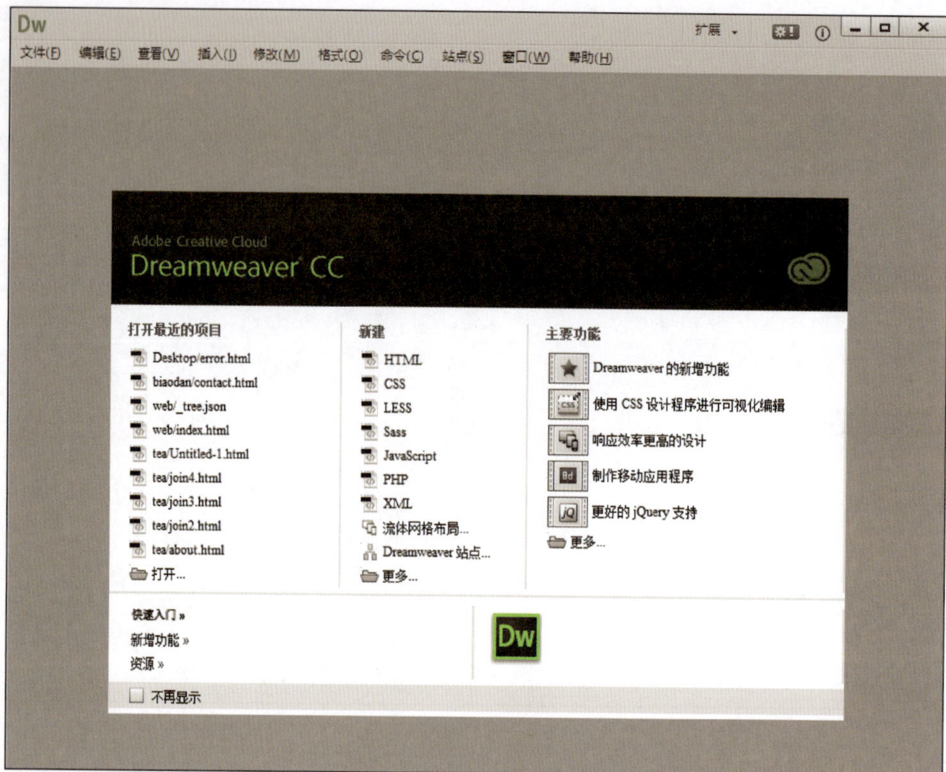

图 2-30　新建网页

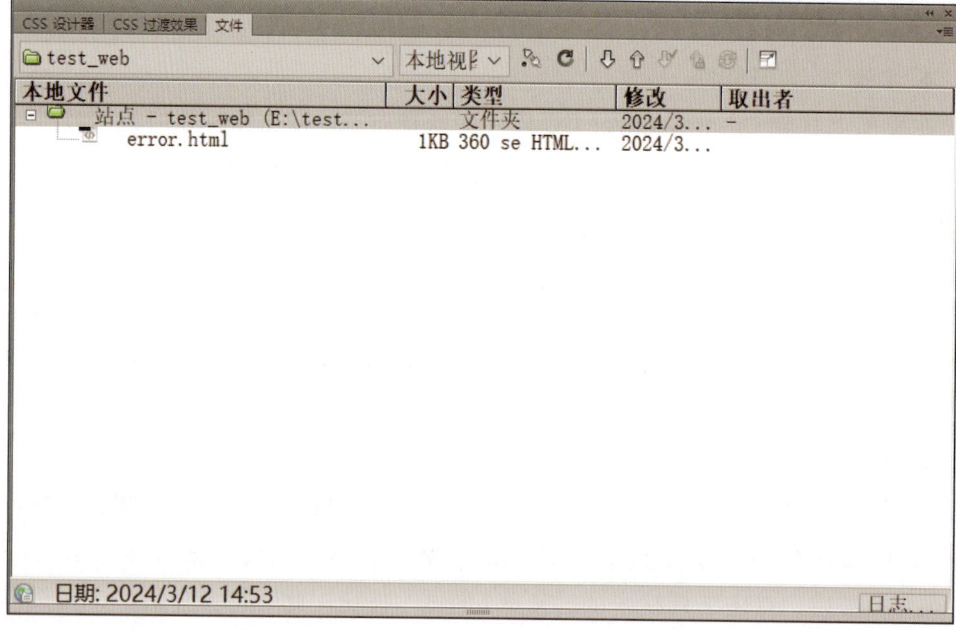

图 2-31　文件面板

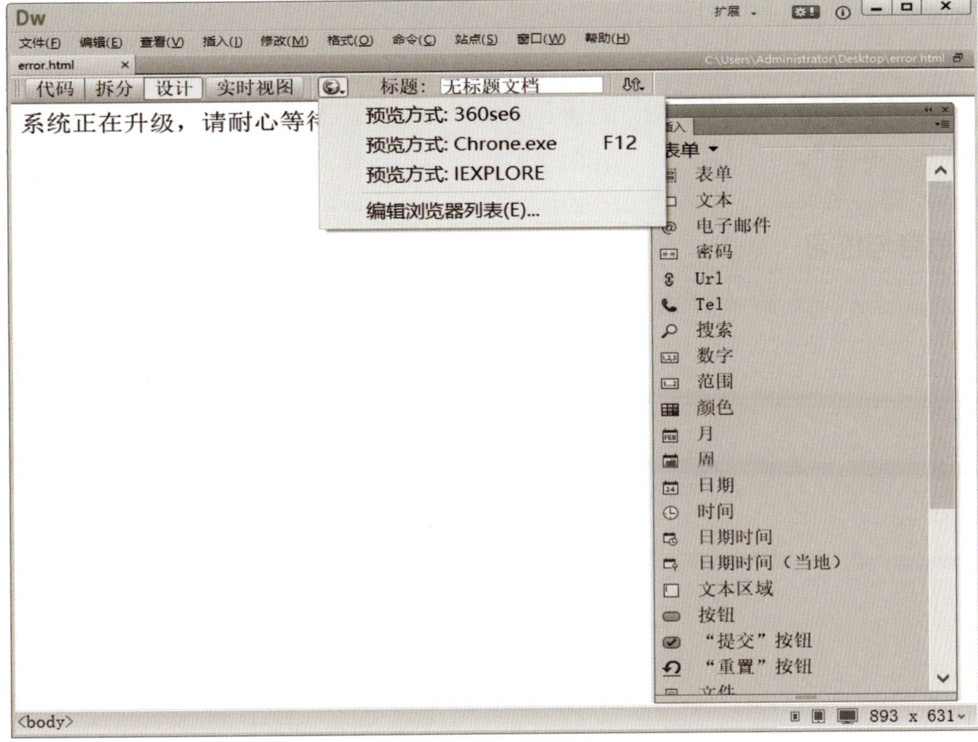

图 2-32　预览网页

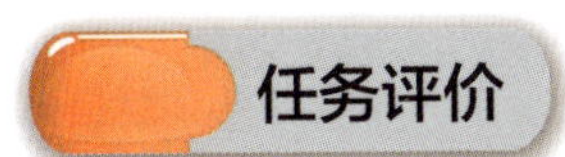

任务评价表

学习任务	Dreamweaver CC 的工作界面		
项目	**评价内容**	**配分**	**得分**
知识	了解 Dreamweaver CC 界面的布局	20	
	熟悉 Dreamweaver CC 界面菜单命令的含义	30	
技能	能够正确使用菜单栏及其子菜单命令	20	
	能够灵活切换应用代码视图和设计视图	20	
	能够独立打开或关闭各个面板	10	
任务评价		合计得分	

思考与练习

1. 在 Dreamweaver CC 中如何查看历史记录?
2. 简述 Dreamweaver CC 菜单栏中包含的主要菜单项。
3. 如何在 Dreamweaver CC 中设置默认的网页预览浏览器?

项目三
网页的基本操作

项目概述

网页是向用户展示多样化信息的有效平台，可以显著提升信息的曝光度和影响力。通过本项目的学习，我们将深入学习网页与网站的基础知识，掌握站点的创建与管理方法，并能熟练应用各类面板工具，从而为打造一个专业化的网页奠定坚实基础。

学习任务 1　站点的创建与管理

学习目标

- **知识目标**

1. 了解站点在网页设计与制作中的作用。
2. 掌握创建和管理站点的方法。

- **技能目标**

1. 能够合理地进行站点规划。
2. 能够正确创建和管理站点。

任务描述

某服饰品牌厂商为了重塑企业形象并扩展销售网络，已根据品牌特色和地方文化完成了线上销售网站的设计。现在，厂商需要在本地计算机 D 盘根目录下创建一个名为 Myweb 的本地站点，以便开展后续的开发和维护工作。同时，为了确保网站内容能够实时更新和发布，厂商还需通过 FTP 方式（FTP 服务器地址：123.57.19.141，用户名：bjyy，密码：bjyy）将站点内容上传到远程 Web 服务器上。在此过程中，将采用 FTP 默认端口进行数据传输，并确保网站的网址为 http://www.bjyy.org，以便用户能够准确访问该服饰品牌的官方网站。

相关知识

合理规划站点对于构建清晰有序的网站结构至关重要，同时，在网站开发和后期维护过程中也发挥着关键作用。

一、认识站点

站点指的是在本地磁盘上创建的一个根文件夹，用于存放网站上的所有文件。Dreamweaver CC 提供了一种组织所有与 Web 站点相关联的文档的方法。通过在站点中组织文件，可以利用 Dreamweaver CC 实现站点上传至服务器、自动跟踪与维护链接、管理文件以及共享文件等功能。

在开发一个网站时，首要步骤是创建对应的站点。这可以通过菜单栏中的“站点—新建站点”选项，或者通过文件窗口的下拉列表选择“管理站点—新建站点”来完成，以定义本地站点或远程站点。执行这些操作后，将会打开“站点设置对象”对话框，在此可以查看站点设置的三个基本任务，如图 3-1 所示。

（1）站点：允许用户为站点指定一个本地文件夹，并为其命名。

（2）服务器：用于设置远程 Web 服务器的相关信息。

（3）版本控制：提供设置访问权限、协议类型、服务器地址、存储库路径、服务器端口号、用户名及密码等详细配置选项。

若对站点配置不满意或需进行调整，用户可随时对其进行管理。通过选择“站点—管理站点”选项，可打开“管理站点”对话框。在“您的站点”列表中，用户可以选择需要管理的站点。利用对话框左下角的四个小图标，用户可以执行站点的删除、编辑、复制和导出操作，具体界面如图 3-2 所示。

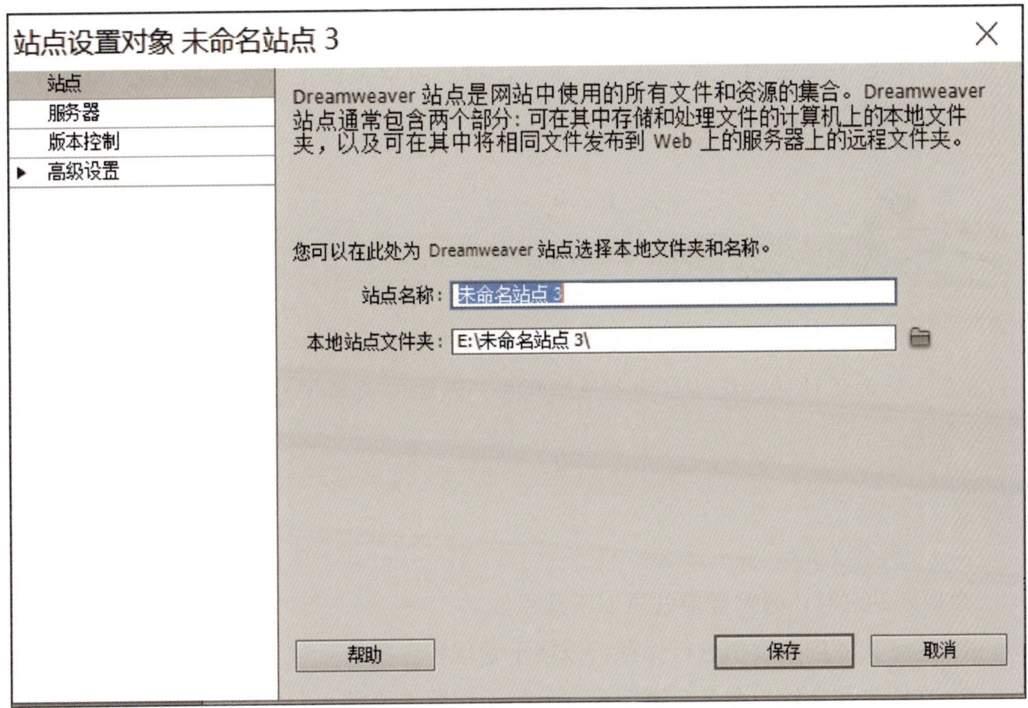

图 3-1 “站点设置对象”对话框

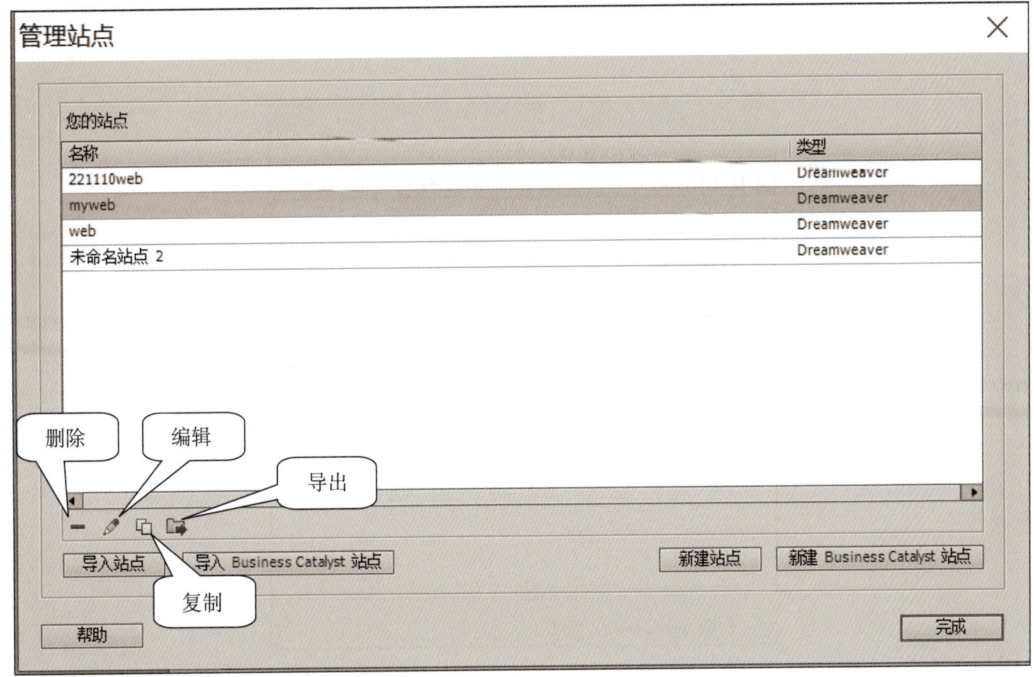

图 3-2 “管理站点”对话框

使用 Dreamweaver CC，用户可以将站点导出为 .ste 文件以进行备份或迁移。同样地，利用图 3-2 中的“导入站点”命令，用户可以方便地导入扩展名为 .ste 的文件，以恢复或设置站点。

小贴士

灵活运用站点的导入和导出功能，能够方便快捷地在不同计算机之间迁移站点，同时还可以实现站点的备份和还原，从而有效确保网站数据的安全性和完整性。

二、规划站点

在规划站点时，通常需要注意以下几点。

1. 站点文件应按类别进行保存，以便于管理和查找。
2. 文件夹和文件的命名应遵循合理且易于理解的原则。
3. 保持本地站点与远程站点的结构一致，以确保同步。

站点面板，也称文件面板，可以通过依次点击“窗口”和“文件”打开（见图 3-3）。

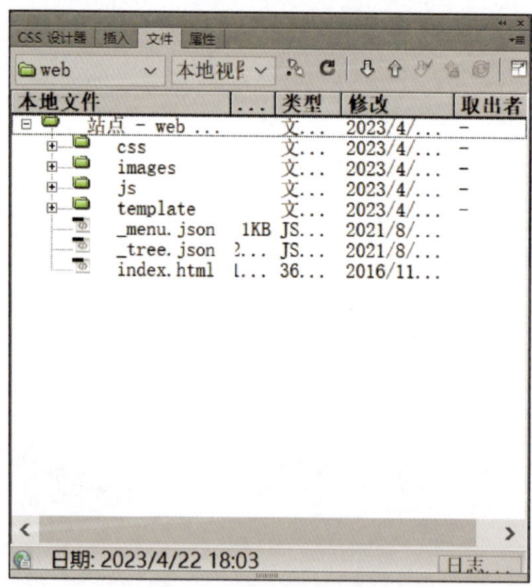

图 3-3　站点面板

任务实施

本任务要求我们依据客户需求，整理网站结构、创建并管理站点。首先需要在计算机硬盘上新建一个根文件夹，作为站点的基础目录。接着，分析网站的目录结构，并据此创建相应的子文件夹，以完成本地站点的创建。为确保网站能在 Web 服务器上运行，还需通过修改站点设置，使其以 FTP 方式与服务器连接，从而实现远程站点的正确定义。

- 步骤 1：创建根文件夹 Myweb

首先，在 D 盘根目录中新建一个文件夹，并将其命名为“Myweb”。这个文件夹将作为网站的根目录，用于存放网站的所有文件和子文件夹。

- 步骤 2：创建子文件夹

根据前期的网站设计规划，需要在 Myweb 文件夹中创建 css、image、js 和 template 4 个子文件夹（见图 3–4），这些子文件夹的创建有助于我们更好地组织和管理网站的文件资源。

这些文件夹的用途如下：css 文件夹：用于存放所有的 CSS 样式文件，这些文件负责控制网页的布局和外观。image 文件夹：用于存放网站中使用的所有图像文件，包括背景图、产品图片等。js 文件夹：用于存放 JavaScript 脚本文件，这些文件可以实现网页上的动态效果和交互功能。template 文件夹：用于存放网站的模板文件，这些文件定义了网页的基本结构和布局。

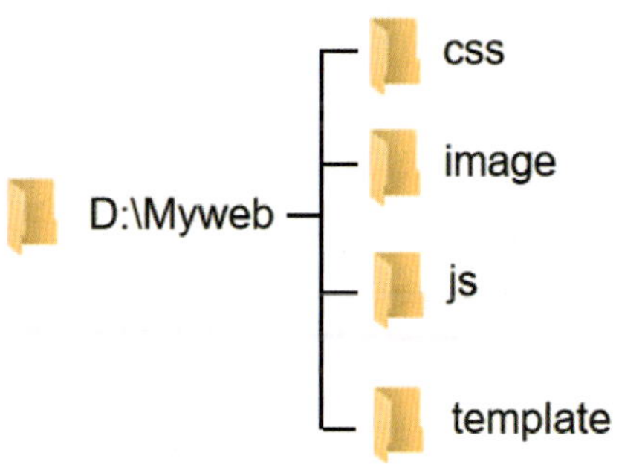

图 3–4　目录结构

- 步骤 3：新建站点

启动 Dreamweaver CC 软件，点击菜单栏中的“站点”，然后选择“新建站点”来定义一个新的本地站点，如图 3–5 所示。在定义站点时，将站点名称设置为“Myweb”，并将本地站点文件夹指定为“D:\Myweb\”，以确保所有网站文件都保存在这个指定的文件夹中（见图 3-6）。

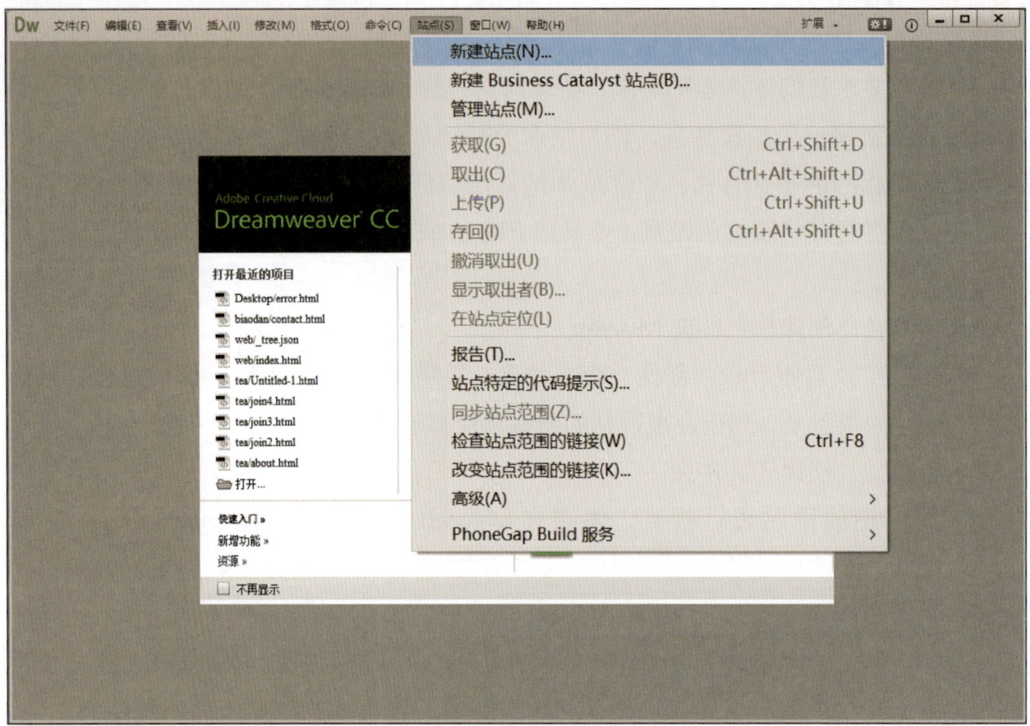

图 3-5 新建站点

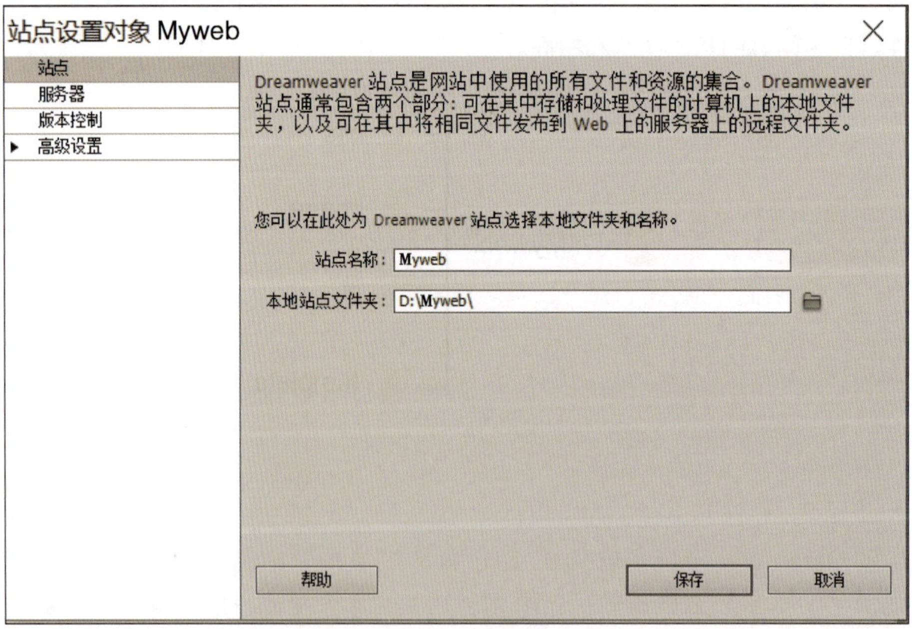

站点设置对象 Myweb

站点
服务器
版本控制
高级设置

Dreamweaver 站点是网站中使用的所有文件和资源的集合。Dreamweaver 站点通常包含两个部分：可在其中存储和处理文件的计算机上的本地文件夹，以及可在其中将相同文件发布到 Web 上的服务器上的远程文件夹。

您可以在此处为 Dreamweaver 站点选择本地文件夹和名称。

站点名称：Myweb

本地站点文件夹：D:\Myweb\

帮助 保存 取消

图 3-6 定义站点

● 步骤 4：设置本地站点

在高级设置的“本地信息”部分中，将默认的图像文件夹设定为“D:\Myweb\image”，以便统一管理和引用网站中的图像资源，如图 3-7 所示。这样的设置有助于提高网站开发的效率和文件管理的规范性。

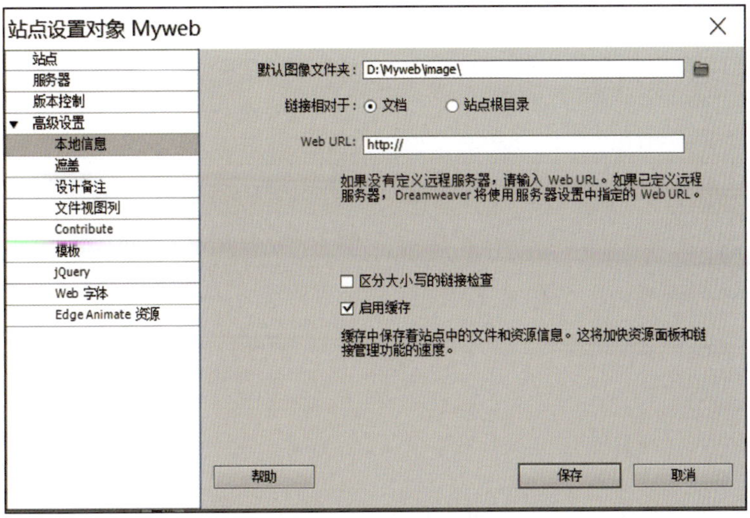

图 3-7　本地信息

● 步骤 5：保存本地站点

设置完成后，点击“保存”按钮以确认更改。之后，在文件面板中，可以看到已建立好的站点列表，如图 3-8 所示。

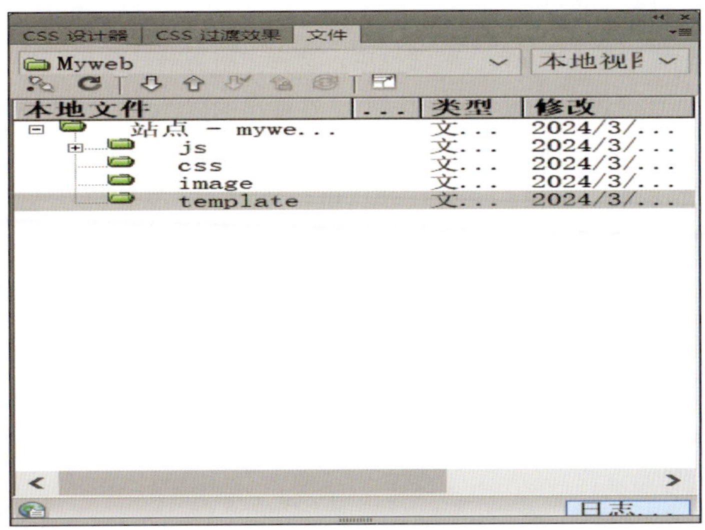

图 3-8　文件面板

● 步骤 6：管理站点

启动 Dreamweaver CC 软件后，执行“站点—管理站点”命令，以打开“管理站点”对话框，如图 3-9 所示。在该对话框中，使用鼠标双击 Myweb 站点，将会弹出名为“站点设置对象 Myweb”的对话框。

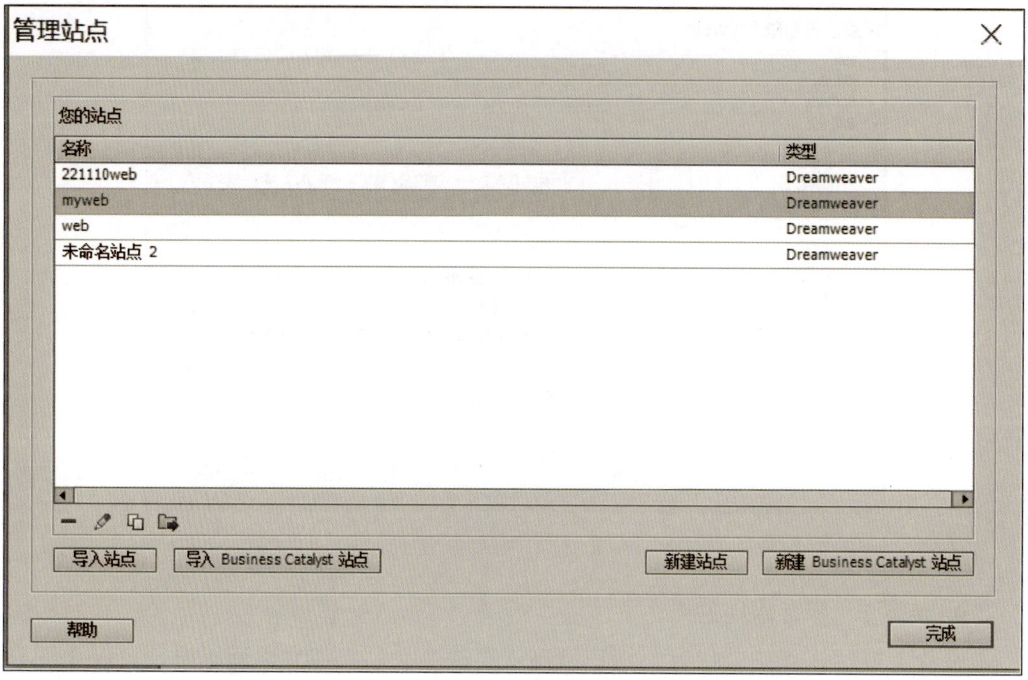

管理站点

您的站点

名称	类型
221110web	Dreamweaver
myweb	Dreamweaver
web	Dreamweaver
未命名站点 2	Dreamweaver

导入站点　导入 Business Catalyst 站点　新建站点　新建 Business Catalyst 站点

帮助　完成

图 3-9　管理站点

● 步骤 7：设置远程站点

在“站点设置对象 Myweb”对话框中，选择“服务器”选项。接着，单击对话框左下角的 + （即“添加新服务器”按钮），在弹出的界面中，需要填写 FTP 服务器的相关信息：FTP 服务器地址设置为“123.57.19.141”，用户名填写为“bjyy”，密码输入为“bjyy”。同时，采用 FTP 默认端口进行连接，并设置 URL 为“http://www.bjyy.org”（见图 3-10）。完成这些设置后，站点就可以通过 FTP 与远程服务器进行数据传输和同步了。

● 步骤 8：保存远程站点

设置完成后，点击“保存”按钮，以确保站点配置得到保存。这样，当上传站点内容时，相关文档将被存储到之前设置的远程站点中，从而实现了站点数据的远程备份和同步。

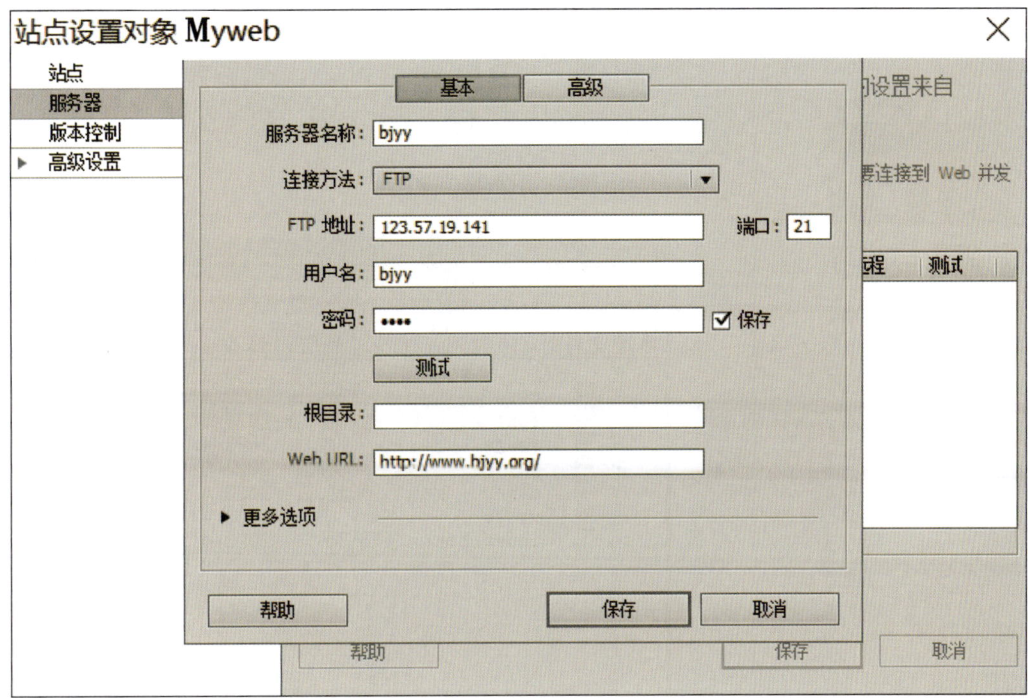

图 3-10　添加新服务器界面

任务评价

任务评价表

学习任务	站点的创建与管理			
项目	**评价内容**	**配分**	**得分**	
知识	了解站点在网页设计与制作中的作用	20		
	掌握创建和管理站点的方法	30		
技能	能够合理地进行站点规划	25		
	能够正确创建和管理站点	25		
任务评价			合计得分	

思考与练习

1. 本地站点与远程站点是否存在显著差异?
2. 使用 Dreamweaver CC 新建一个站点 Myweb，如图 3-11 所示。

本地文件	...	类型	修改	取出者
站点 - mywe...		文...	2023/4/...	-
css		文...	2023/4/...	-
font		文...	2023/4/...	-
image		文...	2023/4/...	-
js		文...	2023/4/...	-
other		文...	2023/4/...	-
video		文...	2023/4/...	-
index.html	1KB	36...	2023/4/...	

图 3-11　站点面板

学习任务 2　网页的创建

学习目标

- 知识目标

1. 理解网站的一般工作原理。
2. 掌握网页和网站的关系。

- 技能目标

1. 能够新建网页。
2. 能够预览网页。

3. 能够将网页保存至指定位置。

为树立全新企业形象，扩大企业宣传，让客户更加充分了解企业背后的故事，为企业吸纳更多的人才，需要新增一个“关于我们”的网页，名称为 About.html，保存至站点 Myweb 中，网页的设计定版如图 3–12 所示。

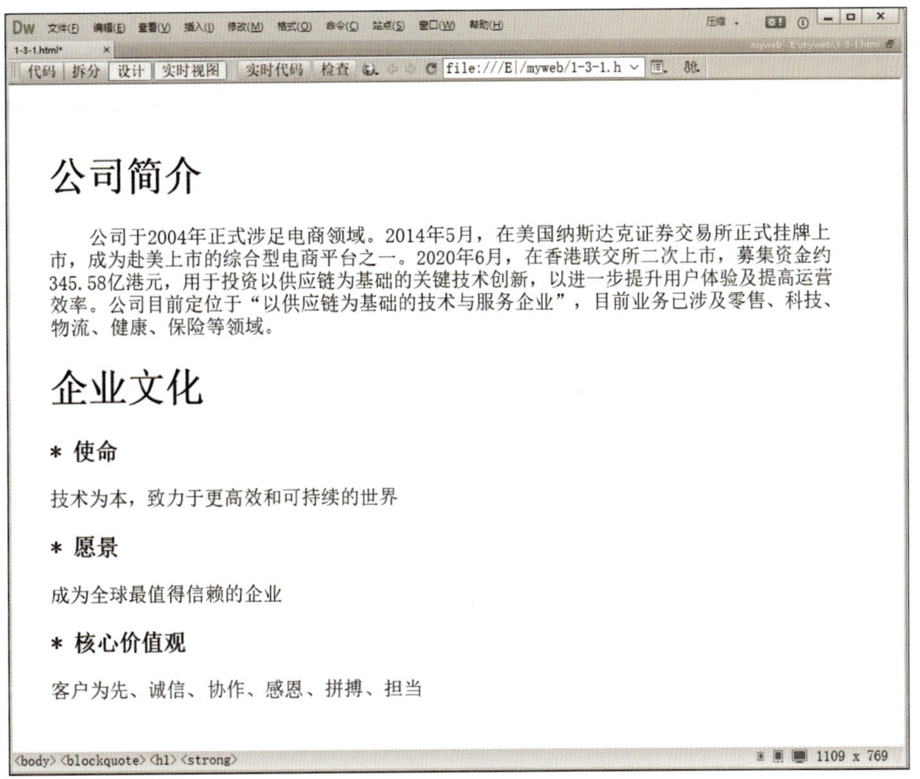

图 3–12　任务效果图

一、Web 概述

1. 工作原理

网站的工作原理，本质上是 Web 服务器与客户端浏览器之间的交互过程。这一过程描述了服务器上的文件和数据库如何转化为用户眼前所见的网页。以下是详细步骤。

（1）用户在浏览器中输入网址，例如 www.bjyy.com。

（2）浏览器会解析这个网址，识别出其中包含的 HTTP 和域名。

（3）接着，浏览器会与互联网服务提供商进行通信，通过域名系统查询 www.bjyy.com 对应的 IP 地址。一旦获取 IP 地址，浏览器会向这个地址发送访问请求。

（4）在获取网站的 IP 地址和端口号（HTTP 通常使用 80 端口，HTTPS 则使用 443 端口）后，浏览器会建立 TCP 套接字连接，从而与 Web 服务器建立通信。

（5）根据用户的操作，浏览器会向服务器发送相应的 HTTP 请求，比如请求打开 www.bjyy.com 的主页。

（6）Web 服务器在接收到请求后，会根据请求信息查找对应的 HTML 页面。如果页面存在，服务器会将处理结果和页面内容返回给浏览器；如果找不到页面，则会发送一个 404 错误消息，表示无法找到相关页面。

2. 网页与网站的关系

网页，作为包含 HTML 标签的纯文本文件，构成了网站的基础单元。它存储在全球互联网连接的某一台计算机中，并通过网址进行唯一标识和访问。当在浏览器中输入特定网址后，经过一系列复杂而迅速的处理流程，网页文件会被传输到本地计算机。随后，浏览器会解析这些文件，最终将网页内容呈现在用户眼前。

网站则是由众多内容各异的网页以及网页中嵌入的图像、音乐、视频、数据库等文件所组成。所有这些元素都通过链接相互关联。因此，要在互联网上建立一个网站，必须拥有独立的域名和网络存储空间。

网站可以视为互联网的一个节点，通常一个网站的所有网页都储存在这个节点内。这类似于一本书的结构，其中网页好比是书中的一页，而封面则对应于网站的主页或首页。从这个角度看，网站是一个集合体，而网页则是其组成部分。一个网站由众多网页共同构建，并通过“超链接”相互连接。

3. 网页类型

网页主要可以分为静态网页和动态网页两种类型。静态网页包含的内容，如文本、图像、Flash 动画、超链接等，在编写网页源代码时就已经确定，并且除非网页源代码被重新修改，否则这些内容将保持不变。静态网页的文件名通常以 .htm、.html、.xml 等为后缀。

与静态网页相比，动态网页则具有数据库支持，包含程序代码，并能提供与用户交互的功能，例如用户登录、用户注册和信息查询等。动态网页能够根据用户传入的不同参数显示不同的数据内容。

静态网页和动态网页的主要区别在于制作时使用的语言和程序的运行环境。静态网页主要使用 HTML 语言编写，而动态网页则使用 HTML 结合诸如 ASP、PHP、JSP 等服务器端脚本语言。此外，程序是否在服务器端运行也是它们之间的一个重要区别。在服务器端运行的是动态网页，而在客户端运行的是静态网页。

静态网页和动态网页各有其特点，网站采用哪种类型的网页主要取决于网站的功能需求。

二、Web 标准

Web 标准并非单一的具体标准，而是一系列相关标准和技术的综合体。这些标准和技术共同构成了一个多层次的体系，贯穿于网页的设计、开发和显示各个环节。Web 标准的核心构成可划分为三大主要部分：结构、表现和行为。

结构标准在网页元素的组织和分类中起着关键作用。其中，最常用的包括超文本标记语言 HTML 和可扩展超文本标记语言 XHTML。通过采用这些结构标准，能够有效地构建和组织网页内容。

表现标准主要负责决定网页的外观和布局，具体涵盖字体、颜色、大小等视觉属性的设置。其中，级联样式表（CSS）发挥着核心作用，它通过样式规则来精确定义网页元素在屏幕上的展示方式。

行为标准则关乎网页的操作性和交互性，它规定了如何响应用户的各种动作，比如点击按钮或滑动滚动条等。常见的行为标准包括文档对象模型（DOM）和 ECMAScript，后者也被称为 JavaScript，是一种在客户端运行的脚本语言，能够赋予网页动态效果和丰富的交互功能。

Web 标准的实施对于确保在不同设备和浏览器上创建的网页能够正确显示与顺畅操作至关重要。它们不仅提升了网页的可访问性、可理解性和可维护性，还加强了对无障碍性问题的重视，以便支持各种能力的用户群体。遵循这些标准，开发者能够设计出规范、易于移植、清晰易读且便于维护的网页，进而为用户提供更优质的访问体验。

小贴士

HTML、CSS、JavaScript、PHP 均为 Web 开发语言，其中 HTML、CSS、JavaScript 属于前端开发语言，PHP 属于后端开发语言。

HTML 是构建网页内容的基石，它承载着网页制作者希望展示给用户的信息，这些信息可以包括文字、图片、视频等多种形式。

CSS 则负责网页的外观和表现形式，就像是为网页穿上了一件精致的外衣。通过 CSS，我们可以调整标题的字体、颜色，添加背景图片、边框等视觉元素，从而打造出独特且吸引人的网页外观。

JavaScript 则赋予了网页交互性和动态效果。比如，当用户鼠标滑过时弹出下拉菜单，或者改变表格的背景颜色，抑或是实现焦点新闻图片的轮换等。简而言之，网页中那些富有动感的、交互式的功能，大多是通过 JavaScript 实现的。

三、WEB 开发视图

Dreamweaver CC 是一款功能强大的网页开发工具，在网页设计和编程领域有着广泛的应用。它提供了四种视图模式供用户选择，包括设计视图、代码视图、拆分视图以及实时视图，如图 3-13 至图 3-16 所示。这些多样化的视图模式为开发人员和设计人员创造了不同的工作环境和视角，从而极大地提高了他们进行网页开发和设计的效率。

1. 设计视图

设计视图是 Dreamweaver CC 中最常使用的视图之一。它为用户提供了一个“所见即所得”的工作环境，意味着用户在设计视图中所做的任何更改，都会直接呈现在页面上。这一特点使得设计人员能够直观地进行页面布局、调整图像和文字的位置、设置颜色及样式等，而无须深入具体的代码细节。对于那些不擅长编程的设计人员而言，设计视图极为友好且易于操作，有助于他们迅速创建并修改网页的外观。

2. 代码视图

代码视图是专为喜欢直接编辑 HTML 或其他网页代码的开发人员设计的。在这个视图中，可以直观地编辑和查看网页的源代码，从而能够更精确地掌控网页的结构和功能，并运用各种网页编码技术。与设计视图相比，代码视图提供了更高的灵活性，更适合处理复杂的编码任务。然而，使用代码视图需要开发者对 HTML、CSS、

图 3-13　设计视图

```
                color:red;
                font-size:12px;
            }
            dl {
    float: left;
    margin-right: 10px;
    margin-left: 40px;
}
        </style>
    </head>
    <body>

<div class="box">
  <p align="left">所在位置：首页>滚动>正文</p>
    <hr color="#993333">
     <h1>&ldquo;东数西算&rdquo;工程进入全面建设阶段      </h1>
     <div class="sub_title">
        <span class="time">2023-03-18 08:54:01 来源：央视网</span>
        <span class="nows_title">    评论（11人参与） 
  收藏本文</span>



<img src="abc.png" width="731" height="74"  alt=""/>
```

图 3-14　代码视图

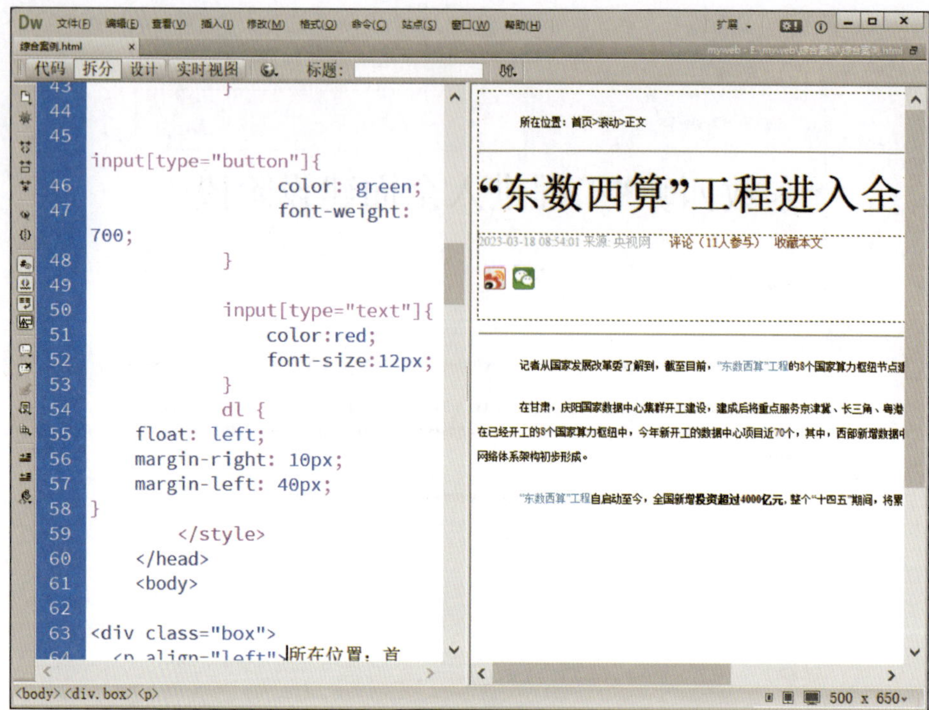

图 3-15　拆分视图

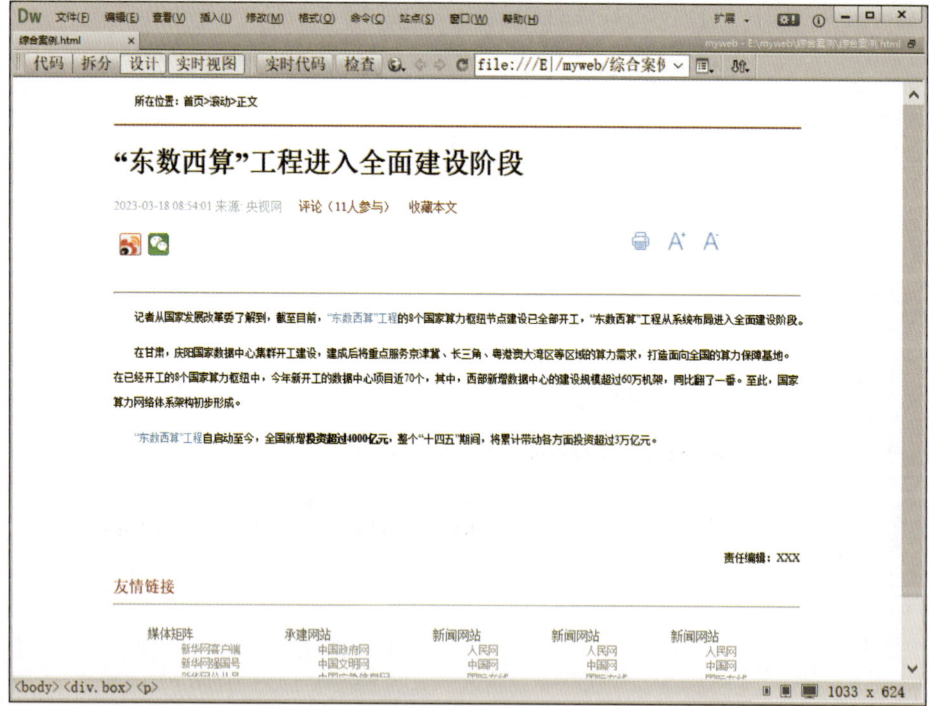

图 3-16　实时视图

JavaScript 等网页编程语言有一定的了解和熟练度。

3. 拆分视图

拆分视图融合了设计视图和代码视图的特点。在这个视图中，用户能够同时看到设计视图和代码视图的内容，并且可以根据需要轻松切换。这种设置使得开发人员在进行具体修改和调整时，能够迅速切换到代码视图，以便查看和编辑网页的源代码。拆分视图的最大优势在于，它将“所见即所得”的设计环境与精确控制网页结构的代码编辑环境完美融合，从而极大地提高了开发人员的工作效率。

4. 实时视图

实时视图是 Dreamweaver CC 中与实际浏览器显示效果最为接近的视图模式。在这个视图中，用户可以即时预览网页的最终呈现效果。这一功能对于设计人员和开发人员而言至关重要，因为它能确保他们的设计或开发工作在各种浏览器和设备上都能得到正确的展示。实时视图提供了逼真的预览效果，帮助用户更精准地调整和优化网页的布局与样式。

Dreamweaver CC 的四种视图为用户提供了多元化的角度和工作环境，使得设计人员和开发人员能够从不同视角进行网页的开发与设计工作。其中，设计视图为用户提供了一个直观的设计环境，实现了所见即所得的设计体验；代码视图则让用户能够直接编辑并查看网页的源代码；拆分视图巧妙地融合了设计视图与代码视图的优势；而实时视图则为用户提供了逼真的预览效果。这四种视图共同构成了一个功能全面且灵活的开发平台，极大地提升了用户进行网页开发和设计的工作效率。

任务实施

本任务要求使用 Dreamweaver CC 软件，创建空白网页，编辑并整理希望在网页中展示的内容，并以文字形式清晰地呈现在网页上，最后将制作好的网页保存到站点的适当位置。

- 步骤 1：创建根文件夹 Myweb

在 D 盘根目录中新建一个文件夹，并将其命名为 "Myweb"。

- 步骤 2：新建本地站点

启动 Dreamweaver CC，依次点击“站点”菜单和“新建站点”命令，打开名为“站点设置对象 Myweb”的对话框。在对话框中输入站点名称“Myweb”，并将本地站点文件夹设置为刚刚创建的“Myweb”文件夹的路径，如图 3-17 所示。

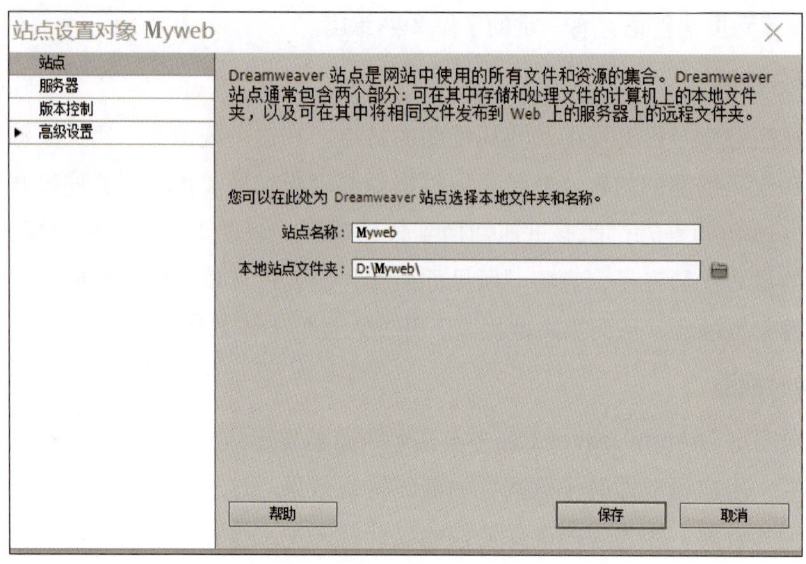

图 3-17　新建本地站点

● 步骤 3：保存本地站点

设置完成后，点击“保存”按钮，文件面板中将显示出已建立好的站点列表。

● 步骤 4：新建空白网页

在 Dreamweaver CC 的菜单栏中，依次点击“文件”和“新建”命令，打开“新建文档”对话框（见图 3-18）。在此对话框中，选择“空白页”作为文件类型，并确

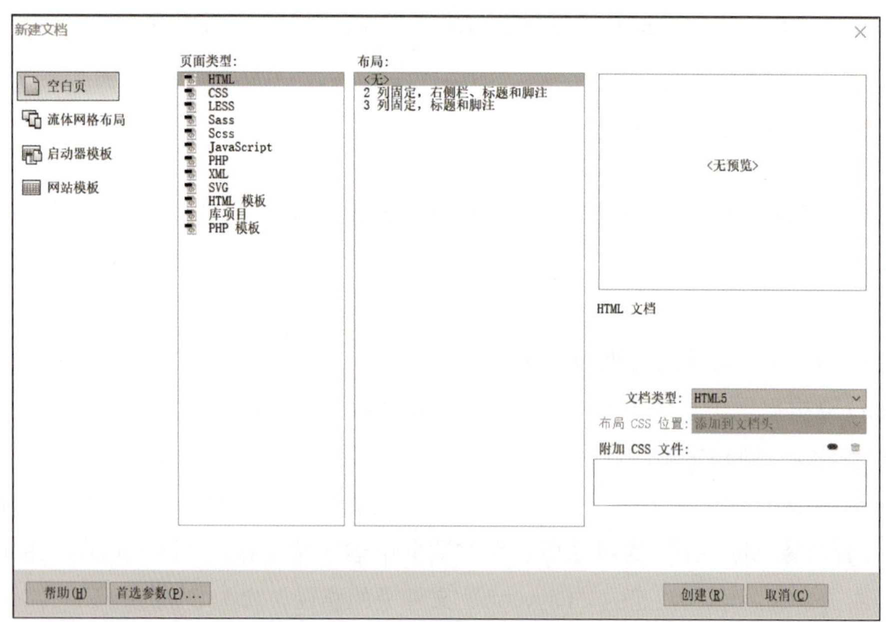

图 3-18　“新建文档”对话框

保选择了“HTML”作为页面类型。接着，点击“创建”按钮，即可成功新建一个空白网页。

● 步骤 5：输入文本

创建 HTML 空白网页后，Dreamweaver CC 软件会自动切换到设计视图模式。此时，可以将光标定位到工作区，并直接在工作区内输入“公司简介”“企业文化”等文字内容。输入完成后，可以切换到实时视图，查看当前网页的实际显示效果，如图 3-19 所示。

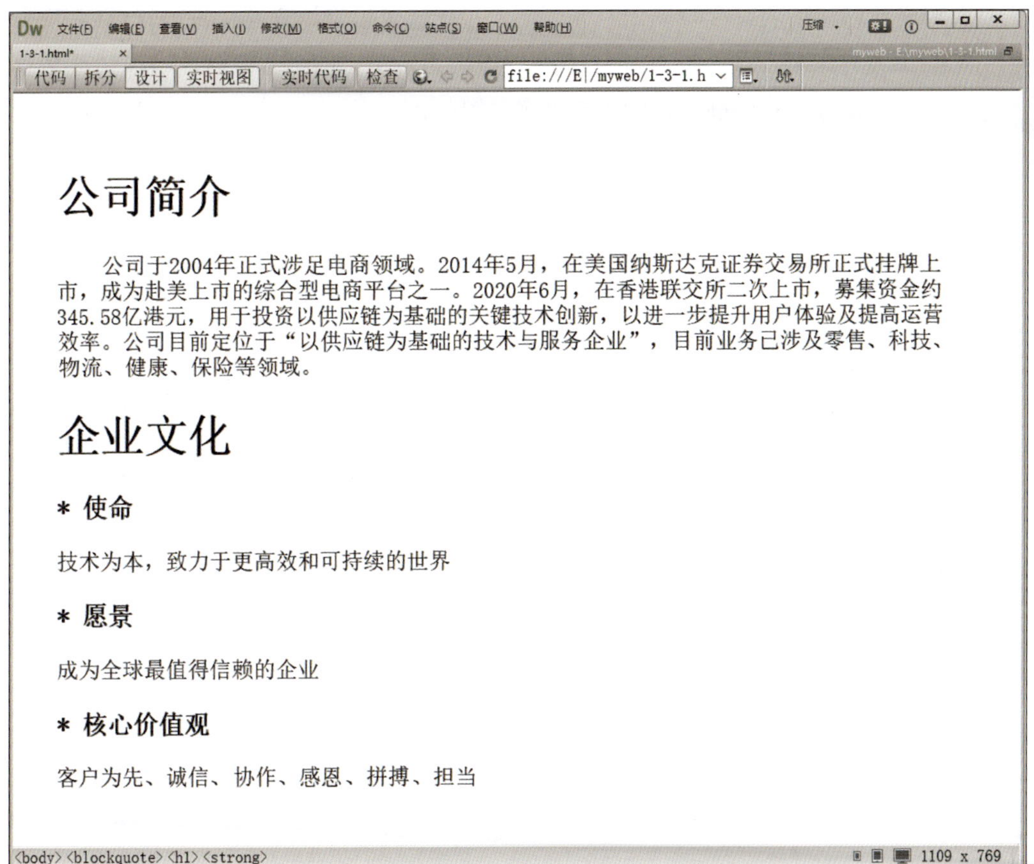

图 3-19　输入文本

● 步骤 6：预览网页

文本输入完成后，点击“预览 / 调试”按钮，在弹出的菜单中选择合适的预览方式，如图 3-20 所示。

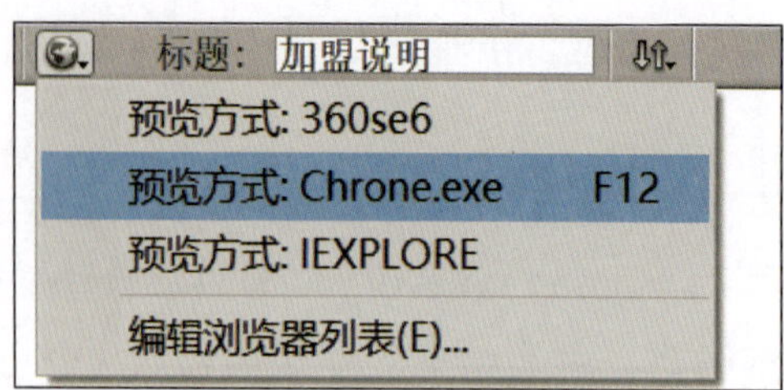

图 3-20 预览网页

- 步骤 7：保存网页

编辑完成的网页需要及时保存。保存时，可以在菜单中选择“文件—保存”，或者点击文档工具栏上的“保存”按钮；另外，使用组合键“Ctrl+S”也是一种快速保存的方式。在“保存”对话框中，输入文件名“About.html”，并确保选择正确的站点目录，即“D:\Myweb”。最后，点击“保存”按钮，网页就会被保存到指定的位置。

任务评价表

学习任务	网页的创建			
项目	**评价内容**	**配分**	**得分**	
知识	理解网站的一般工作原理	25		
	掌握网页和网站的关系	25		
技能	能够新建网页	20		
	能够预览网页	15		
	能够将网页保存至指定位置	15		
任务评价			合计得分	

1. 请简述网站的一般工作原理。
2. 阐述你对网页与网站概念的理解，以及它们在结构和功能上的差异。
3. 归纳并阐述不同开发视图的区别。

学习任务 3　网页文本的编辑与设置

学习目标

● 知识目标

1. 掌握输入网页内容的不同方法。
2. 理解页面属性的功能含义。
3. 掌握设置文本属性的方法。

● 技能目标

1. 能够依据网页内容正确应用插入菜单栏。
2. 能够灵活应用属性面板。
3. 能够依据网页格式正确应用格式菜单栏。

任务描述

某公司为开拓市场，使客户能够更全面、直观地了解公司，决定在公司网站上新增一个网页。该网页的主要内容将是深入解读企业文化、展现企业历史、介绍企业规模以及详细阐释品牌故事。网页的设计定版如图 3–21 所示。

相关知识

一、编辑网页内容

1. 输入文本

文本的输入主要有三种方法：直接输入法、复制 / 粘贴法和文件导入法。

直接输入法：在设计视图中，只需将光标定位至想要插入文本的位置，然后直接输入文本内容即可。若是在代码视图中操作，则需将光标定位在 <body> 和 </body> 两个 HTML 标签之间，然后输入所需的文本。

复制 / 粘贴法：首先，打开包含所需文本的源文件，通过菜单命令选择复制（或使用组合键 “Ctrl+C”)。接着，在 Dreamweaver CC 的设计视图或代码视图中，将鼠

图 3-21　任务效果图

标定位到要插入文本的位置，然后使用菜单命令选择粘贴（或使用组合键“Ctrl+V”），即可完成文本的复制操作。

文件导入法：在 Dreamweaver CC 的菜单栏中，依次选择“文件”“导入”，可以看到 Dreamweaver CC 支持从 Word 和 Excel 文档、表格式数据以及 XML 文件中导入内容。选择想要导入的 Word 文档，按照提示操作即可完成导入过程。

小贴士

自动换行：在输入文本时，若一行的内容宽度超出了文档窗口的显示范围，系统会自动将超出的文字移至下一行继续显示。

硬换行：当用户希望在特定位置进行换行时，可以直接按下 Enter 键实现。

软换行：若想在换行同时保持当前段落格式，可以按下组合键“Shift+Enter”进行软换行。

2. 插入特殊字符

网页设计中经常需要使用一些特殊符号，例如注册符号 ®、版权符号 © 和商标符号™等。由于这些符号无法直接通过键盘输入到 Dreamweaver CC 中，因此我们可以采用以下方法来实现。

方法一：通过菜单栏选择“插入—字符”选项，并在其中选择所需的字符进行插入。

方法二：点击菜单栏中的“窗口—插入”命令，调出插入面板。在“常用”选项卡下，选择相应的字符命令进行插入。

如果在上述菜单中未能找到所需的特殊字符，可以选择“其他字符”命令。这将打开“插入其他字符”对话框（见图 3–22），在该对话框中选择并插入所需的字符，然后点击“确定”按钮即可完成操作。

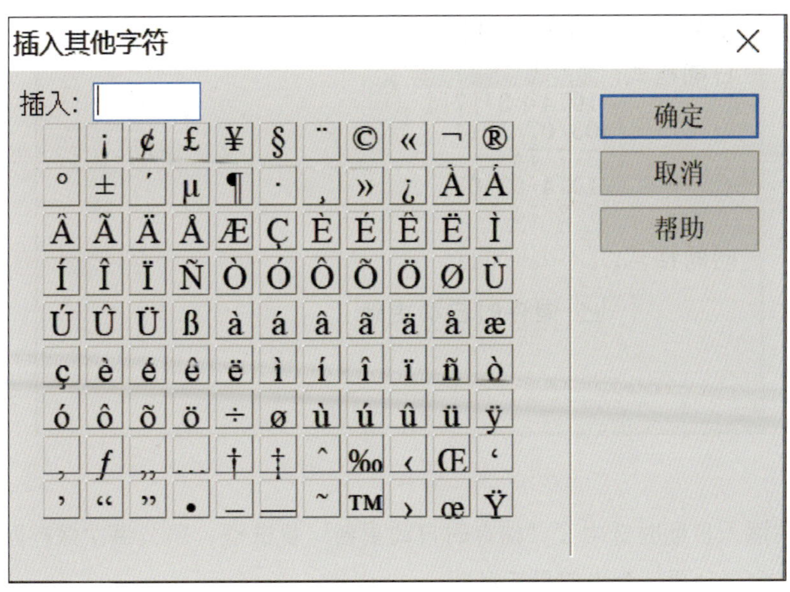

图 3–22　“插入其他字符”对话框

3. 输入空格

若想在特定位置输入空格，只需在该处单击鼠标，并将输入法切换至半角状态，

之后单击空格键即可输入一个空格。若需要连续输入多个空格，可以尝试以下几种方法。

方法一：点击菜单栏中的“插入—字符—不换行空格”命令。

方法二：直接使用组合键“Ctrl+Shift+Space”来输入多个空格。

方法三：先设置菜单命令“编辑—首选项”，在其中勾选“允许连续空格”，设置完成后，连续敲击空格键即可输入多个空格。

4. 插入当前日期

在 Dreamweaver CC 中插入日期非常简单，而且插入的日期可以保存并设置为自动更新。以下是具体的操作步骤。

步骤一：将光标移动到想要插入日期的准确位置。

步骤二：点击菜单栏中的“插入—日期”命令，这将打开“插入日期”对话框，如图 3–23 所示。在这个对话框中，可以选择偏好的日期格式。

步骤三：选择好日期格式后，点击“确定”按钮，选定的日期就会立刻显示在网页上。

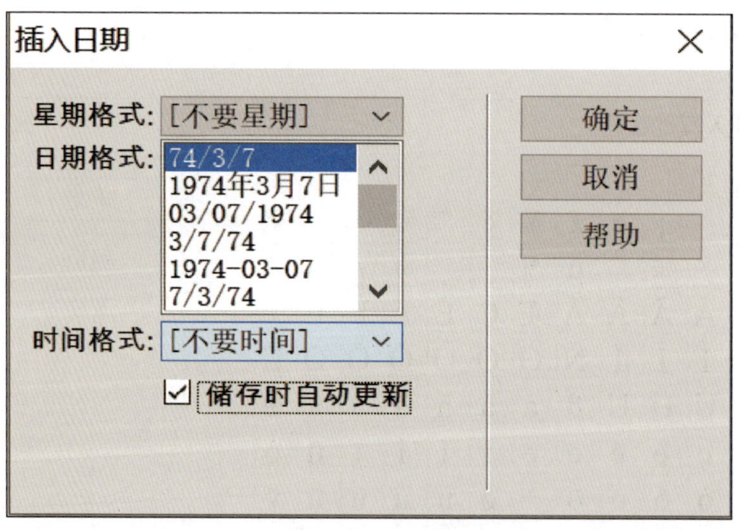

图 3–23 “插入日期”对话框

如果在插入日期时选中了“储存时自动更新”复选框，那么每次保存网页时，插入的日期将会自动更新为当前最新日期。

5. 插入水平线

水平线在网页设计中起着重要的视觉分隔作用，它能够以可视化的方式将文本和对象进行分隔，进而提升网页信息的清晰度。插入水平线主要有以下两种方法。

方法一：将光标定位到希望插入水平线的具体位置，然后执行菜单中的“插入—水平线”命令，即可快速插入一条水平线。

方法二：通过“窗口”菜单打开插入面板，选择其中的“常用”选项卡，并点击“水平线”按钮，同样可以在文档窗口中插入一条水平线。插入后，可以通过水平线的属性面板设置其高度、宽度以及对齐方式，如图 3–24 所示。

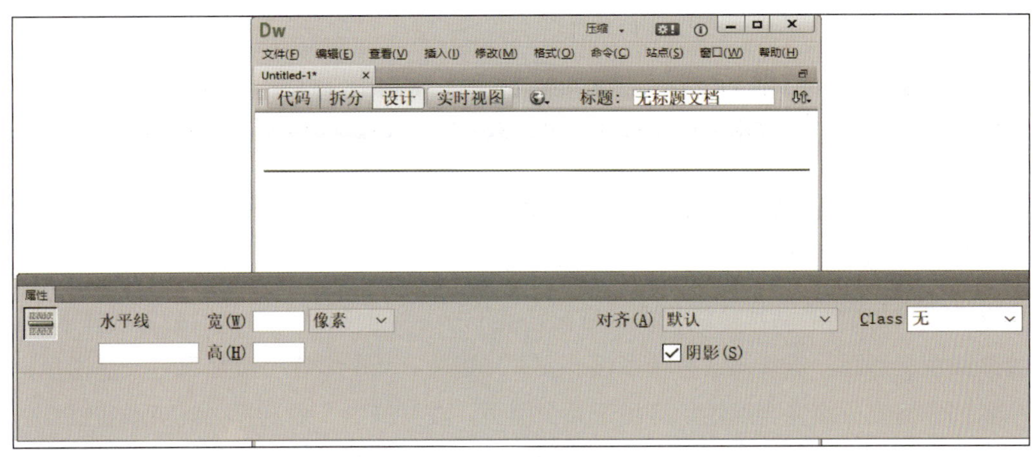

图 3–24　水平线属性面板

参数介绍：

★水平线：在文本框中输入水平线的名称。

★宽、高：以像素为单位或以页面尺寸百分比的形式指定水平线的宽度和高度。

★对齐：指定水平线的对齐方式，其下拉列表框中提供了“默认”“左对齐”“居中对齐”和“右对齐”4 个选项。只有当水平线的实际宽度小于浏览器窗口的宽度时，对齐方式的设置才会显现其效果。

★阴影：指定绘制水平线时是否带阴影。取消选择后，将使用纯色绘制水平线。

小贴士

如果 Dreamweaver CC 软件中没有属性面板，可以通过菜单的“窗口—属性”调出属性面板。

我们可以综合运用输入文本、输入连续空格、插入特殊字符、插入水平线等网页设计知识，来制作一个如图 3–25 所示的网页页脚。具体操作步骤如下。

步骤一：新建一个网页文件，然后在页面中执行插入水平线的操作，以此作为页脚的视觉分隔线。

步骤二：将光标定位到水平线的下方，开始输入相关的文本信息。在需要换行的地方，使用换行符进行文本换行，以确保文本的布局整洁有序。

步骤三：在文本的适当位置，插入版权符号 ©，并在需要的地方插入连续空格，以调整文本的间距和布局，从而达到最佳的视觉效果。

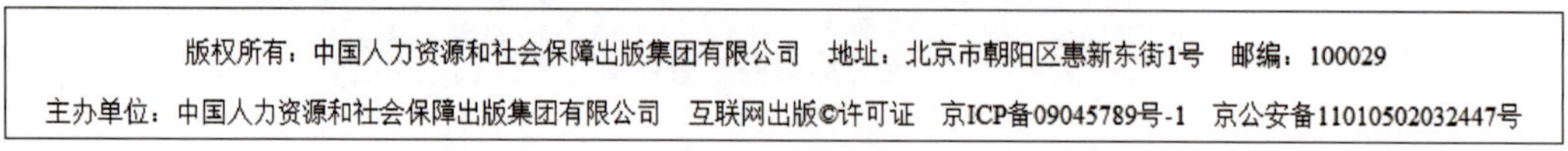

图 3-25　网页页脚

二、设置页面属性

“页面属性”对话框功能强大，它允许我们指定页面的默认字体系列、字体大小、背景颜色、边距、链接样式等诸多设计元素（见图 3-26）。在“页面属性”对话框中所做的任何更改都将全局性地应用于整个网页。要打开这个对话框，既可以通过点击菜单栏中的“修改—页面属性”，也可以在属性面板中点击“页面属性”按钮，两种方式均可。

图 3-26　“页面属性”对话框

1. 外观（CSS）

当选择“页面属性”对话框左侧的“外观（CSS）”标签时，具体界面如图 3–26 所示。

下面是关于该界面中一些主要参数的详细介绍。

★页面字体：此选项用于选择该网页中文本的默认字体，例如宋体、楷体等。选择合适的字体能够增强网页的可读性和整体美感。

★大小：此选项用于选择该网页中文本的默认字号。字号大小通常以像素（px）为单位进行设定。合理的字号设置能够确保用户轻松阅读网页内容。

★文本颜色：这个选项允许选择该网页中文本的默认颜色。如果在设计中没有明确指定文本颜色，那么文本将默认为黑色。选择合适的文本颜色对于提升用户体验和页面美观度至关重要。

★背景颜色：此选项用于设定网页的默认背景颜色。若未进行特别设置，背景颜色将默认为白色。

★背景图像：此选项可为网页选定默认的背景图像。可以通过点击右侧的“浏览”按钮来挑选合适的图像文件。

★重复：这一设置需与背景图像结合使用。在“重复”下拉列表框中，若选择“no–repeat”，背景图像将不会重复，仅会在页面上显示一次；若选择“repeat”（默认值），背景图像会在页面的横向和纵向上都重复显示；若选择“repeat–x”，背景图像将仅在横向上重复显示；而选择“repeat–y”时，背景图像则只会在纵向上重复显示。

2. 外观（HTML）

当选择“页面属性”对话框中的“外观（HTML）”选项时，具体界面如图 3–27 所示。可以发现其中的背景图像、背景颜色以及文本颜色的设置与“外观（CSS）”选项中的设置功能是相似的。而“已访问链接”“链接”“活动链接”这三个选项，则分别用于设置超链接文本在被访问前、被点击时以及被访问后的颜色变化。

此外，“左边距”和“上边距”这两个参数，实际上是指网页内容与网页边界之间的间距，可以通过调整这两个选项的数值，来精确定义页面内容的边距宽度和高度，从而优化页面的整体布局和视觉效果。

3. 链接（CSS）

当选择“页面属性”对话框中的“链接（CSS）”选项时，具体界面如图 3–28 所示。在这个选项中，可以对网页中的链接样式进行详细的 CSS 设置。

参数介绍：

★链接字体：此选项允许选择有超链接文字的字体样式，例如宋体、楷体等，以

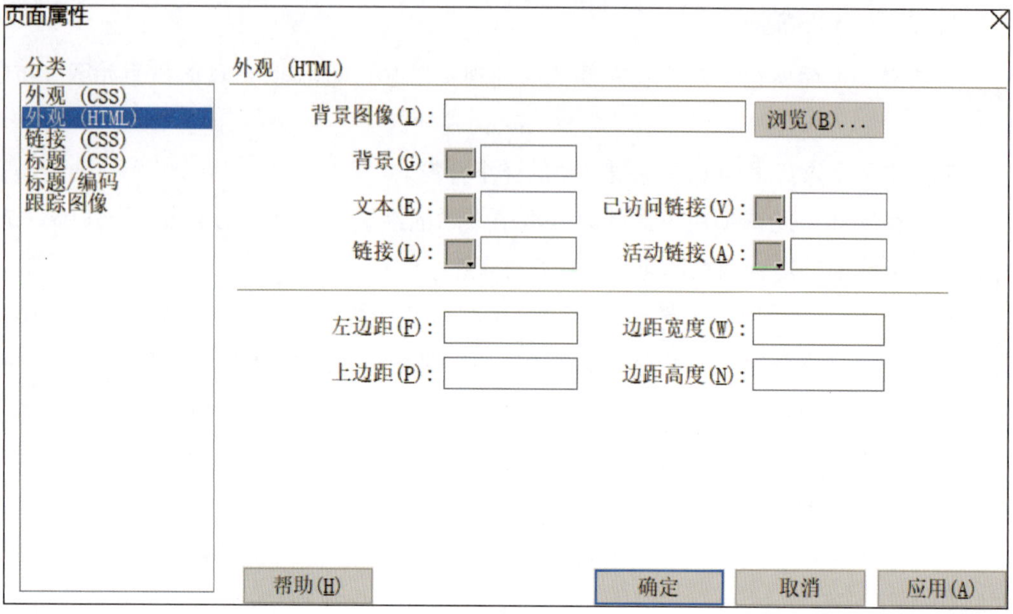

图 3-27　外观（HTML）

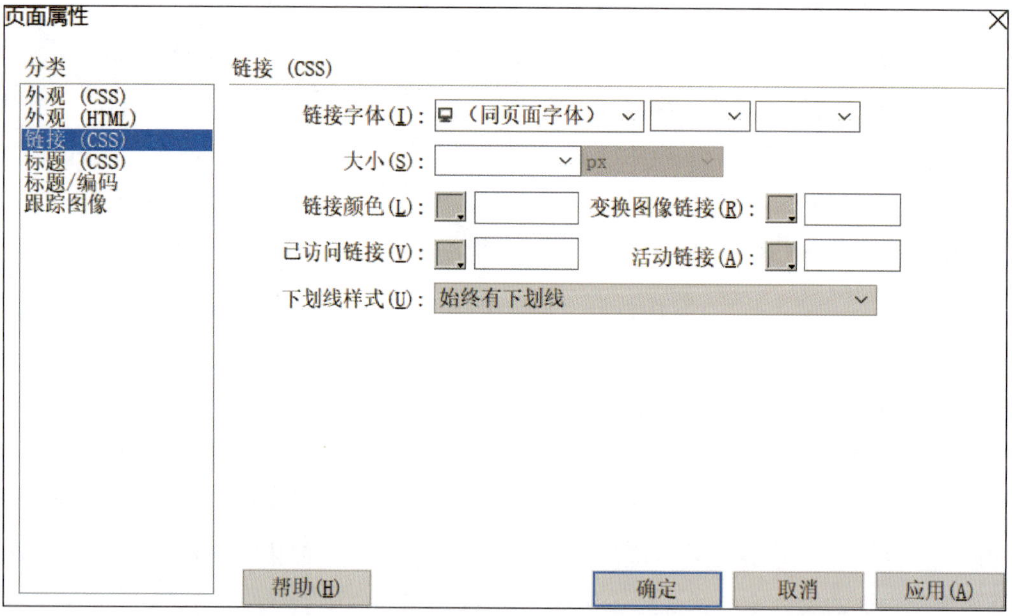

图 3-28　链接（CSS）

确保链接文字与页面设计的整体风格相协调。

★大小：此选项可以调整有超链接文字的字号大小，从而使其在页面上更加醒目或符合特定的设计要求。

★链接颜色：此选项设置的是那些具有超链接但尚未被访问过的文字的颜色。选择合适的颜色可以突出链接，并引导用户进行点击。

★变换图像链接：此设置用于定义当鼠标悬停在链接文字上时文字的颜色变化，从而提供用户交互的直观反馈。

★已访问链接：此选项可以为那些已经被用户访问过的链接设置不同的颜色，帮助用户区分哪些链接他们已经查看过。

★活动链接：当用户单击链接时，此设置将决定链接文字的颜色，以提供即时的视觉反馈。

★下划线样式：这个选项允许自定义链接文字的下划线样式，可以选择不同的线条风格来增强链接的可识别性和页面的整体美观度。

4. 标题（CSS）

当选择“页面属性”对话框中的“链接（CSS）”选项时，具体界面如图 3-29 所示。在这个界面中，可以对网页中的链接样式进行详细的 CSS 设置。

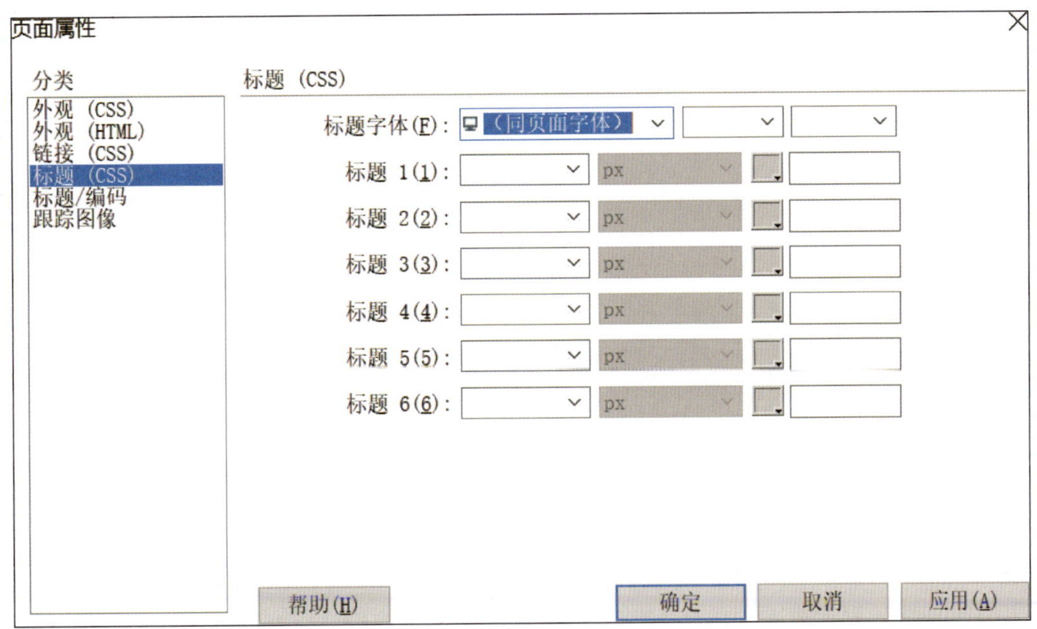

图 3-29　标题（CSS）

参数介绍：

★标题字体：此选项用于设定页面上标题文字的字体样式，如选择宋体、楷体等不同的字体来呈现标题文字。

★标题 1 至标题 6：这些选项用于对 6 种不同级别的标题样式进行个性化设置，包括字体、颜色等属性的调整，以满足设计需求。

5. 标题 / 编码

当选择“页面属性”对话框中的“标题 / 编码”选项时，具体界面如图 3-30 所示。在这个界面中，可以对网页的标题进行设置，并选择适当的字符编码方式，以确保页面内容的正确显示和传输。

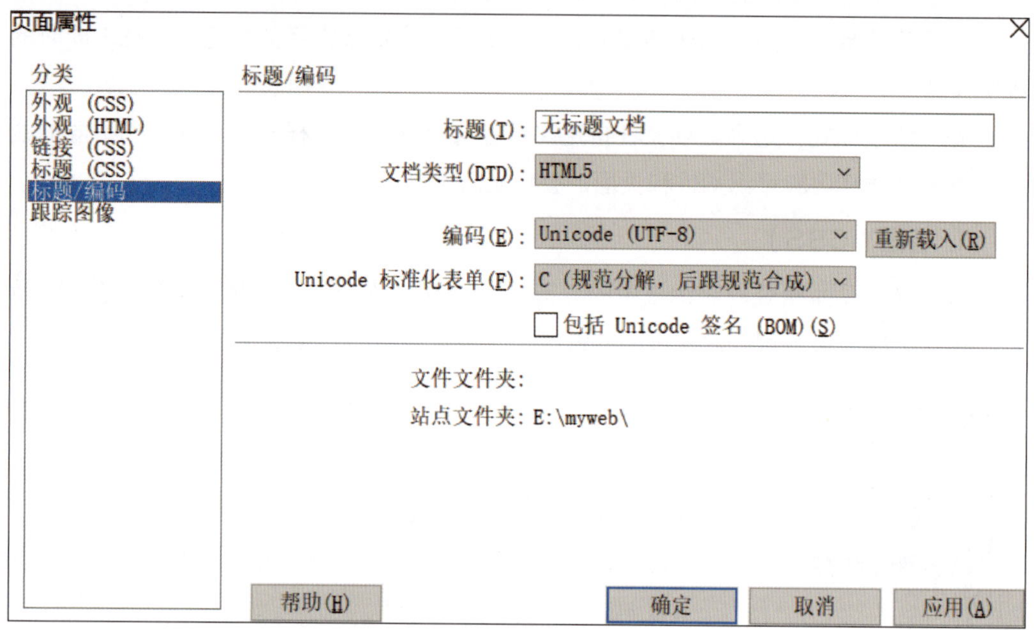

图 3-30　标题 / 编码

参数介绍：

★标题：此选项用于指定页面标题，该标题将显示在“文档”窗口的标题栏以及大多数浏览器的标题栏中。设置一个清晰、有意义的标题，有助于提升网页的可读性，并有利于搜索引擎优化。

★文档类型：可以选择所需的文档类型。在 Dreamweaver CC 中，默认新建的文档类型为 XHTML 1.0 Transitional。选择合适的文档类型对于确保网页在不同浏览器中的兼容性至关重要。

★编码：此选项用于选择网页的文字编码方式。在 Dreamweaver CC 中，新建文档的默认编码为 UTF-8，这是一种广泛支持且能够表示多种语言的编码方式。也可以根据需要选择其他编码，如 GB2312。

★重新载入：如果在修改文档编码后需要更新显示或检查更改效果，请点击“重新载入”按钮。这将重新加载文档，以便查看和应用新的编码设置。

★ Unicode 标准化表单：当选择 UTF-8 作为文档编码时，此选项将提供 4 种

Unicode 标准化表单供选择。这些表单有助于确保文本在不同平台和应用程序之间的一致性和兼容性。

★包括 Unicode 签名（BOM）：如果选中此选项，将在文档中包含一个字节顺序标记（BOM）。BOM 是 UTF 编码方案中用于标识编码的标准标记，有助于确保文本在不同环境中的正确解析和显示。

6. 跟踪图像

当选择“页面属性”对话框中的“跟踪图像”选项时，具体界面如图 3–31 所示。在这个选项中，可以方便地管理和调整跟踪图像的设置。

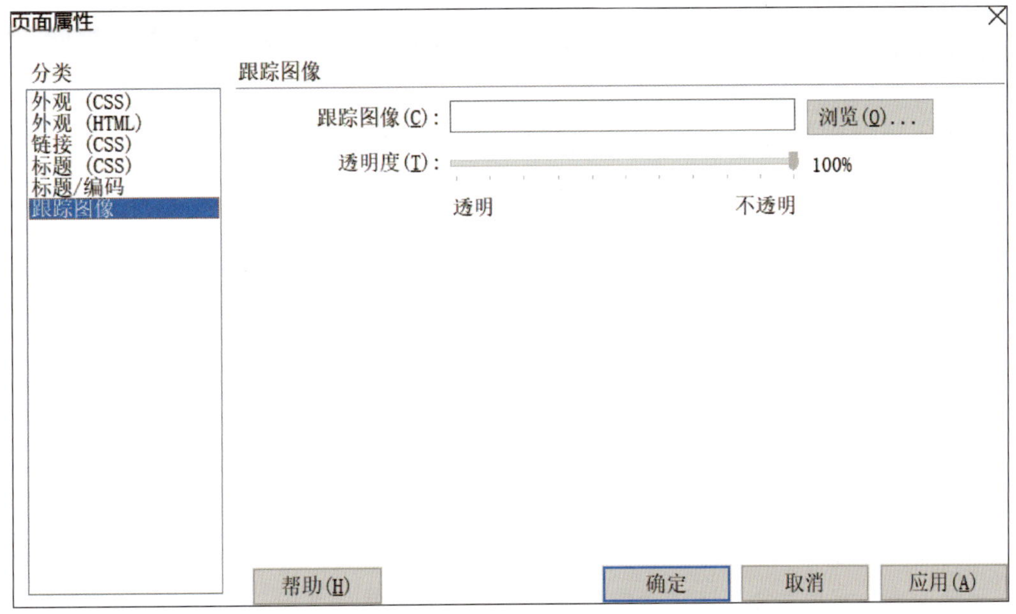

图 3–31　跟踪图像

参数介绍：

★跟踪图像：此功能允许用户将原始的平面设计稿作为辅助背景放置在网页中，从而方便地定位文字、图像、表格等元素。用户只需单击右侧的“浏览”按钮，即可轻松加载设计稿。

★透明度：该设置用于调整跟踪图像的透明度，使用户能够在设计过程中清晰地看到背景图像的同时，不妨碍其他页面元素的展示。通过调整透明度，可以更好地融合设计稿与实际的网页内容。

三、设置文本属性

网页中的文本是网页内容的灵魂，文本属性是通过 Dreamweaver CC 软件的属性面板来设置的，包括文本的字体、字号、颜色、对齐方式、行高、上标、下标以及间距等，这些设置能够使网页中的文字信息呈现出丰富的层次感，进而让页面更加美观和谐。

1. 文本的大小

若需调整文本的大小，应先选定页面中的文本，接着在属性面板的“CSS”选项卡上，从“大小”下拉列表框中选择合适的字体大小，如图 3–32 所示。

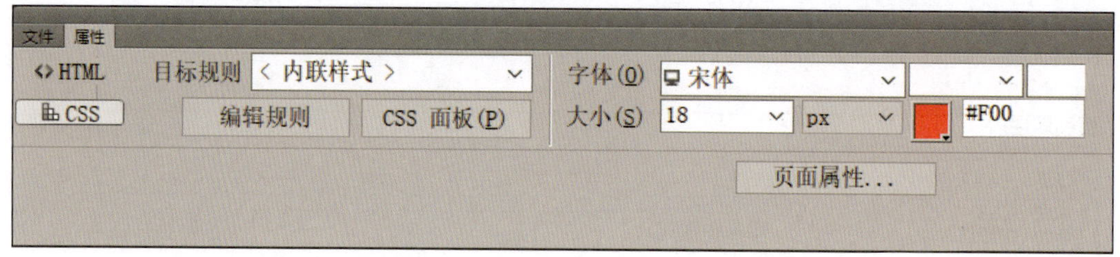

图 3–32　属性面板

2. 文本的颜色

若要为文本设置颜色，应先选定页面中的文本，然后在属性面板的“CSS”选项卡上点击“颜色”选择器来指定所需颜色，如图 3–32 所示。

3. 文本的字体

当需要为文本指定特定字体时，应先选定页面中的文本，并在属性面板的“CSS”选项卡上，从“字体”下拉列表中选择所需的字体样式。若“字体”下拉列表中未列出所需字体，可以选择“管理字体”选项，这将打开“管理字体”对话框。在“自定义字体堆栈—可用字体”选项卡中，挑选所需字体，然后点击“添加”按钮，将其导入左侧字体框。完成后，点击“完成”按钮，新添加的字体便会出现在字体列表中，如图 3–33 所示。

4. 文本的缩进 / 凸出

文本的缩进是指调整文本与页面边界之间的空白间距，即在文本的最左侧插入一定量的空格。而凸出则是创建反向的缩进效果，使得文本段落超出左边的页边距。若需调整文本的缩进或凸出，可通过菜单栏选择“格式—缩进”或“格式—凸出”选项来实现，同时，也可以使用组合键“CTRL+ALT+]”来进行缩进操作，以及组合键“CTRL+ALT+ [”来进行凸出调整。

5. 文本的段落格式

在 Dreamweaver CC 软件中，用户可以将所选文本设置为段落或不同级别的标

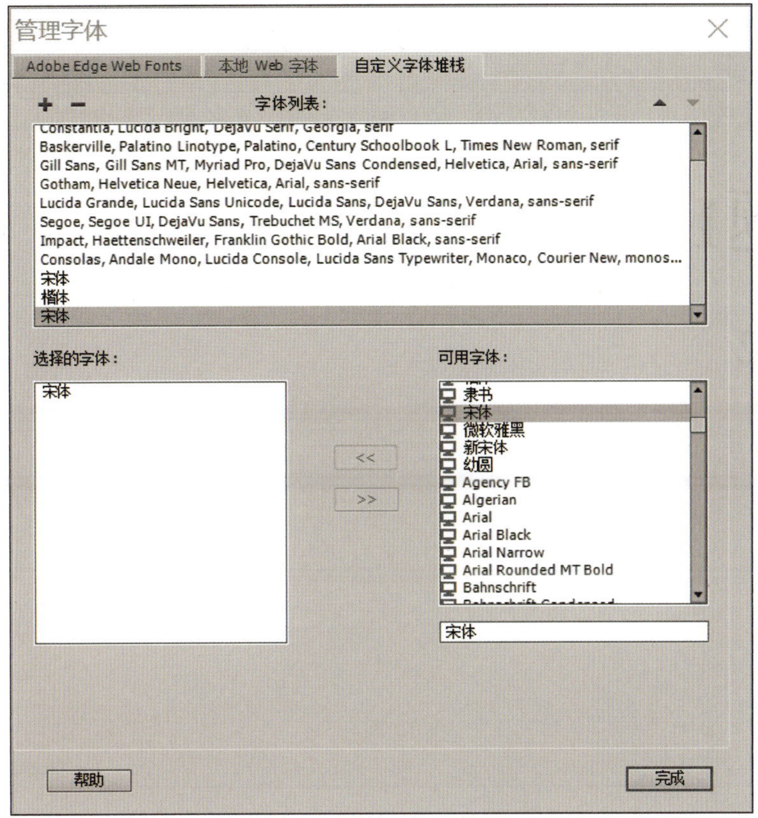

图 3-33　“管理字体”对话框

题。为确保文档在浏览器中的显示效果整齐且清晰，通常会在文字段落之间使用段落标记。选中文本后，通过菜单栏选择“格式—段落格式—段落”选项，或者直接使用组合键“CTRL+SHIFT+P”，即可将所选文本快速设置为段落格式。

一般文章常包含标题、副标题、章和节等结构。标题会以特定的字号显示文本，并自动换行，始终从新的一行开始。Dreamweaver CC 提供了从标题 1 到标题 6 的 6 种标题格式，字体大小逐级递减，如图 3-34 所示。选中文本后，通过菜单栏选择“格式—段落格式—标题 X”（X 为 1 到 6 的数字）即可设置，或者使用以下组合键：CTRL+1、CTRL+2、CTRL+3、CTRL+4、CTRL+5、CTRL+6，更高效地进行格式调整。

6. 文本的对齐方式

如果需要调整文本的对齐方式，可以在菜单栏中选择“格式”选项，接着选择“对齐”。该选项提供了四种对齐方式，包括左对齐、居中对齐、右对齐和两端对齐，具体如图 3-35 所示。

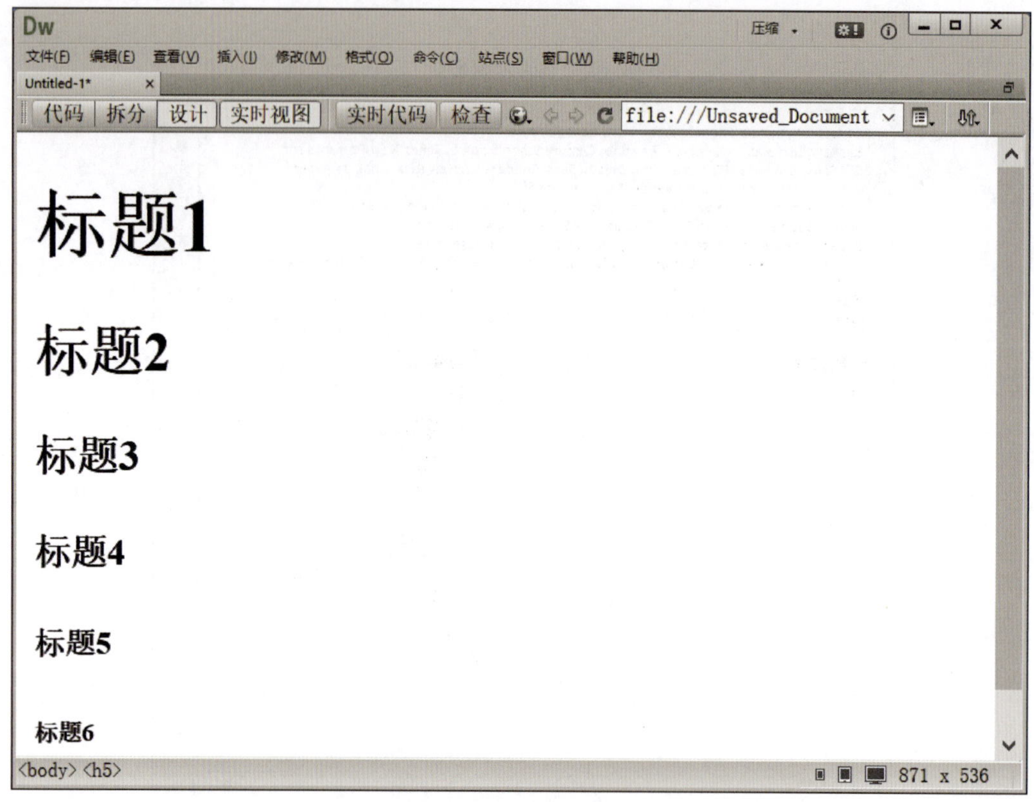

图 3-34　标题样例

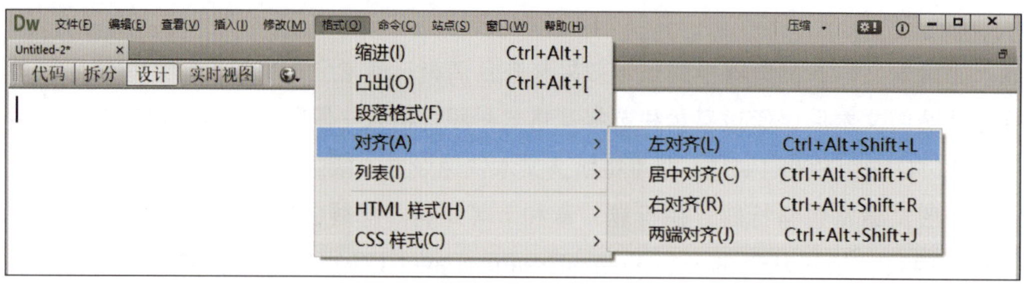

图 3-35　文本对齐方式

参数介绍：

★左对齐（Ctrl+Shift+Alt+L）：文本将沿着页面左侧对齐，右侧若遇到较长单词无法完整显示时，会直接换行，这可能导致右侧页面出现不对齐的现象。

★居中对齐（Ctrl+Shift+Alt+C）：内容会依据一条中线进行对齐，且单词与单词之间的空格间隔保持一致。

★右对齐（Ctrl+Shift+Alt+R）：右对齐与左对齐相对应，即内容会沿着页面的右侧对齐，这样左侧自然就会显得不整齐。

★两端对齐（Ctrl+Shift+Alt+J）：通过调整文字的水平间距，使文本内容在左右页边距之间均匀分布，从而实现两端对齐的效果。

7. 文本的列表类型

在网页设计中，插入文本列表能够让文本内容的展示更加整齐、直观。文本列表主要有三种形式：项目列表、编号列表以及自定义列表。

（1）项目列表

项目列表，也称无序列表，它由一系列不存在顺序级别关系的项目文本构成。这些项目文本通常以项目符号（如“•”或“■”）为前导。

为文本添加项目列表的方法有两种。

方法一：选中目标文本，之后在属性面板的 CSS 选项卡中点击“项目列表”按钮，如图 3–36 所示。

方法二：在菜单栏中选择“格式—列表—项目列表”选项。

图 3–36　添加项目列表

（2）编号列表

编号列表，也称有序列表，是一种具有明确排列顺序的列表。其特点是在每个列表项前都带有数字前导字符，这些前导字符可以是阿拉伯数字（如 1，2，3……）、英文字母（如 a，b，c……或 A，B，C……），或是罗马数字（如 Ⅰ，Ⅱ，Ⅲ……或 ⅰ，ⅱ，ⅲ……）。

为文本创建有序列表的方法有两种。

方法一：首先，选中想要排列的文本内容。接着，在属性面板的 CSS 选项卡中，点击“项目列表”按钮。然后，点击“列表项目”以打开“列表属性”对话框（见图 3–37）。在这个对话框中，可以选择列表类型为“编号列表”，并从样式下拉菜单中选择偏好的阿拉伯数字、英文字母或罗马数字格式。此外，“开始计数”选项允许设定列表编号的起始值。

方法二：在菜单栏中选择“格式—列表—编号列表”选项。随后，可以通过“格式—列表—属性”打开“列表属性”对话框，并进行相应的设置和调整。

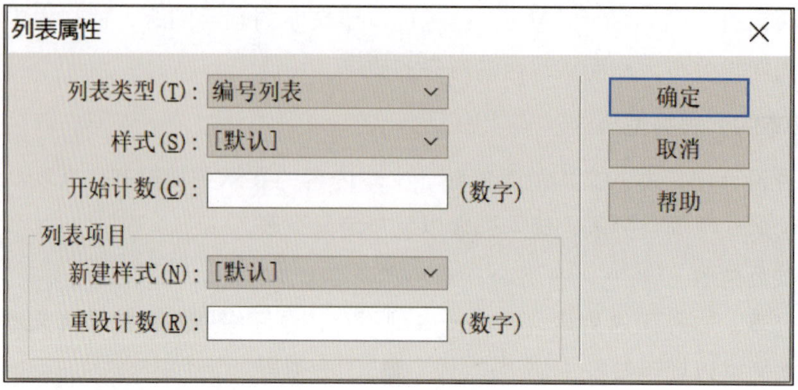

列表属性
列表类型(T)：编号列表
样式(S)：[默认]
开始计数(C)：（数字）
列表项目
新建样式(N)：[默认]
重设计数(R)：（数字）
确定
取消
帮助

图 3–37 “列表属性”对话框

（3）自定义列表

各项简单并列且不使用任何特定记号的列表被称为自定义列表。这种列表不使用项目符号或数字作为前导字符，在词汇表或说明书中常被应用。举例来说，我们可以利用自定义列表来创建某个网页的友情链接区域。

通过灵活组合上述三种列表形式，可以实现丰富多样的页面视觉效果。

8. 文本的加粗 / 倾斜

若需为文本设置加粗（组合键：CTRL+B）、倾斜（组合键：CTRL+I）、下划线或删除线等样式，可点击菜单栏中的“格式—HTML 样式”来进行相应设置。另外，文本的加粗和倾斜样式也可以通过属性面板中的 HTML 选项卡进行设置。

- 步骤 1：创建根文件夹 tea

在 D 盘根目录中新建一个文件夹，并将其命名为“tea”。

- 步骤 2：新建本地站点

首先，启动 Dreamweaver CC 软件。接着，执行“站点”菜单中的“新建站点”命令，打开名为“站点设置对象 tea”的对话框。在此对话框中，输入站点名称“tea”，并设置本地站点文件夹为刚才创建的 tea 文件夹的路径，如图 3–38 所示。

- 步骤 3：设置页面属性

网页的默认字体大小应设置为 14px，文本颜色选择为 #333333，以确保文字清晰度。推荐使用微软雅黑字体，以提供良好的可读性。网页的背景颜色应设置为 #FFFFFF，以突出文字内容。同时，为了页面布局的美观和协调性，将左、右页边距

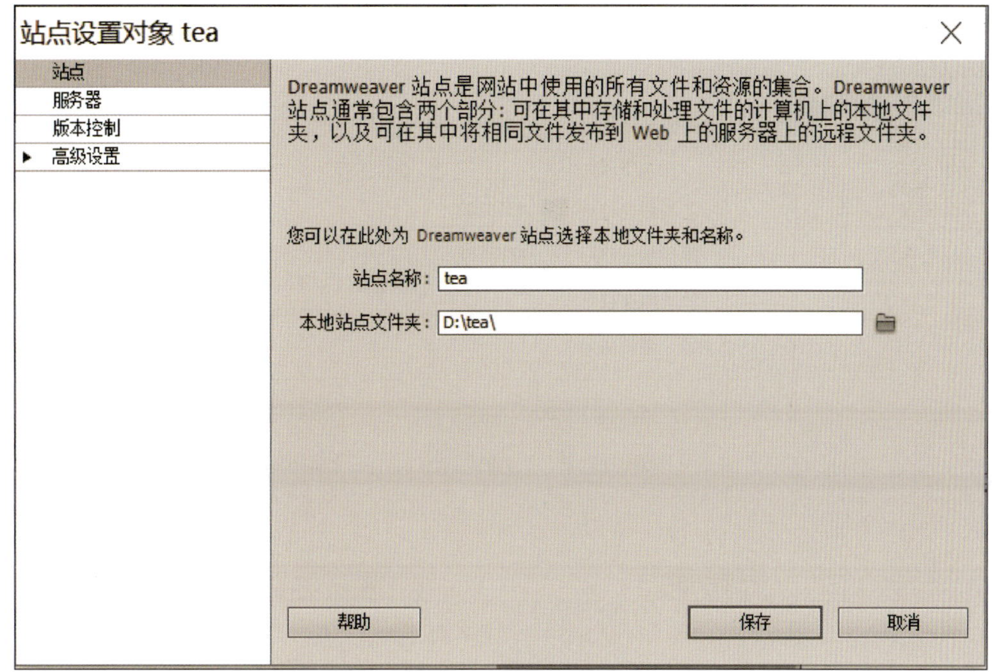

图 3-38　新建本地站点

均设置为 200px。这些设置可以通过属性面板中的 CSS 选项卡的“页面属性”来进行调整，如图 3-39 所示。

● 步骤 4：制作导航条

输入以下文字：“首页”“关于我们”“产品简介”“加盟说明”“门店资讯”“新闻中心”以及“联系我们”。在这些文字之间，通过依次点击“插入—字符—不换行空格”来进行适当的间隔。接下来，通过选择“格式—对齐—居中对齐”，将所有文本设置为居中对齐。在属性面板的 CSS 选项卡中，将字体大小设置为 18px。选中“关于我们”这段文字，然后通过“格式—HTML 样式”来设置文本格式为粗体。仍然在属性面板的 CSS 选项卡中，将“关于我们”的文本颜色设置为 #CC3300，如图 3-40 所示。

● 步骤 5：制作“关于我们”标题

输入“ABOUT US”后，通过“插入—字符—换行符”实现换行。在新的一行输入“关于我们”。选中“ABOUT US”和“关于我们”，在属性面板中将文本字体大小设置为 24px，并将文本颜色设置为 #CC3300。仍然选中这两段文本，通过“格式—HTML 样式”将文本格式设置为粗体。接下来，输入“当前位置：首页 > 关于我们”。选中这段文本，通过“格式—段落格式”设置合适的段落格式。最后，通过“格式—对齐—居右对齐”来进行对齐设置，如图 3-41 所示。

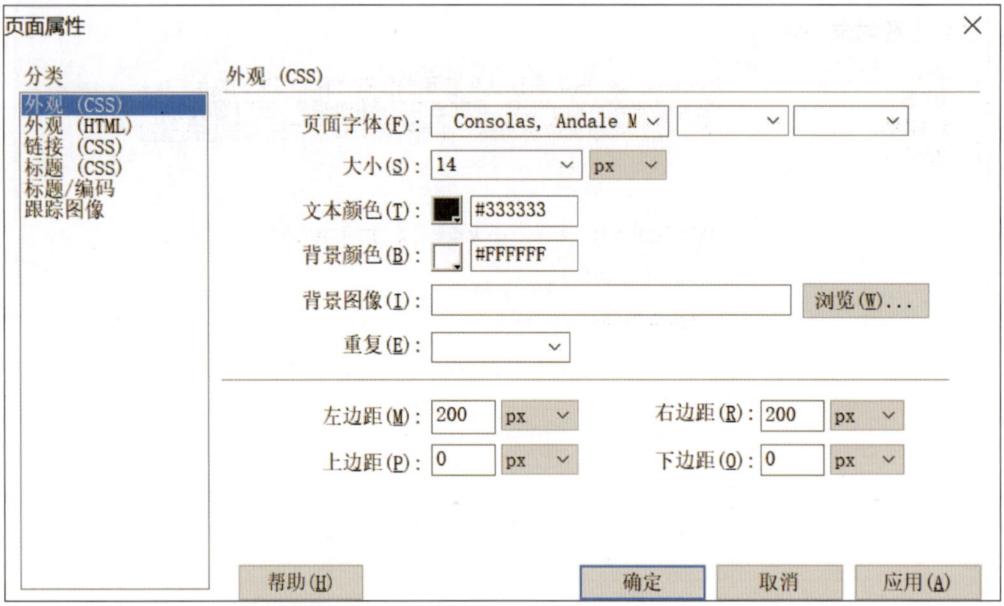

图 3-39　设置页面属性

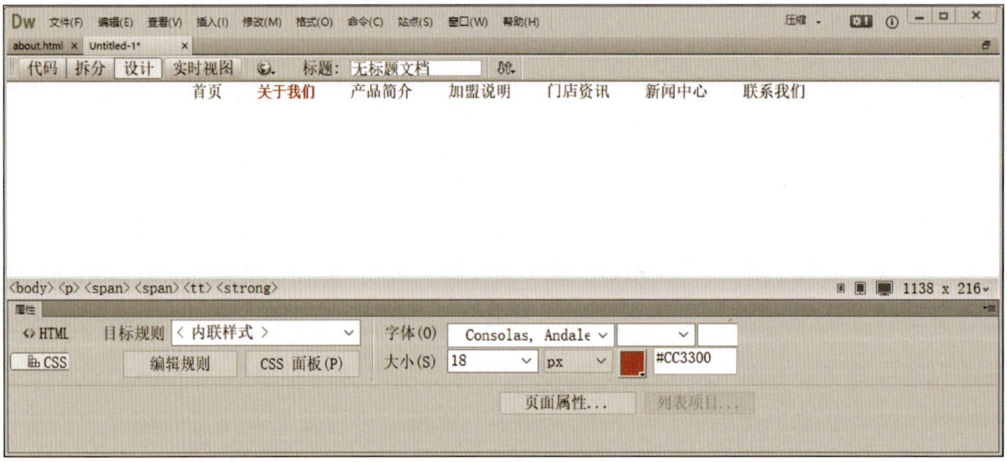

图 3-40　制作导航条

- 步骤 6：插入水平线

通过依次点击“插入”“水平线”，在页面上插入一条水平线，用于分隔内容区域。

- 步骤 7：制作“公司简介”

输入“公司简介”文字，并设置为居中对齐。调整字体大小为 34px，并将文本颜色设置为 #CC3300。接着，将文字加粗显示以突出标题重要性。最后，依次选择“格式”“段落格式”“标题 1”，将这段文字设置为标题 1 的格式，具体效果如图 3-42 所示。

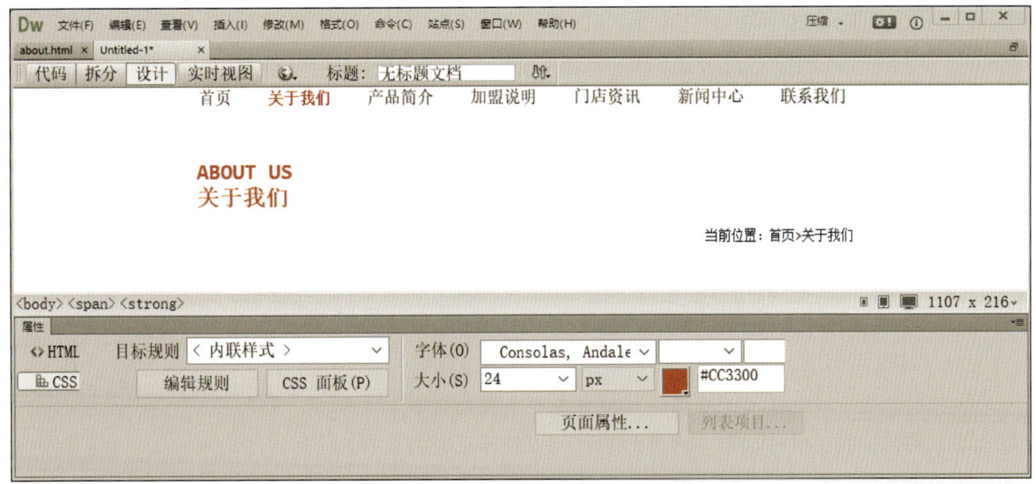

图 3-41　制作“关于我们”标题

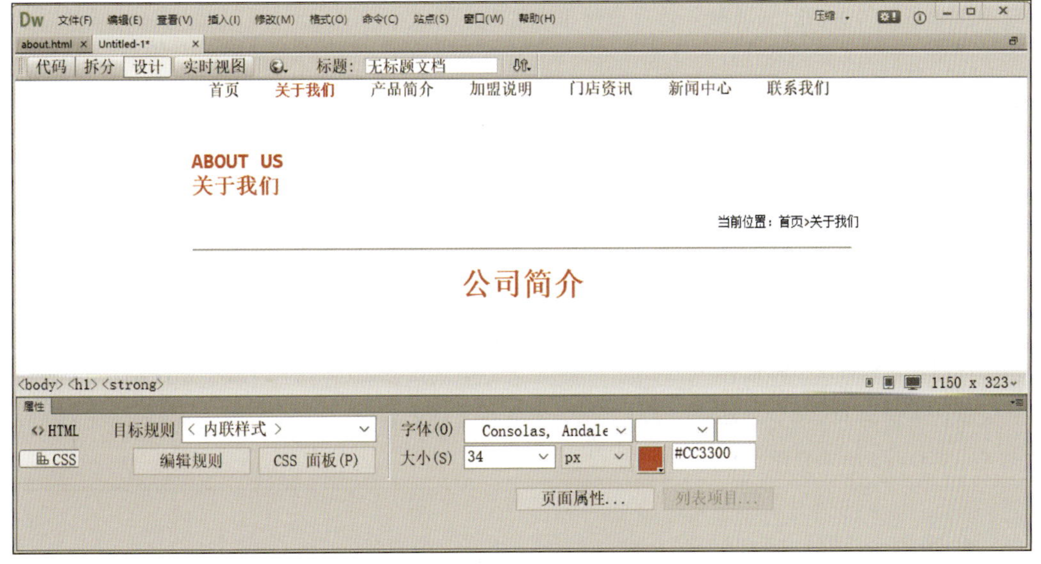

图 3-42　制作“公司简介”

● 步骤 8：制作正文文本

输入文本内容，并根据图 3-21 所示的效果图设置相应的文本属性（见表 3-1），以确保最终的显示效果与图示相符。

表 3-1　正文文本内容和属性设置

<table>
<tr><th>文本内容</th><th>属性设置</th></tr>
<tr><td>企业文化</td><td rowspan="4">将各个标题均设置为标题 2 格式，字体大小调整为 18px。在每个标题下方插入一个水平线。选中插入的水平线，在属性面板中将其对齐方式设置为居左对齐，并调整其宽度为 300px</td></tr>
<tr><td>我们的历史</td></tr>
<tr><td>我们的规模</td></tr>
<tr><td>品牌的释义</td></tr>
<tr><td>【黑茶】力求与一般的茶饮连锁店形成区别，客户导向是我们服务的宗旨。我们致力于让每一位顾客享受最佳的服务与饮品。因此，在茶叶的选配、温度的控制，以及冰块与糖量的调整上，我们都用心钻研。每一杯都是我们新鲜手摇制作的好茶。</td><td rowspan="4">将文本设置为段落格式。为确保每段文本之间有适当的间隔，需要在每段文本末尾通过“插入—字符—换行符”来插入换行符，从而实现文本段落之间的分隔</td></tr>
<tr><td>公司主要经营泡沫茶饮，其中，黑茶以招牌“用新鲜茶叶泡制”的茶系为主打，同时辅以其他新鲜特色饮料、现煮研磨咖啡，以及广受顾客认可和喜爱的奶茶系列等，共计近 100 种产品。顾客可依个人口味及地域特色进行挑选。我们始终秉承“新鲜、自然、无负担”的健康理念，为每一位顾客调配出一杯美味、健康且品质高的茶饮。此外，我们的装修风格以黑白为主色调，简约而时尚。</td></tr>
<tr><td>在广大顾客的大力支持与员工的共同努力下，黑茶（深圳）公司规模逐渐扩大。目前，公司在深圳已拥有 31 家门店，同时在湖南、广西、上海、广州、东莞也均设有分店，成为深圳外卖饮品市场的领军品牌。</td></tr>
<tr><td>本店以中国六大茶系之一的黑茶命名，而我们的招牌黑茶则是以其独特配方和色泽得名。</td></tr>
</table>

- 步骤 9：制作版权信息

输入文本：“关于我们 | 联系我们 | 在线留言 | 加入我们 | 门店资讯”。在“门店资讯”后面，通过依次选择“插入”“字符”“不换行空格”，重复 4 次来实现制作 4 个空格的间隔效果。继续输入“Copyright”。注意，在“Copyright”前的空格是通过普通空格键输入的。紧接着，选择“插入”—“字符”—“版权”来插入版权符号 ©。再输入“2007–2013 heicha.com All Rights Reserved”。选中整段文本，设置字体大小为 10px。最后，将整段文本设置为居中对齐。

任务评价

任务评价表

学习任务	网页文本的编辑与设置		
项目	**评价内容**	**配分**	**得分**
知识	掌握输入网页内容的不同方法	20	
	理解页面属性的功能含义	10	
	掌握设置文本属性的方法	20	
技能	能够依据网页内容正确应用插入菜单栏	15	
	能够灵活应用属性面板	15	
	能够依据网页格式正确应用格式菜单栏	20	
任务评价		合计得分	

思考与练习

1. 请列举在 Dreamweaver CC 文档窗口中输入空格的几种方法。
2. 请详细描述页面属性的功能含义。

学习任务 4　HTML 框架和标签的使用

学习目标

知识目标

1. 理解 HTML 的概念及作用。
2. 理解 HTML 标签的概念及作用。
3. 掌握常见的 HTML 标签。

技能目标

1. 能够搭建 HTML 基本结构。
2. 能够利用 HTML 标签搭建图文混合的网页。

某公司为了开拓市场并吸引加盟商，决定在公司网站上增设一个加盟说明网页。这个网页将全面、直观地展示公司的市场定位和未来发展蓝图，以便加盟商更好地了解公司。网页的设计定版如图 3-43 所示。

图 3-43　任务效果图

一、HTML 的概念及作用

1. HTML 概念

HTML 是构建万维网信息展示的标准语言。通过 HTML 编写的文件需要借助 Web 浏览器来呈现其内容。HTML 不仅用于创建网页文件，还通过各类标记指令，将文本、图像、动画、音频、表格、链接、视频等多媒体元素集成并展示出来。此外，

HTML 支持从一个页面跳转到另一个页面，实现了页面间的流畅导航。网页的核心和基础正是 HTML 语言。当用户在浏览器窗口菜单栏中选择“查看”并点击“源文件”时，所看到的即网页的源代码，这些代码完全由 HTML 语言编写。

2. HTML 的作用

HTML 在网页设计中起着至关重要的作用。没有 HTML，就没有我们今天所见的丰富多彩的网页。通常，在我们日常浏览的网页背后，都隐藏着大量的 HTML 代码，这些代码定义了网页的结构、布局以及内容。HTML 包括以下主要功能。

（1）构建网页框架：HTML 负责描绘出整个网页的基本架构。

（2）呈现页面内容：利用 HTML，我们可以在网页中嵌入文本、图像、音频、动画、视频等多媒体元素，并能通过超链接实现页面之间的快速跳转。

（3）规范内容格式：HTML 还能对文本进行格式化处理，如设置标题、字体、字号、颜色等属性，同时控制文本的段落设置、对齐方式等。此外，HTML 还支持使用列表、表格、表单和层等多种元素来规范网页内容的显示方式。

3. HTML 基本结构标签

HTML，全称超文本标记语言，由众多 HTML 标签组成。这些标签使得网络上的文档得以统一格式，并将分散的 Internet 资源连接成一个有机的整体。

每个网页都有一个基本的结构标签，也称为骨架标签，网页内容也是在这些基本标签上书写的。一个典型的 HTML 文档主要由四个部分组成：html 标签、head 标签、title 标签以及 body 标签。关于这些标签的详细说明，可参考表 3–2。

表 3–2　结构标签说明

标签名	定义	说明
html 标签	根标签 <html></html>	网页中最大的标签，所有的内容都写在 html 标签里，一个页面有且只能有一个根标签
head 标签	头部标签 <head></head>	帮助浏览器解析页面，这里面的内容不会被浏览器解析到页面中
title 标签	标题标签 <title></title>	让页面拥有一个属于自己的网页标题，在 head 标签中必须设置 title 标签
body 标签	主体标签 <body></body>	是书写网页的主体内容，内容会被解析到页面中，也就是用户所看到的内容

当我们使用 Dreamweaver CC 软件新建一个空白网页时，软件会自动生成

HTML 的基本结构标签。切换到代码视图后，可以清晰地看到这些基本结构标签，如图 3-44 所示。另外，如果我们选择新建一个 txt 文本文件，并在其中手动输入相应的 HTML 标签代码，然后将该文件保存为 .html 或 .htm 格式，这样也可以创建一个空白的网页。

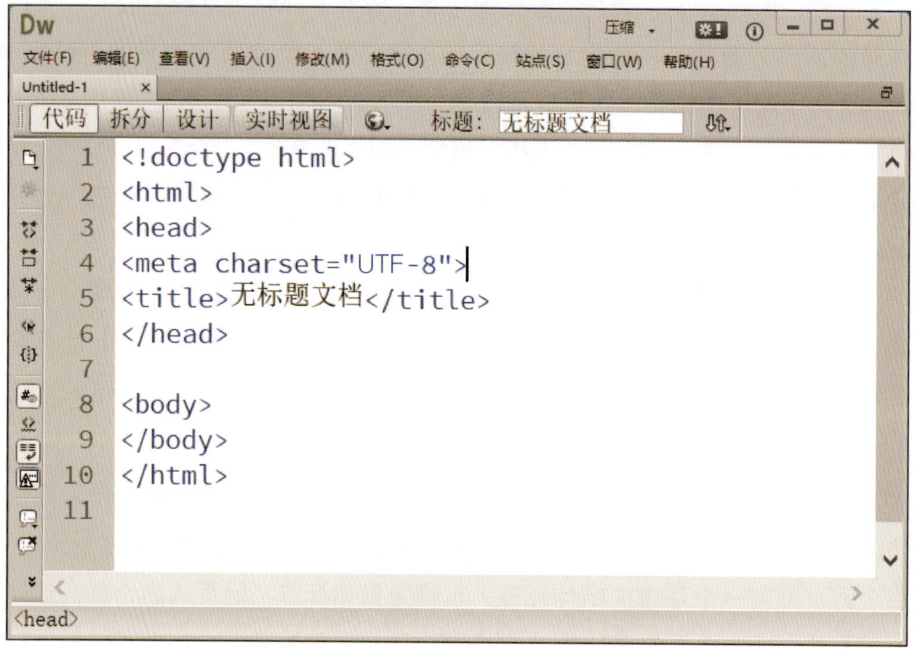

图 3-44 HTML 基本结构标签

第一行 <!doctype html> 是文档类型声明，它必须写在 <html> 标签之外且位于文档的最顶部。这个声明的意义在于告知浏览器，程序员所编写的代码是遵循 HTML 规范的，因此浏览器应该按照 HTML 的标准来解析和渲染页面，从而避免浏览器在解析代码时进入怪异模式，导致页面显示异常。

<html> 标签位于文档的第二行，与文档末尾的 </html> 标签相对应，它们定义了整个 HTML 文档的范围。<head> 和 <body> 是 <html> 的子标签。其中，<head> 标签用于设置网页的元信息和定义网页标题。在图 3-44 中，我们可以看到 <meta> 和 <title> 这两个常用的 <head> 子标签。<meta> 标签用于定义网页的字符编码方式，charset 属性指定了字符集，而 UTF-8 是该属性的值，这是一种兼容大部分语言文字的编码方式，因此被称为万国码。<title> 标签则用于设置网页的标题，它不仅显示在浏览器的标题栏上，还有助于搜索引擎定位和理解网页内容。

<body> 标签内部是网页的具体内容，包括文本、图片、超链接等所有可见的元素。

二、HTML 标签的概念及作用

1. HTML 标签的概念

HTML 是一种用于描述网页文档的标记语言。HTML 标签用于定义网页的结构和样式，它们通过标识内容和属性来构成网页的基本元素。在网页中，被“<>”符号包围的元素被称为 HTML 标签。例如，<html> 就是一个典型的 HTML 标签。这些标签通常成对出现，包括一个开始标签（如 <html>）和一个结束标签（如 </html>）。开始标签标志着内容的起始，而结束标签则标志着内容的结束。位于这两个标签之间的内容，就是该标签所定义和包含的内容。

除了这种成对的标签外，还存在一些自闭合标签，例如 <img> 标签，它用于在网页中插入图片。这类标签不需要配对的结束标签，而是通过在开始标签内部添加一个斜杠（如 <img src="image.png"/>）来表示标签的结束。

2. HTML 标签的关系

标签关系可以分为两类：包含关系和并列关系（见表 3–3）。

表 3–3　HTML 标签的关系

包含关系	并列关系
<head> <title></title> </head>	<head></head> <body></body>

3. HTML 标签的属性

HTML 标签属性是对 HTML 标签的一种描述方式，通常由属性名和属性值两部分组成，用于为标签提供附加信息。这些属性可以添加到单标签和双标签的开始标记内，且属性之间的顺序并不重要。此外，某些属性也可以省略，此时它们将采用默认值。例如，我们可以设置文本的字体大小（font–size）、颜色（color），或者定义一个盒子的宽度（width）和高度（height）等，这些都是通过标签属性来实现的。

4. HTML 标签的作用

HTML 标签是网页文档中具有特定含义的符号，它们被放置在尖括号内，作为关键词来指导浏览器如何显示文档中的内容，从而为网页带来丰富多彩的设计效果。标签主要有以下作用。

（1）指定网页上的元素及其格式

例如，下面的代码展示了如何将网页文本的字号设置为 18，并将颜色设置为红色：

```html
<p style="font-size: 18px; color: red;"> 字号 18，红色字体 </p>
```

（2）链接到其他资源

例如，下面的代码创建了一个指向“myweb/index.html”的链接：

```html
<a href="myweb/index.html"> 首页 </a>
```

（3）引用图片文件

例如，下面的代码展示了如何插入一个名为“run.gif”的图片，该图片位于“images”文件夹中：

```html
<img src="images/run.gif" alt="Running Image"/>
```

5. 常见的 HTML 标签

常见的 HTML 的标签见表 3-4。

表 3-4　常见的 HTML 标签

标签	语义
<h1>、<h2>、<h3>、<h4>、<h5>、<h6>	标题标签，字体放大、字体加粗，独占一行
<p></p>	段落标签，段落与段落之间有空白的间距，独占一行
<em></em>	强调标签，没有独占一行
 	换行标签
<hr/>	分割线
<center></center>	居中标签，设置内容居中
<div></div>	块级元素，没有任何语义的块级标签
<span></span>	行内元素，没有任何语义的行内元素
<ul></ul>	无序列表
<ol></ol>	有序列表
<dl></dl>	自定义列表
<img src=" ">	使用该标签可以在当前位置插入图片
<video src=" "></video>	视频标签
<align=" ">	分段控制标签

任务实施

本任务需要灵活运用 HTML 的单标签和双标签来构建网页的基本框架。同时，还需利用标签属性来优化和美化网页的显示效果。

- 步骤 1：创建根文件夹 tea

在 D 盘根目录中新建一个文件夹，并将其命名为“tea”。

- 步骤 2：创建子文件夹

根据前期的网站设计规划，我们需要在“tea”文件夹中创建几个子文件夹。创建“css”文件夹用于存放 CSS 文件，“image”文件夹用于存放图像文件，“js”文件夹用于存放 JavaScript 文件，以及“template”文件夹用于存放临时文件。接下来，设置站点为“tea”，并将此站点链接至 D 盘根目录下的“tea”文件夹，如图 3–45 所示。

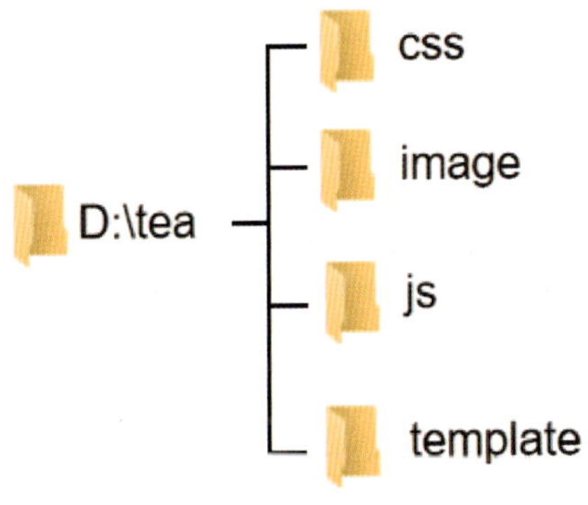

图 3–45　目录结构

- 步骤 3：新建空白文档

新建一个空白文档，如图 3–46 所示。接着，切换到代码视图，并使用 HTML 框架开始搭建页面结构，将页面的标题设置为“加盟说明”，如图 3–47 所示。

- 步骤 4：设置页面属性

通过菜单栏中的“窗口”选项调出属性面板，在属性面板中选择 CSS 选项卡，点击“页面属性”按钮，弹出“页面属性”对话框，如图 3–48 所示。在这个对话框中，我们可以进行以下设置：将网页的默认字体大小设置为 14px，文本颜色设置为 #333333。同时，将背景颜色设定为 #F9F9F9，左、右页边距均设置为 200px，如图 3–49 所示。

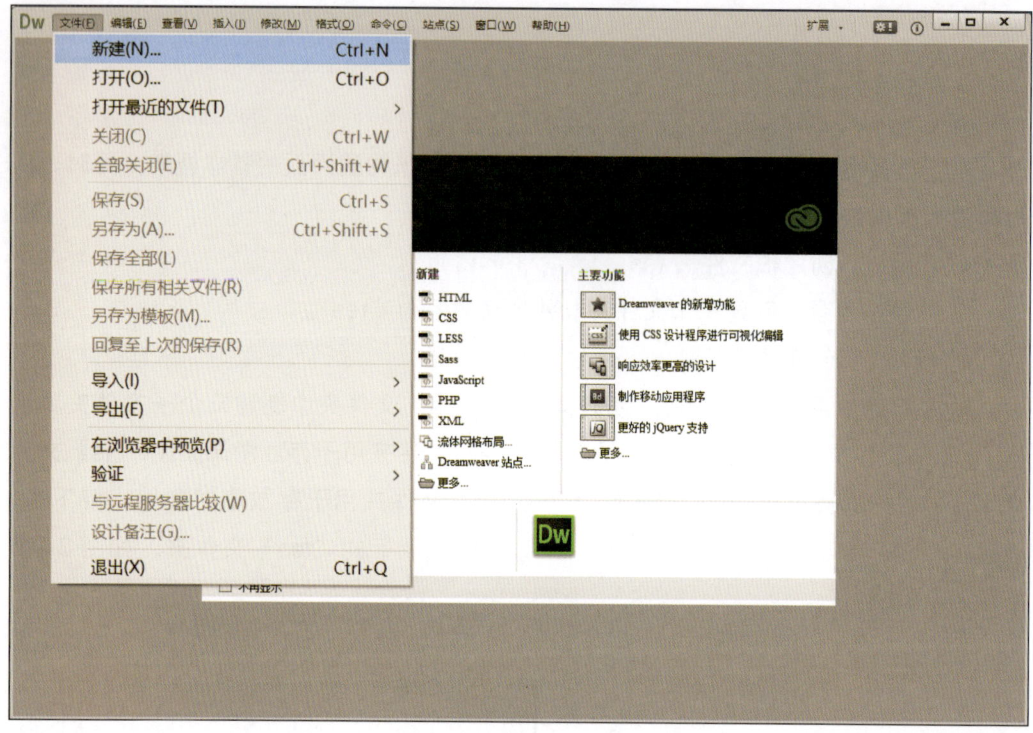

图 3-46 新建空白文档

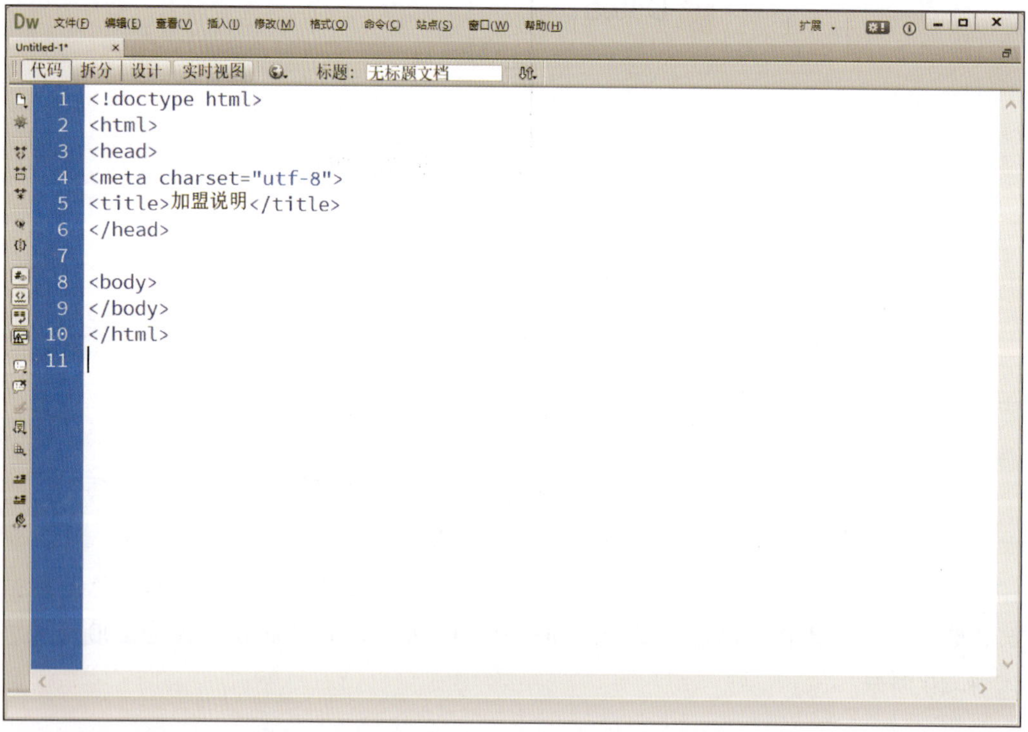

```
<!doctype html>
<html>
<head>
<meta charset="utf-8">
<title>加盟说明</title>
</head>

<body>
</body>
</html>

```

图 3-47 搭建页面结构

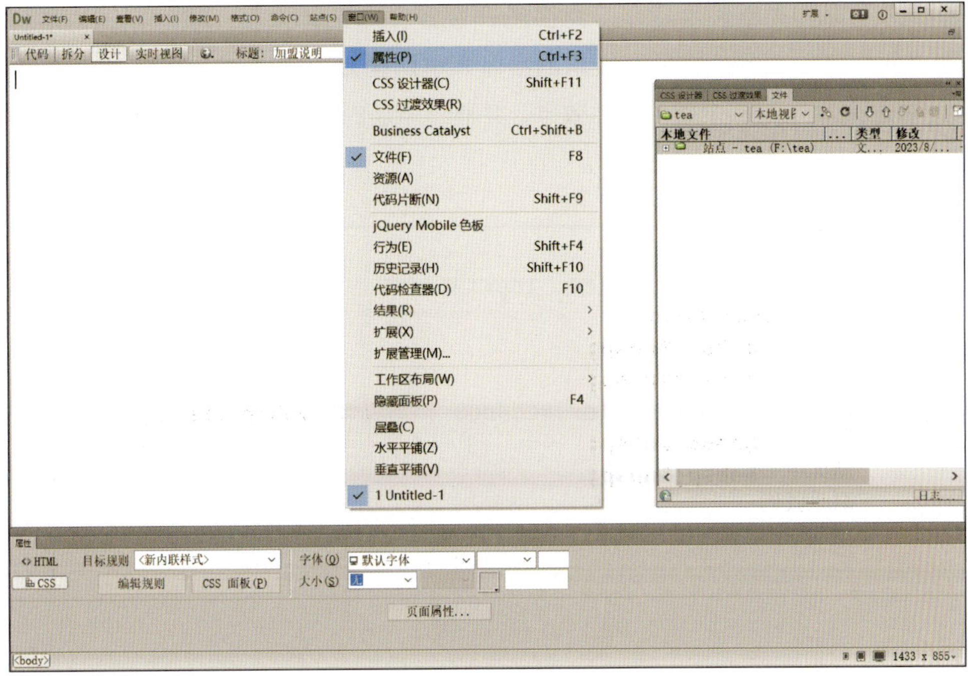

图 3-48　“页面属性”对话框

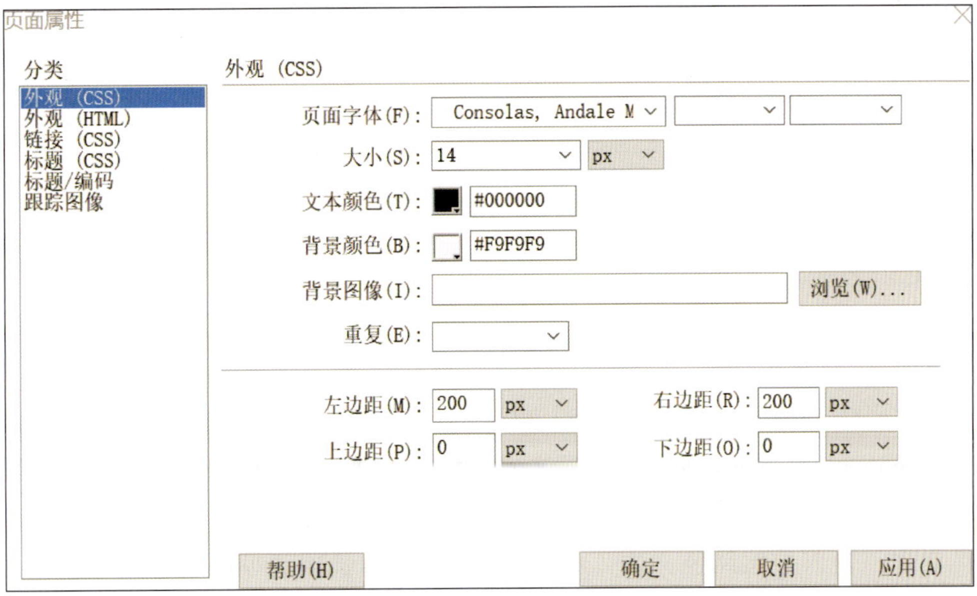

页面属性

分类
外观（CSS）
外观（HTML）
链接（CSS）
标题（CSS）
标题/编码
跟踪图像

外观（CSS）
页面字体(F)：Consolas, Andale M
大小(S)：14 px
文本颜色(T)：#000000
背景颜色(B)：#F9F9F9
背景图像(I)：　浏览(W)...
重复(E)：
左边距(M)：200 px　右边距(R)：200 px
上边距(P)：0 px　下边距(O)：0 px
帮助(H)　确定　取消　应用(A)

图 3-49　设置页面属性

● 步骤 5：制作导航条

切换到代码视图后，输入导航栏所需的文字：“首页”“关于我们”“产品简介”“加盟说明”“门店资讯”“新闻中心”以及“联系我们”。接下来，使用 <center>

标签将这些导航文字居中显示。为了统一设置文本字体大小，我们通过内联样式 style="font-size: 18px;" 将所有文本的字体大小调整为 18px。使用 <strong> 标签来实现“加盟说明”这四个字的加粗效果，并通过添加内联样式 style="color:#CC3300;" 来设置文本颜色，如图 3-50 所示。

```
<div>
    <center style="font-size: 18px; ">
        首页  
        关于我们  
        产品简介  
        <strong style="color:#CC3300 ">加盟说明  </strong>
        门店资讯  
        新闻中心  
        联系我们
    </center>
</div>
```

图 3-50　制作导航条代码

● 步骤 6：插入图片

使用 <img src=" 图片路径 "> 标签，可以插入图片。在这里，我们将“图片路径”替换为“images/banner.jpg”以插入对应的图片。为了让图片在页面上居中显示，我们添加 align="center" 属性，如图 3-51 所示。

```
<div align="center">
  <img src="images/banner.jpg" width="800px">
</div>
```

图 3-51　插入图片代码

● 步骤 7：制作标题

首先，输入标题文本“加盟说明”和英文标题“JOIN DESCRIPTION”。接着，我们使用 <span> 标签来包裹这些标题文本，并通过内联样式 style="font-size: 24px; color: #CC3300;" 来设置字体大小为 24px，颜色为 #CC3300。

其次，输入导航路径文本“当前位置：首页 > 加盟说明”。我们使用 <p> 标签来设置这段文本为段落格式，以确保它有良好的布局和间距。利用分段控制标签 <align="right"> 设置段落居右对齐，如图 3-52 所示。

```
<div>
  <span style="font-size: 24px; color: #CC3300;">
     JOIN DESCRIPTION<br>加盟说明
  </span>
  <p align="right">当前位置：首页>加盟说明</p>
</div>
```

图 3-52　制作标题代码

● 步骤 8：插入水平线

使用 <hr> 标签插入水平线。

● 步骤 9：制作正文文本

输入文本内容，设置文本属性（见表 3-5）。

表 3-5　正文文本内容和属性设置

文本内容	属性设置
市场定位与未来 Market orientation and future	通过 <h1> 标签设置文本标题，通过 style="color: #CC3300;" 设置文本颜色
黑茶坚持传统与科学并存的加工工艺，采用现场控制的销售方式，再加上标准化的制作流程、原料的精选，以及员工技术的不断加强，力求呈现给每一位顾客的饮品都更加真实、自然、新鲜。我们的消费群体大都年龄在 16 至 40 岁，以女性居多。我们从装修风格时尚化、个性化，服务的人性化方面，深化顾客消费体验。	通过 <p> 标签设置文本为段落。可以通过代码 （表示插入空格），为每段文本设置首行缩进的效果
为了让每一家加盟商有充分的盈利保障，[黑茶] 饮品连锁店选址时一定在工厂、写字楼、商业繁华区、学校、步行街等比较繁华的地段。还有大型社区、繁华都市村庄以及车站、码头、交通要道等流动人口多而集中的地方，这样才能保证有充足的客源，并及时做好宣传策划工作（开业时的宣传尤为重要，总部会为不同的加盟商量身定做一套合适的开业策划）。借助品牌总部的力量来做好相关事宜，还可用会员形式来固定客源。	

● 步骤 10：插入图片

利用 <img src=" 图片路径 "> 标签，插入 images/map.jpg 和 images/pic1.jpg 图片，通过 align="left" 和 align="right" 设置图片居左和居右对齐，如图 3-53 所示。

```
<div >
    <span align="left">
        <img src="images/map.jpg" width="350px" height="350px" >
    </span>
    <span align="right">
        <img src="images/pic1.jpg" width="350px" height="350px">
    </span>
</div>
```

图 3-53　插入图片代码

● 步骤 11：制作版权信息

输入“关于我们 | 联系我们 | 在线留言 | 加入我们 | 门店资讯 Copyright © 2007–2013 heicha.com All Rights Reserved”，使用 <p> 标签设置段落格式，通过 <span style="font-size: 10px"> 设置字体大小为 10px，其中 © 是特殊字符，可以通过 HTML 代码 © 输出效果，如图 3–54 所示。

```
<p align="center" >
    <span style="font-size: 10px">关于我们|联系我们 |在线留言|加入我们|门店资讯
      Copyright&copy;2013-2023 heicha.com All Rights Reserved
    </span>
</p>
```

图 3–54　制作版权信息代码

任务评价表

学习任务	HTML 基础知识		
项目	评价内容	配分	得分
知识	理解 HTML 的概念及作用	10	
	理解 HTML 标签的概念及作用	15	
	掌握常见的 HTML 标签	25	
技能	能够搭建 HTML 基本结构	25	
	能够利用 HTML 标签搭建图文混合的网页	25	
任务评价		合计得分	

思考与练习

1. 请详细阐述网页中 <title> 标签的重要性及其作用。
2. 请全面介绍 HTML 标签在网页设计和功能实现中的关键作用。
3. 请列举并解释 HTML 中用于构建网页主体的主要标记元素。

项目四
图像和多媒体的应用

项目概述

图像和多媒体在电子商务网页设计中扮演着至关重要的角色，它们是构成网页设计不可或缺的元素。精美的图像和多媒体内容不仅能显著提升网页的吸引力，还能优化产品的展示效果，有助于塑造和巩固品牌形象，从而为用户提供更加优质的体验。这些元素的有效运用，最终将推动销售转化率的显著提高。通过本项目的学习，将深入了解图像、音频、视频等资源在网页中的应用，并能够灵活地将这些元素融入网页设计，从而打造出内容更为丰富多彩的电子商务网页。

学习任务 1　图像在网页中的应用

- 知识目标

1. 了解网页中常见的图像文件格式。
2. 掌握图像标签的用法。

- 技能目标

1. 能够编辑图像和设置图像属性。
2. 能够制作交互式图像。

3. 能够正确创建图像映射。

图像在吸引网页浏览者方面远比文本有效，精心选择的图像能够紧紧抓住浏览者的注意力。为提供更优质的产品信息和展示效果，某公司决定对其网站的产品展示页进行全面升级。通过融入丰富多彩的图文内容，公司期望能够吸引更多潜在客户，从而提升市场竞争力。网页的设计定版如图 4–1 所示。

图 4–1　任务效果图

一、网页中常见的图像文件格式

图像不仅要美观，还需要在保持高质量画面的基础上，尽可能地压缩其体积。目前，网页设计中广泛采用的图像文件格式主要有三种：JPEG、GIF 和 PNG。它们的

具体特点如下。

1. JPEG 格式

JPEG 是一种采用有损压缩算法的图像文件格式，非常适合展现色彩层次丰富、具有渐变效果的图像，例如各类照片。其显著优点是图像质量较高。然而，它的文件相对较大（与其他格式相比），并且不支持透明区域。在网页设计过程中，像横幅广告、商品展示图以及大尺寸插图等，通常都会选择保存为 JPEG 格式。

2. GIF 格式

GIF 格式的文件通常较小，可以包含透明区域，还能制作包含多个画面的简单动画。不过，其颜色表现能力有限，图像质量可能略逊一筹。因此，它非常适合用于表现色彩简洁或有大面积单色的图像，例如卡通画、按钮、图标和徽标等。

3. PNG 格式

PNG 格式支持无损压缩，可以包含透明区域，包括 PNG-8 以及真色彩 PNG（PNG-24 和 PNG-32）。与 GIF 格式相比，PNG 格式的主要优势在于文件更小，支持 alpha 透明度调节（包括全透明、半透明、全不透明），并且色彩过渡更为自然流畅。但 PNG 格式不支持动画效果。它非常适合用于保存网页图标、线条图案以及带有透明背景的图像。

小贴士

在网页设计中，对于小图片或网页的基本元素（如图标、按钮等），建议使用 GIF 格式或 PNG-8 格式。若需展示半透明效果的图像，则推荐使用 PNG-24 格式。而对于类似照片的高质量图像，最好采用 JPEG 格式保存。这样的选择能确保图像质量和网页加载速度的平衡，从而为用户提供更好的浏览体验。

二、图像标签

在 HTML 中，使用 <img> 标签可以插入图像文件，并允许我们设置图像的大小、对齐方式等属性。该标签是一个自闭合标签，即它只包含属性，而没有配对的结束标签。

图像标签的基本语法格式如下：

```
<img src=" 图像文件名 " alt=" 简单说明 " width=" 图像宽度 " height=" 图像高度 " />
```

标签中的属性含义如下：

src：指定要插入的图像的文件名，包括图像文件的路径和文件名。例如："路径/图像文件名"。

alt：在图像未能正常显示时（如浏览器尚未完全读入图像或图像文件不存在），将在图像位置显示的替代文字。

width：设置图像的宽度，可以使用像素值或百分比来表示。为了避免图像失真，通常建议设置为图像的实际大小。如果需要调整图像尺寸，最好先使用图像编辑软件进行预处理。

height：设置图像的高度，可以使用像素或百分比来表示。

小贴士

如果所选图像不在站点根文件夹中，Dreamweaver CC 会弹出一个提示框，询问用户是否希望将图像复制到站点根文件夹。当用户点击"是"按钮时，系统会自动将图像文件复制到站点根文件夹。如果用户选择不复制，那么在发布网页后，可能会因为找不到对应图像而导致其无法显示。因此，为了确保网页中的图像能够正常显示，建议用户在遇到提示时选择将图像复制到站点根文件夹。

图像的属性不仅可以在代码视图中进行设置，还可以通过属性面板进行便捷修改，如图 4-2 所示，用户可以轻松地调整图像的各项属性。

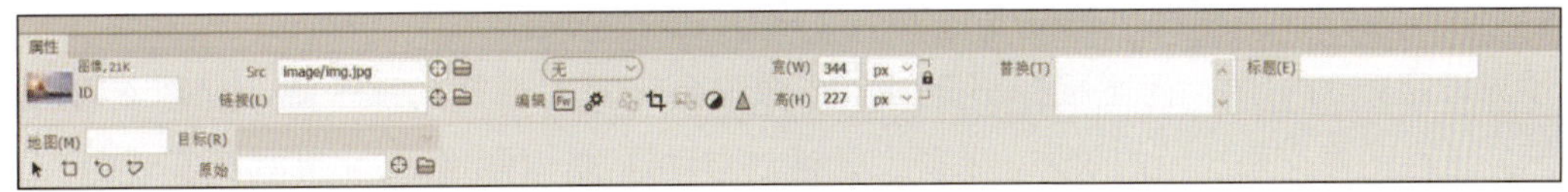

图 4-2　属性面板

参数介绍：

★ ID：此参数用于设置图像的唯一名称，它在通过脚本控制图像时非常有用，便于精确地定位和操作特定的图像元素。

★源文件：这里显示的是图像文件的存储路径，它指向图像在计算机或服务器上的具体位置。

★链接：此参数可以为图像指定一个超链接，当用户点击该图像时，将会跳转到指定的网页或资源。

★宽和高：这两个参数分别代表图像的宽度和高度，单位通常为像素。若图像的尺寸被修改过，这两个数值将会以粗体显示，以便于识别。

★替换：当浏览器由于某种原因无法显示图像文件时，此参数中填写的说明性文字将会在图像的位置显示出来，提供替代的信息。

★地图和热点工具：这些选项用于标注和创建客户端图像地图，使得用户可以在图像的特定区域设置超链接，增强网页的交互性。

★目标：此参数用于设置点击图像链接后，链接文档在何处打开。其中，“_blank”表示在新窗口中打开，“_self”表示在当前窗口中打开，“_parent”表示在当前窗口的父窗口中打开，而“_top”则表示在当前窗口的顶级窗口中打开。

★编辑：点击此选项将启动在“外部编辑器”首选参数中指定的图像编辑器，并打开当前选定的图像，便于用户进行进一步编辑和修改。

小贴士

除了可以直接插入图像外，我们还可以通过将图像设置为 HTML 元素的背景来嵌入网页。鉴于 CSS 背景属性功能丰富，现在更加推荐用此方法添加装饰性图像作为背景。这样做不仅能提升网页的美观性，还能利用 CSS 的灵活性进行更精细的控制和调整。

三、交互式图像

交互式图像展现出一种特殊效果：当用户的鼠标悬停在图像上方时，会显示一幅预先设定好的图像；而当鼠标移开时，图像则会恢复为最初的那一幅，如图 4-3 所示。这种图像交替显示的效果，实际上是通过自动添加一段 JavaScript 代码实现的。

图 4-3　交互式图像效果

为了制作交互式图像，需要准备两张尺寸相同但内容不同的图像。其中一张作为默认图像，在页面加载时即刻展示；而另一张则设定为鼠标悬停时显示的图像，当用户鼠标悬停于图像上方时，会显示这张图像。在开始设计之前，请确保将这两张图片复制到本地站点的图像文件夹内。

四、图像映射

图像映射是通过在图像中绘制一个或多个特定形状的区域（如矩形、圆形或其他形状）来创建链接的一种技术。这些被绘制出来的特定区域被称作热点区域，如图 4-4 所示。当用户点击热点区域时，将会被导向到预设的链接地址。

图 4-4　热点区域

当访问者点击图像上的热点区域时，页面会自动跳转到热点区域所关联的网页上。在图像上创建了热点区域之后，这些热点区域就与图像融为一体。因此，一旦调整图像的大小，图像内所有的热点区域也会随之发生相应变化。当鼠标悬停在热点区域上方时，鼠标指针会变成手形，如图 4-5 所示。此时，单击鼠标即可迅速跳转到预设的页面。

本任务中我们首先要正确使用图像标签，根据网页的具体内容来合理编辑图像的各

项属性。此外，还需灵活运用交互式图像及图像映射，以增强电子商务网页的交互性。

图 4-5　鼠标悬停在热点区域上方时的效果

● 步骤 1：创建站点文件夹

在 D 盘根目录下，新建一个名为“web”的站点文件夹，并在该文件夹内创建一个名为“image”的子文件夹，用于存放图像文件。接下来，新建一个网页文件，并将其命名为“product.html”，如图 4-6 所示。

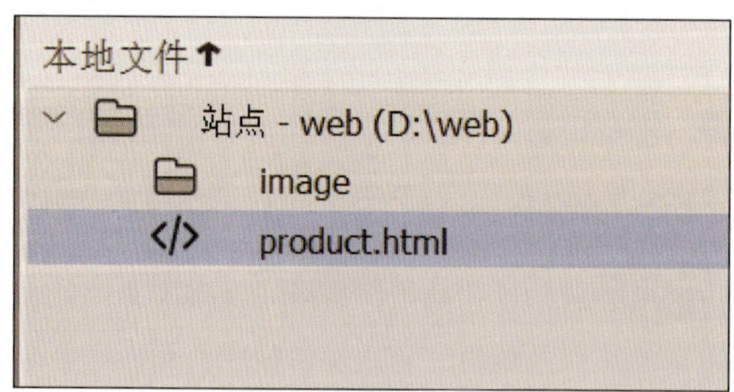

图 4-6　站点文件夹结构

● 步骤 2：设置页面属性

通过属性面板的页面属性进行参数设置，可以将网页的默认字体大小设定为 18px，文本颜色设置为 #333333，并选用微软雅黑作为字体。同时，将页面的背景颜色设定为 #FFFFFF，左右页边距调整为 10px。具体设置如图 4-7 所示。

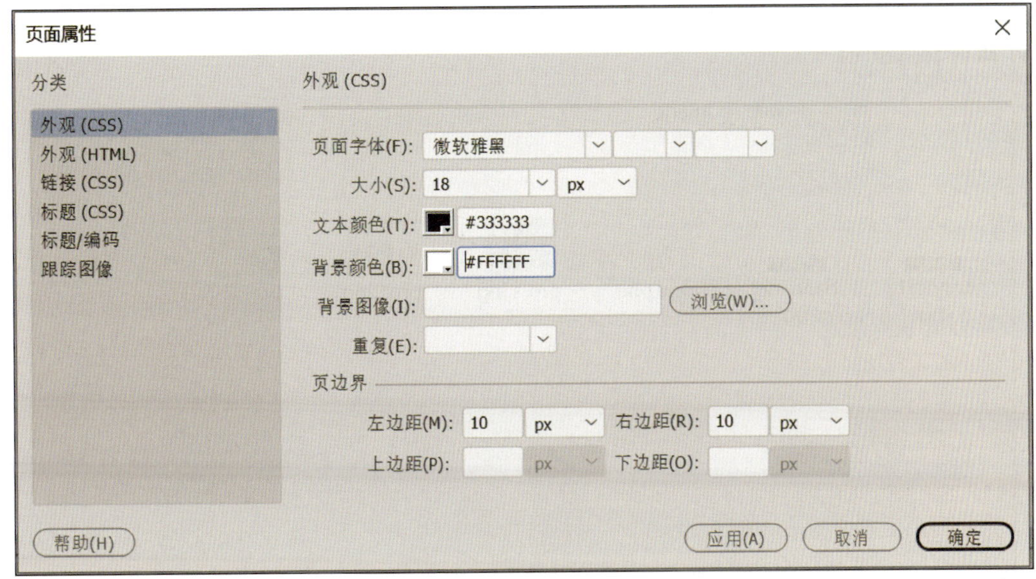

图 4-7　设置页面属性

● 步骤 3：插入 logo 图片和导航菜单

首先，插入一个 <div> 标签，用于构建网页的顶部容器，这个容器将包含网站的 logo 和导航条部分。

接下来，将光标移动到这个 <div> 标签内部，定位到想要插入图像的具体位置。然后点击插入面板中的“图像”按钮，这将打开“选择图像源文件”对话框。在对话框的“查找范围”下拉列表中，选择存储图像的文件夹。在文件列表中，找到并选择想要插入的图像文件 logo.png，如图 4–8 所示。最后，点击“确定”按钮，图像就会被成功插入指定的位置。

选中已插入的图像后，可以利用属性面板来修改该图像的各项属性。

切换到代码视图后，在 <img> 标签中添加 align="left" 属性，以便将 logo 图片设置为左对齐，如图 4–9 所示。

● 步骤 4：制作导航菜单

输入导航菜单的文字：“网站首页”“企业简介”“产品展示”“新闻资讯”“服务案例”“在线交流”和“联系我们”。接下来，使用 <strong style="color:#41998C"></strong> 对“产品展示”进行加粗处理并设置其文本颜色，以实现如图 4–10 所示的效果。

● 步骤 5：利用交互式图像制作 banner

接下来，在下方插入一个 <div> 标签，用于创建 banner 容器。

图 4-8　插入 logo 图片

```
<div>
    <img src="images/logo.png" width="135" height="125" alt="" align="left"/>
</div>
```

图 4-9　设置图片属性代码

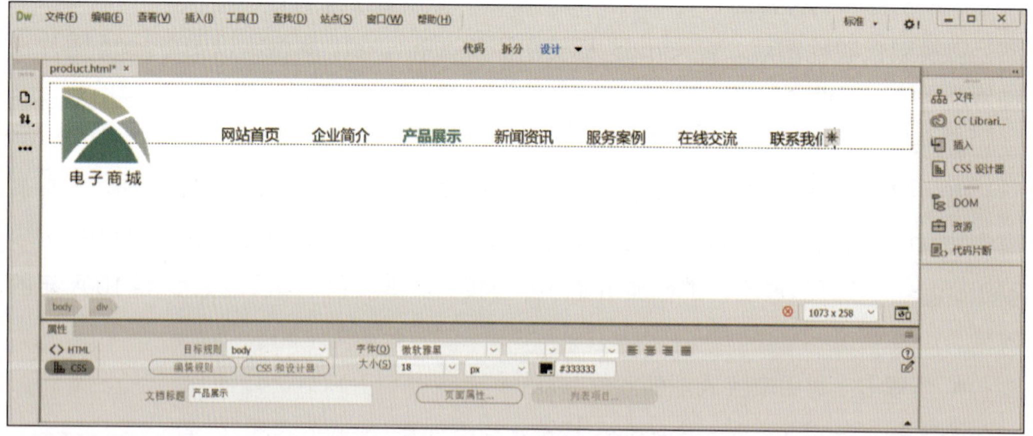

图 4-10　制作导航菜单

选择菜单栏中的“插入—HTML—鼠标经过图像”选项。弹出“插入鼠标经过图像”对话框。该对话框中，“图像名称”栏用于为鼠标经过图像命名；“原始图像”栏用于指定页面加载时默认显示的图像；“鼠标经过图像”栏设定了当鼠标指针滑过原始图像时想要显示的图像；“替换文本”栏提供了在图像无法正常显示时，出现在图像位置的替代性说明文字；“按下时，前往的 URL”栏用于设置当用户点击图像时希望打开文件的路径。将原始图像设置为 banner1.jpg，鼠标经过图像设置为 banner2.jpg，然后点击“确定”按钮，即可成功插入鼠标经过图像，如图 4-11 所示。

插入鼠标经过图像
图像名称：交互式图像
原始图像：image/banner1.jpg　浏览...
鼠标经过图像：image/banner2.jpg　浏览...
预载鼠标经过图像
替换文本：banner广告
按下时，前往的 URL：　浏览...
确定　取消　帮助

图 4-11　插入鼠标经过图像

小贴士

行为面板是实现网页交互效果的关键工具。要打开它，可以选择菜单栏中的“窗口—行为”选项，或者使用组合键“Shift+F4”，这样就能快速访问行为面板。

接下来，我们先选择菜单栏中的“插入—图像”选项，向页面中插入第一张图片 ad1.png。选中这张图片后，在行为面板中点击“添加行为”按钮。在弹出的行为列表中，选择“交换图像”这一选项。随后会打开“交换图像”对话框，在此我们设置“设定原始档为”ad2.png，并点击确定。完成这些操作后，行为面板中就会显示出已经添加的“交换图像”行为，如图 4-12 所示。这样，当用户与图片进行交互时，图片将会从 ad1.png 切换到 ad2.png，实现动态的视觉效果。

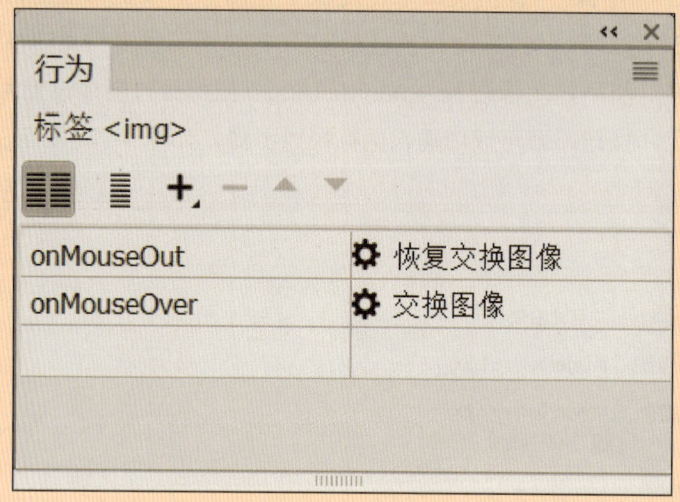

图 4-12　行为面板

在网页中预览效果如图 4-13 所示，当用户将鼠标悬停在图像上时，会呈现出预先设置的另一幅图像，实现了图像的动态交互效果。

- 步骤 6：制作标题

输入文本 “产品展示”，并使用 <h2> 标签将其包围。在 <h2> 标签中，通过内联样式 style="font-size: 24px;" 设置字体大小为 24px。接下来，使用 <hr> 标签来插入一条水平线，并通过 style="color: #41998C;" 设置水平线的颜色为 #41998C，以实现如图 4-14 所示的效果。

- 步骤 7：插入产品图片

通过插入 <div> 标签，我们可以创建一个专门用于展示产品的容器区域。接下来，利用 “插入” 菜单中的 “图像” 选项，我们可以依次在页面中添加产品图片 pro1 和 pro2，具体效果如图 4-15 所示。

设置 align="left" 属性，可以调整图片的对齐方式为左对齐。同时，通过设置图像标签的 vspace 属性和 hspace 属性，可以调整图片的垂直边距和水平边距，如图 4-16 所示。

图 4-13　预览效果

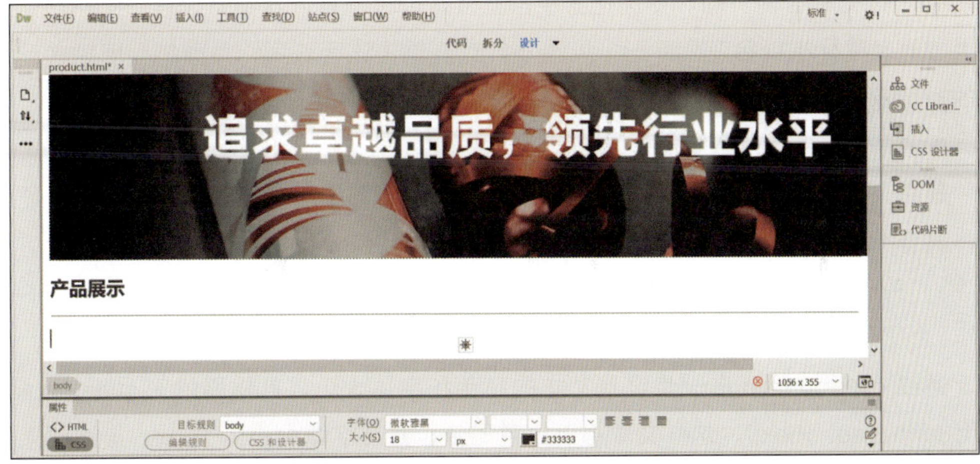

图 4-14　制作标题

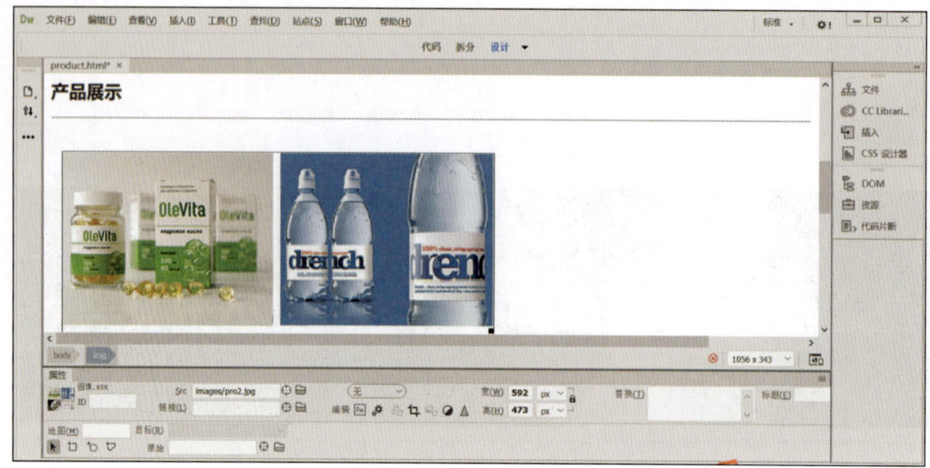

图 4-15 插入产品图片

```
<div style="width:1200px">
    <img src="images/pro1.jpg" width="589" height="473" align="left" vspace="5" hspace="5"/>
    <img src="images/pro2.jpg" width="592" height="473"  vspace="5"/>

</div>
```

图 4-16 设置图片属性代码

● 步骤 8：制作图像映射

选中 pro2 图片后，执行“窗口—属性”命令，打开属性面板。在该面板上，选择矩形热点工具，并利用它为矿泉水产品绘制一个热点区域。完成热点区域绘制后，选择属性面板上的指针热点工具，并用它选中刚才绘制的矩形热点区域。此时，属性面板将显示所选热点区域的相关属性，具体如图 4-17 所示。

在此面板中，将“链接”参数设置为 product_details.html。随后，按下组合键“Ctrl+S”以保存当前页面。在浏览器中预览该网页时，可以看到当鼠标悬停在热点区域上方时，鼠标指针会变为手形（见图 4-18）。单击该区域后，页面将立即跳转到指定的 product_details.html 页面。

● 步骤 9：制作版权信息

最后，插入一个 <div> 标签来创建版权信息区域的容器，并为其设置背景颜色，具体代码如下：style="background-color: #41998C;"。接下来，输入版权信息文字：“关于我们 | 联系我们 | 加入我们 | 网站地图 Copyright©2013-2023 电子商城”。为了使这段文字在页面上居中显示，使用 <center> 标签将其包裹起来。此外，通过 <span> 标签进一步设置文本的颜色和字体大小，具体属性为 style="color: #fff; font-size: 16px;"，这样文本将以白色显示，并且字体大小为 16px。最终效果如图 4-19 所示。

图 4-17 制作图像映射

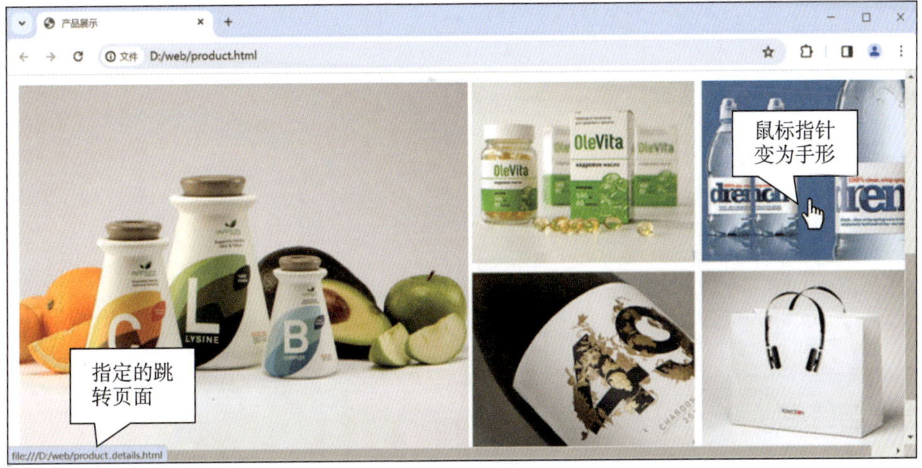

图 4-18 图像映射预览效果

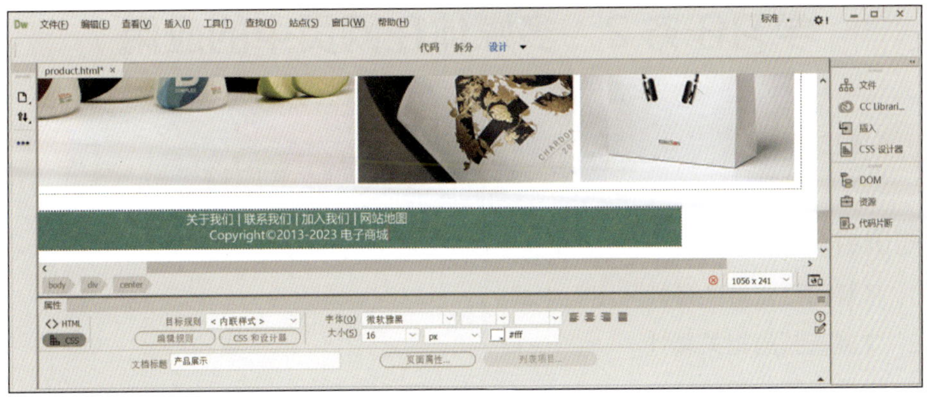

图 4-19 版权信息效果

在文档中，我们可以使用 <div style="clear: both;"></div> 来清除左右浮动对齐的影响，从而实现图文混排时的整齐布局效果。

任务评价

任务评价表

学习任务	图像在网页中的应用			
项目	**评价内容**	**配分**	**得分**	
知识	了解网页中常见的图像文件格式	10		
	掌握图像标签的用法	20		
技能	能够编辑图像和设置图像属性	30		
	能够制作交互式图像	20		
	能够正确创建图像映射	20		
任务评价			合计得分	

思考与练习

1. 请列举并解释网页中常见的图像文件格式及其特点。
2. 请简要说明制作交互式图像需要哪些步骤。
3. 请对图像映射进行定义并解释其工作原理。

学习任务 2　多媒体在网页中的应用

学习目标

知识目标

1. 了解网页支持的音频和视频格式。
2. 掌握音频的相关属性。
3. 掌握视频的相关属性。

技能目标

1. 能够在网页中添加音频文件。
2. 能够在网页中添加视频文件。

任务描述

某公司计划利用广告视频和音频剪辑，在网页上有效地传达促销信息、展示特别优惠以及推荐新品，以此增强网站的吸引力。为此，公司决定更新产品详情页，确保视频内容能够在网页上正确嵌入并流畅播放，为用户提供更加生动且详尽的产品展示和演示。网页的设计定版如图 4-20 所示。

图 4-20　任务效果图

相关知识

一、音频

在 HTML5 中，<audio> 标签被用于定义音频文件。它支持 3 种音频格式，分别是 OGG、MP3 和 WAV。使用 <audio> 标签嵌入音频的基本语法格式如下：

```
<audio src=" 音频文件路径 " controls="controls"></audio>
```

在上述语法中，src 属性用于指定音频文件的路径，而 controls 属性则为用户提供音频播放控件。这两个属性是 <audio> 标签的基本属性。在 <audio> 和 </audio> 之间，可以插入一段文字。当浏览器不支持 <audio> 标签时，这段文字将会显示出来。

此外，<audio> 标签还允许添加其他属性，以进一步优化音频的播放效果。这些属性的详细信息可参考表 4–1。

表 4–1　<audio> 标签的相关属性

属性	属性值	描述
autoplay	autoplay	当页面载入完成后自动播放音频
loop	loop	音频结束时重新开始播放
preload	auto/meta/none	如果使用该属性，则音频在页面加载时进行加载，并预备播放；如果使用了 autoplay 属性，则忽略该属性

HTML5 还提供了 <source> 标签，这个标签允许指定多个备用文件路径，这些文件可以是不同的格式。浏览器会自动选择并使用第一种它能够识别的文件格式进行加载和播放。

运用 <source> 标签添加音频的基本格式如下：

```
<audio controls="controls">
  <source src=" 音频文件地址 " type=" 媒体文件类型 / 格式 ">
  ……
</audio>
```

二、视频

在 HTML5 中，<video> 标签被用来定义视频文件。它支持 3 种视频格式，分别是 OGG、WEBM 和 MPEG4。使用 <video> 标签嵌入视频的基本语法格式如下：

<video src=" 视频文件路径 " controls="controls"></video>

在上述语法格式中，src 属性被用来指定视频文件的路径，而 controls 属性则用于控制视频播放控件的显示。同样，在 <video> 和 </video> 标签之间可以插入文本内容，这段文本会在浏览器不支持 <video> 标签的情况下显示出来。此外，我们还可以为 <video> 标签设置其他属性，以便进一步优化视频的播放效果。有关 <video> 标签的其他属性参见表 4–2。

表 4–2　<video> 标签的相关属性

属性	属性值	描述
autoplay	autoplay	当页面载入完成后自动播放视频
loop	loop	视频结束时重新开始播放
preload	auto/meta/none	如果使用该属性，则视频在页面加载时进行加载，并预备播放；如果使用了 autoplay 属性，则忽略该属性
poster	URL	当视频缓冲不足时，该属性值链接一个图像，并将该图像按照一定比例显示

在网页中插入视频文件后，在浏览器中预览，视频播放效果如图 4–21 所示。

图 4–21　视频播放效果

小贴士

<video>标签自带控制栏，提供了播放、暂停、进度调整、音量控制和全屏显示等视频操作功能。此外，用户还可以根据个人喜好自定义控制栏的样式。

任务实施

● 步骤 1：创建站点文件夹及网页文件

在 D 盘根目录下的站点文件夹“web”中，新建一个名为“image”的子文件夹，用于存放图像、音视频文件。接着，在该站点文件夹内新建一个网页文件，并将其命名为“product_details.html”，如图 4–22 所示。

图 4–22 站点文件夹结构

● 步骤 2：制作网页顶部及 banner 区域

请参考 product.html 的设置，配置网页的页面属性，插入公司的 logo 图片和导航菜单，并制作具有交互式图像效果的 banner，最终效果应如图 4–23 所示。

● 步骤 3：制作“产品展示”标题

输入标题文本“产品展示”，并使用 <h2> 标签将其包围。同时，通过内联样式设置字体大小为 24px，即添加 style="font-size: 24px;" 属性。紧接着，在下方输入文本“您当前的位置：首页 > 产品展示 > 矿泉水系列”，整体布局如图 4–24 所示。

图 4-23　制作网页顶部及 banner 区域

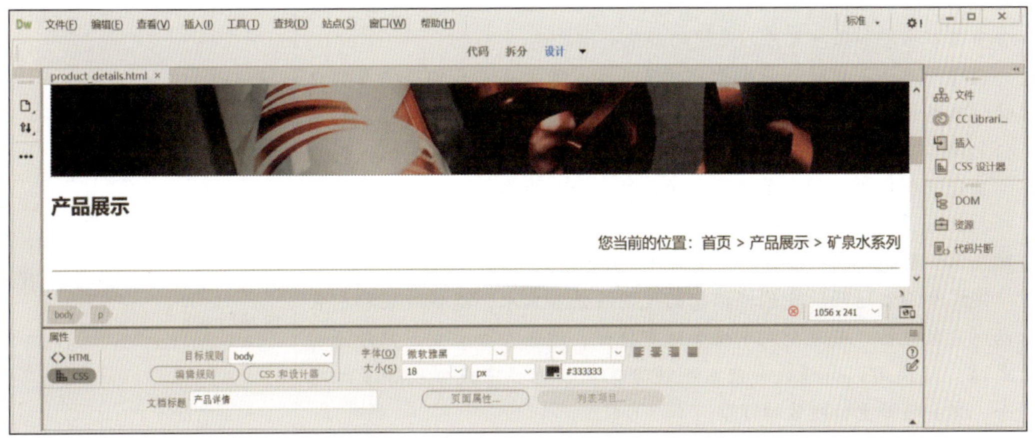

图 4-24　制作“产品展示”标题

利用 <p> 标签设置文字右对齐（align="right"）。通过 <hr> 标签插入水平线并设置水平线颜色（color="#41998C"），如图 4-25 所示。

```
<h2 style="font-size: 24px">产品展示</h2>
<p align="right">您当前的位置：首页 > 产品展示 > 矿泉水系列</p>
<hr color="#41998C">
```

图 4-25　设置“产品展示”标题代码

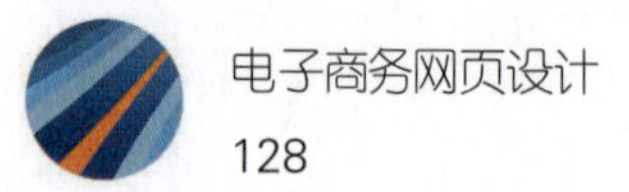

● 步骤 4：制作图文混排

插入 <div> 标签来创建网页内容容器。选择菜单栏中的“插入—图像”选项，添加产品图像 pro_s.jpg，在 <img> 标签中添加 align= “left” 属性，设置 logo 图片左对齐。继续输入文本内容，见表 4-3。

表 4-3　文本内容及属性设置

文本内容	属性设置
矿泉水系列	通过 <h4> 标签设置文本标题
语音介绍：	通过 <strong> 标签的 style 属性，将其值设置为 "color:#41998C"，以此来实现文本颜色的设置
作为电子商城，我们提供多种优质的矿泉水系列产品，为您的饮水需求提供多样选择。 天然矿泉水：源自地下深层岩石蕴藏的纯净水源，经过多重严格的过滤和精密的检测，我们确保水质的纯净与安全。这款天然矿泉水富含多种矿物质和微量元素，是您的健康补水之选。 碳酸气泡水：碳酸气泡水是一款清爽宜人的饮品。我们提供多款口味，包括经典的柠檬、苹果口味，以及创新的莓果混合口味等。它不仅能解渴，更能带给您愉悦的口感和清凉的体验。 功能性矿泉水：融合了健康与功能性成分，为您提供更多元化的选择。例如，含有电解质的矿泉水，适合运动后的补水；富含维生素的矿泉水，则能增强免疫力，补充额外营养。 瓶装和桶装选项：我们根据您的使用场景和需求，提供瓶装和桶装两种包装规格。瓶装矿泉水便于随身携带，适合在办公室、户外活动或旅行时饮用；而桶装矿泉水则适合家庭、办公室或学校等多人场合，省去频繁更换瓶装的烦恼。 无论您是追求纯净天然的饮水，还是享受口感与功能性的双重满足，我们的电子商城矿泉水系列产品都是您的理想之选。我们注重品质和品牌信誉，在供应商选择上经过严格筛选，致力于为您提供高品质的矿泉水产品。 欢迎在电子商城浏览选购，让矿泉水系列产品陪伴您的健康生活！	通过 <p> 标签设置文本为段落，通过 style="font-size: 14px" 设置字体大小。通过 标签实现段落内换行

● 步骤 5：插入音频

将光标移动到文字“语音介绍：”之后，此处将是我们要在网页中嵌入音频文件的地方。选择菜单栏中的“插入—HTML—HTML5 Audio”选项，网页上将会出现一个音频图标。

接下来，点击选中这个音频图标，在“属性”检查器中设置音频“源”。在弹出的“选择音频”对话框里，找到并选择要嵌入的音频文件 pro_show.mp3，然后点击“确定”按钮以完成音频文件的插入。此外，还可以通过设置 autoplay 和 loop 等参数来实现音频的自动播放和循环播放功能，如图 4-26 所示。

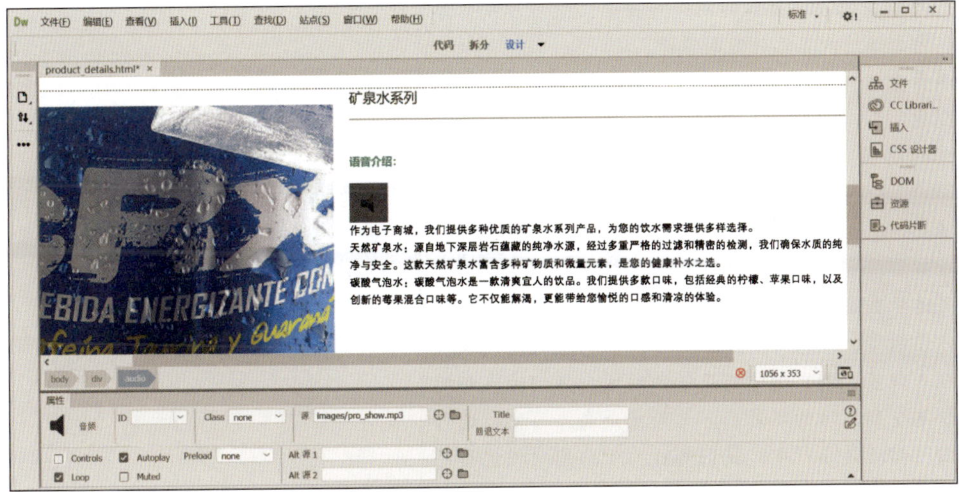

图 4-26　插入音频文件

保存文档后，在浏览器中预览该网页，可以看到音频播放器的控制面板，如图 4-27 所示。只需点击播放按钮，即可听到音频内容。

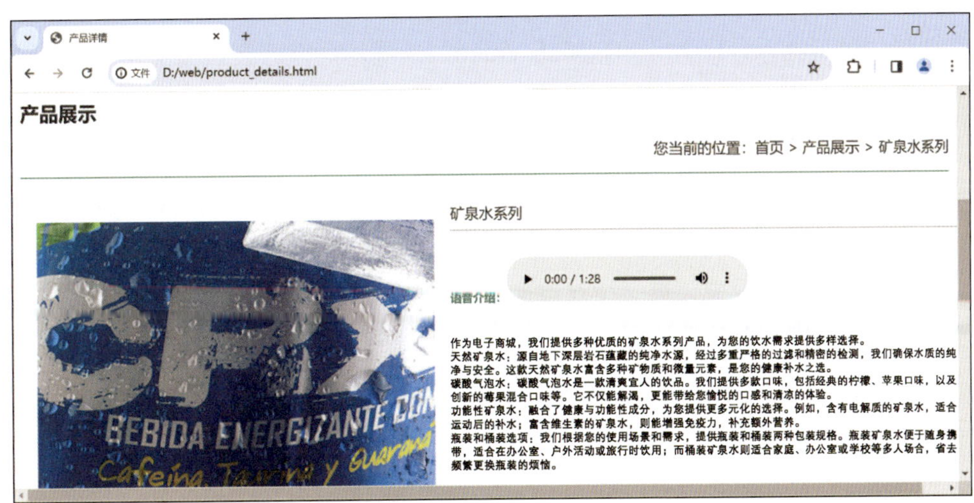

图 4-27　音频文件预览效果

● 步骤 6：制作产品详情文本

添加相应的文本并设置属性，见表 4-4。

表 4-4　产品详情文本及属性设置

文本内容	属性设置
产品详情	通过 <h4> 标签设置文本标题
纯净天然，保证品质：经过精细过滤和多重严格检测，我们确保每一滴水的纯净与安全。您可以安心享用，为身体注入真正的健康能量。 滋养身体，提升活力：矿泉水中含有丰富的矿物质和微量元素，这些成分有助于滋养身体，提高免疫力，助您保持健康状态。饮用后，让您充满活力，提升效率。 清爽口感，回味悠长：我们的矿泉水口感清爽纯净，每一口都给您带来清新的体验。品尝时，不禁让人思考并追求更健康的生活方式。 方便携带，随时补水：我们提供多种规格的包装和便携式瓶装选项，便于您在任何时间、任何地点都能轻松享受到清凉的矿泉水。无论您是在办公室、进行户外运动还是旅行中，我们都致力于为您提供优质的生活饮水解决方案。	通过 <p> 标签设置文本为段落，通过 style="font-size: 14px" 设置字体大小。通过 标签实现段落内换行

● 步骤 7：插入视频

将光标移动到“产品详情”文本后面，然后插入一条水平线以作分隔。

接下来，在网页中确定要插入视频文件的具体位置，并将插入点定位在那里。选择菜单栏中的“插入—HTML—HTML5 Video”选项，执行后会在网页上出现一个视频图标。

点击选中该视频图标，在“属性”检查器中设置视频“源”。这时会弹出一个“选择视频”对话框，从中选择需要插入的视频文件 pro.mp4，并点击“确定”按钮，从而完成视频文件的插入。

在视频的属性面板中，进一步设置视频的宽度为 800px，并勾选 autoplay 和 loop 选项，以实现视频的自动播放和循环播放功能，如图 4-28 所示。

保存 HTML 文档后，在浏览器中预览产品详情的视频文件，视频播放效果如图 4-29 所示。

● 步骤 8：制作版权信息

最后参考 product.html，完成版权区域的制作，如图 4-30 所示。注意在文档中可使用 <div style="clear: both"></div> 清除浮动的影响。

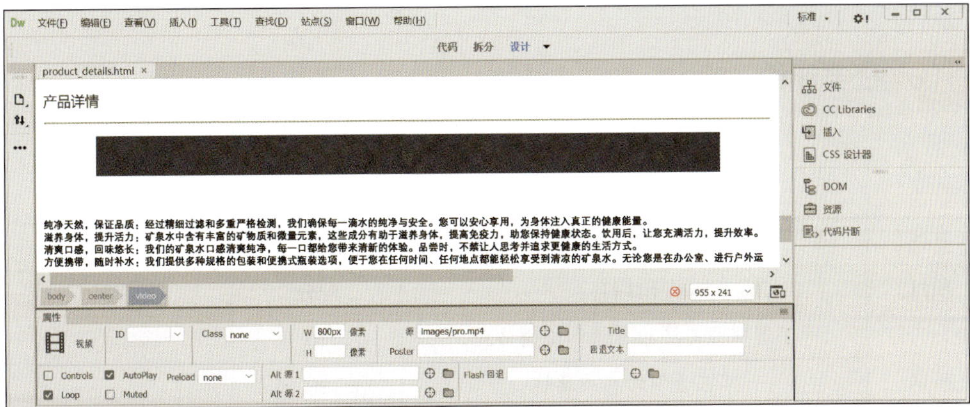

图 4-28　插入视频文件

图 4-29　视频播放效果

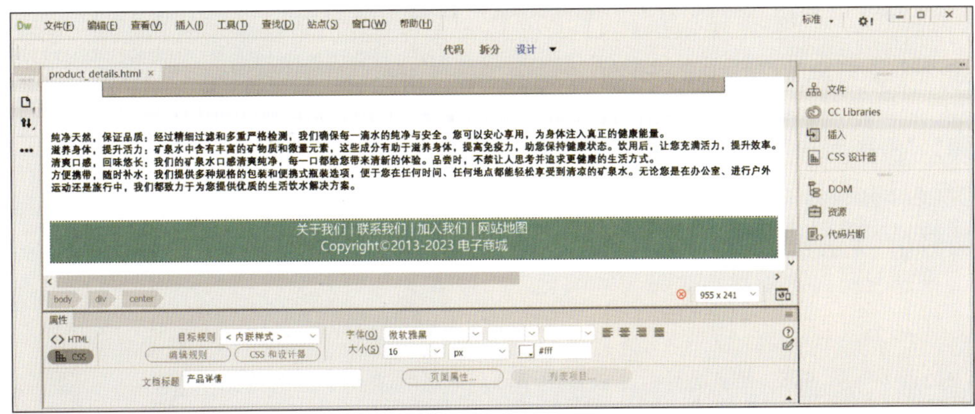

图 4-30　制作版权信息

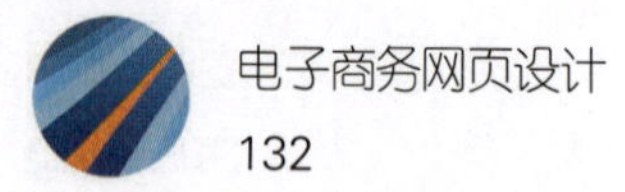

任务评价表

学习任务	多媒体在网页中的应用		
项目	**评价内容**	**配分**	**得分**
知识	了解网页支持的音频和视频格式	10	
	掌握音频的相关属性	20	
	掌握视频的相关属性	20	
技能	能够在网页中添加音频文件	25	
	能够在网页中添加视频文件	25	
任务评价		合计得分	

思考与练习

1. 在 HTML5 中，哪个标签被用于向网页添加音频内容?
2. 请描述在 HTML5 中插入视频所使用的标签，并详细解释其语法格式。
3. 在设计网页时，常用的音频和视频格式有哪些? 请列举并简要说明每种格式的特点。

项目五
表单和超链接的应用

项目概述

表单在网页设计中承载着数据采集的重要功能，它不仅助力企业高效地收集用户信息、促进前后台之间的沟通，还优化管理工作流程。通过表单，企业能够更有效地进行信息的整合与管理，同时，它也可以作为收集客户反馈的有力工具。而超链接则像是一座桥梁，连接着不同的网页，引导用户探索企业更多的产品和服务信息。超链接的存在使得用户能够迅速定位到所需的企业信息，从而极大地提升用户的浏览体验。此外，超链接还使得内容管理变得更加便捷、高效。

通过本项目的学习，我们将深入了解表单和超链接在网页设计中的作用，明晰表单与表单元素之间的联系，学会正确创建和设置表单、表单对象以及超链接的属性。

学习任务 1　表单的创建与设置

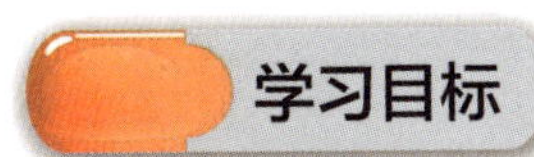

学习目标

● 知识目标

1. 理解表单和表单对象的含义。
2. 掌握创建表单及表单对象的方法。

3. 掌握设置表单及表单对象属性的方法。

技能目标

1. 能够正确创建表单并设置其属性。
2. 能够正确创建表单对象并设置其属性。

任务描述

某人力资源中心将于 2023 年 9 月 15 日至 18 日在北京举办人才专场招聘会。为确保招聘会的顺利进行和合理安排，要求应聘人员在 9 月 10 日至 9 月 13 日在网站上进行预报名。为此，需要设计一个安全、高效的表单，命名为 "information"，用于收集预报名的相关信息，并将这些数据提交至服务器（www.bjyy.com）。请在表单中添加必要的表单对象，以收集应聘人员的基本信息。完成后的页面效果如图 5–1 所示。

图 5–1　任务效果图

相关知识

在当今的互联网时代，表单已经被广泛地应用于各种网页模块中，如登录注册、调查问卷、用户反馈等页面。在设计表单之前，建议多浏览相关网页以汲取灵感，并结合网络营销知识，从用户的角度出发审视表单的功能。这样做不仅有助于提升用户体验，还能使企业获取更多有价值的信息。

一、表单的基本概念

表单在 Web 页面中扮演着信息收集和交互的重要角色。它提供了一个平台，让访问者能够填写并提交相关信息。这些信息随后被采集并传送到服务器进行处理，实现了网页的交互功能。通常，表单被嵌入 HTML 文档中，用户填写完毕后通过提交表单，将表单内容从客户端浏览器发送到服务器。服务器端的 ASP、CGI 等处理程序会对这些信息进行相应处理，并将用户所需结果返回至客户端浏览器，从而完成网页与用户之间的交互过程。

1. 表单的作用

表单在网页设计中发挥着重要作用，主要包括以下几个方面。

（1）收集用户信息：用户通过填写表单，能够向网站提供自己的个人信息，这些信息可被用于用户调查、账号注册、产品订购等多种服务。

（2）数据采集：表单作为一种有效的数据采集工具，能够从客户端收集到必要的数据信息，并将这些数据高效地传输给服务器进行后续处理。

（3）实现与服务器的交互：表单使得用户能够在客户端设备上进行数据输入，并通过 HTTP 请求将这些数据发送至服务器，实现客户端与服务器之间的顺畅数据交换。

（4）提升用户体验：通过合理使用表单，可以减少用户在网页上手动输入信息的复杂步骤，进而优化并提升用户的整体操作体验。

2. 表单的构成

表单通常由以下三个部分构成。

（1）表单标签

此部分包含了处理表单数据的 CGI 程序的 URL，以及将数据提交到服务器的具体方法。

（2）表单域

这部分涵盖了各种输入字段，如文本框、密码框、隐藏域、多行文本框、复选框、单选框、下拉选择框以及文件上传框等。它们的主要功能是接收并处理用户的输入信息。

（3）表单按钮

包括提交按钮、复位按钮以及其他功能按钮。这些按钮的主要作用是将用户输入的数据传送到服务器上的 CGI 脚本，或是完成数据提交。

综上所述，表单不仅为用户提供了一种便捷、高效的交互方式，更是 Web 应用中不可或缺的数据采集与管理工具。

二、表单的工作原理

表单是 Web 应用中至关重要的组成部分，其主要负责收集、传输和处理用户提供的数据，从而增强 Web 应用的功能性。表单的工作原理是：用户在表单界面输入信息后提交。这些信息会通过 HTTP 的 POST 或 GET 方法，在服务器与客户端之间进行传输。服务器在接收到表单提交的数据后，会进行相应处理。

首先，服务器会验证所提交的信息是否满足特定要求，例如检查用户名是否已存在，密码是否符合安全标准等。一旦这些信息通过验证，服务器就会将数据存储在数据库中，并向用户反馈操作成功或失败的信息。如果信息未通过验证，服务器会发送一个错误提示给用户，告知其信息验证失败，并提示用户重新输入正确的信息。

三、表单属性

1. 属性面板的表单属性

将光标定位在表单域内，可以在属性面板上方便地设置表单的各项属性，如图 5-2 所示。

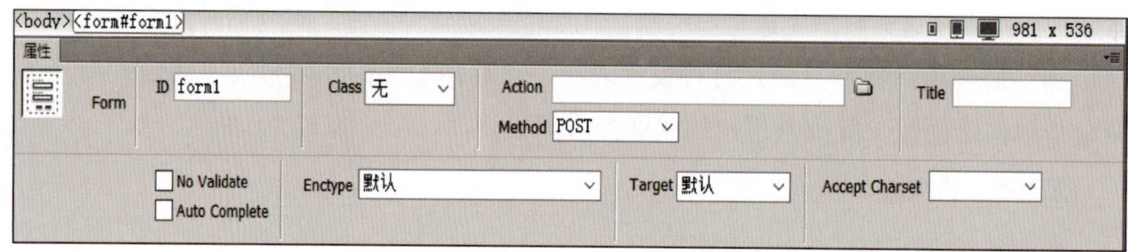

图 5-2　属性面板

参数介绍：

★ ID：在创建表单时，应为每个表单分配一个唯一的 ID 名称。这个名称应能清晰地反映表单的用途和意义，以便于后续操作中的识别和使用。可以根据表单的具体用途或内容来命名，如“注册表单”“调查问卷表单”或“联系我们表单”等。

★ class：此属性用于链接 CSS 样式表，从而对表单进行外观上的优化。

★ action：此属性指定了当点击提交按钮后，表单中的数据将提交到的服务器地址，即跳转路径。

★ method：此属性定义了表单数据如何发送到 action 属性所指定的页面。在点击下拉菜单后，会看到三个可选值，它们的具体含义如下。

POST：此方法将表单数据包含在 HTTP 请求中发送给服务器。

GET：此方法将表单数据附加到请求页面的 URL 后发送给服务器。

默认：如果不进行选择，将使用浏览器的默认设置发送表单数据，通常情况下默

认方法为 GET。

★ title：通过设置此属性，可以为表单添加描述信息，从而提高网页的可读性。

★ no validate：选择此选项将禁用表单的自动验证功能。

★ auto complete：此属性用于设置表单是否应自动完成。当启用自动完成时，浏览器会根据用户之前的输入自动填写表单字段。

★ enctype：此属性规定提交给服务器的数据所使用的编码类型。默认设置为“application/x-www-form-urlencoded”，通常与 POST 方法一起使用。如果需要创建文件上传区域，则应指定“multipart/form-data” MIME 类型。

★ target：此属性定义了表单提交后返回的数据应如何显示。在下拉菜单中，可以选择在当前窗口（_self）、父窗口（_parent）、顶层窗口（_top）或新窗口（_blank）显示数据。

★ accept-charset：此属性指定服务器处理表单数据时接受的字符集。

小贴士

浏览器向服务器传送表单数据主要采用两种方法：POST 方法和 GET 方法。

1. POST 方法

请求参数不会在地址栏中显示，保障了数据的隐私性。

对请求参数的大小没有严格限制，适合传输大量数据。

传输过程中数据较为安全。

在使用 POST 方法时，浏览器会先与 action 属性中指定的表单处理服务器建立连接。连接建立后，浏览器会采用分段传输的方式将数据发送给服务器。服务器端对应的应用程序会从一个特定位置开始读取并解码这些参数。具体的参数接收方式由服务器端的特定应用程序来明确指定。

2. GET 方法

请求参数会直接显示在地址栏中，这可能导致数据的泄露，因此安全性相对较低。

请求参数的大小是有限制的，不适合传输大量数据。

在使用 GET 方法时，浏览器会先与表单处理服务器建立连接，然后将数据直接附加在表单的 action URL 之后，使用问号（?）进行分隔。所有数据会在一个传输步骤中发送给服务器。

2. HTML 标签的表单属性

当一个表单使用 <form> 标签创建完成后，其所有属性都可以通过 <form> 开始标签进行设置。常用的属性包括 action、method 和 target 等。其基本语法格式如下：

```
<form id="form1" method="post" target="_blank">
……
</form>
```

表单是用于向服务器传输数据的工具，它负责将表单中的数据提交给服务器端的某个程序进行处理。因此，可以将表单视为一个容器，而表单对象则是存放在这个容器中的数据部分。

四、表单对象

表单对象是 HTML 中用于收集用户输入数据的元素，是实现网页动态交互的核心组件。通过与用户直接交互，表单对象能够动态地改变 Web 文档的行为。

表单对象有如下主要功能。

第一，允许直接访问和操作 HTML 文档中的表单元素。

第二，封装了诸如 name、target、action、method、enctype 等关键属性，这些属性定义了表单的提交行为和目标。

第三，提供了多种表单子对象，例如文本框、多行文本框、普通按钮、提交按钮、重置按钮、单选按钮、复选框、下拉选择框等，每种对象都承载了特定的功能和用途。

第四，提供了诸如提交、重置等方法，用于处理表单信息的提交和重置操作。

总体而言，表单对象在动态网页中扮演着举足轻重的角色，它能够实现客户端与服务器之间的顺畅数据交互。表单对象是网页设计中最常用的元素之一，包括文本框、单选按钮、日期选择器、下拉选择框以及各类按钮等，都是日常网页设计中不可或缺的表单对象。

常用表单对象及其说明详见表 5-1。

表 5-1　常用表单对象及其说明

表单对象	解释说明
文本	单行文本输入框，用于在表单中插入文本，访问者浏览网页时可以在文本区域中输入相应的信息
@ 电子邮件	可以自动校验输入的是否为有效的电子邮箱
密码	密码输入框，表单中特殊的文本字段形式，其中的字段均以“*”或“·”显示

续表

表单对象	解释说明
Url	用于输入URL或链接的路径
Tel	用于在表单中进行电话号码的输入并自检位数格式
搜索	用于访问者查找搜索内容
数字	单行数字文本框，可以设置输入框的最小值和最大值
范围	通过滑块呈现数据范围
颜色	颜色选择器，选取颜色板中的颜色
月	选择月份信息
周	选择周次信息
日期	日期选择器，可以显示年月日
时间	时间选择器，可以显示小时、分钟
文本区域	多行文本输入框，用于在表单中插入文本
按钮	普通按钮，单击执行任务
提交按钮	用于将输入的信息提交到服务器
重置按钮	用于重置表单
文件	文件上传框，在文档中插入空白文本域和点击“浏览”按钮，用户可以浏览其硬盘上的文件，并将这些文件作为表单数据提交
图像按钮	插入图像
隐藏	可以将输入框隐藏，用于保存一些不想显示的数据
选择	允许在一个有限的空间设置多种选项
单选按钮	一组互斥选项组件，只能从中勾选一项
复选框	可同时选中多个选项
域集	又称字段集，在文本中设置文本标签
标签	在文档中给表单加上标签，以显示开头和结尾

通过 HTML 标签，我们可以创建表单对象。这些标签包括输入标签 <input>、文本域标签 <textarea>、标签 <label>、下拉列表标签 <select> 以及域集标签 <fieldset> 等。需要注意的是，所有这些标签都必须被置于表单标签内部，也就是说，所有的表单对象都需要被放置在表单这个容器内。

1. 输入标签 <input>

输入标签 <input> 是一个自闭合标签，它具有强大的功能。通过与 type 属性配合，它可以创建大多数的表单控件。以下是一些常用属性。

type 属性：用于确定输入控件的具体类型。

autofocus 属性：此属性规定在页面加载时，该输入控件会自动获得焦点。

disabled 属性：此属性用于禁用输入控件，使其不可编辑。

placeholder 属性：提供提示信息，描述输入控件所期望的值。当输入控件为空时，会显示该提示信息。

输入标签 <input> 可以通过设置 type 属性的不同值来展示各种表单控件。表 5-2 详细列出了这些不同类型的表单对象。其基本语法格式如下：

```
<input type="text" name="textfield" id="textfield"/>
```

表 5-2　输入标签中不同 type 属性值

表单对象	type 属性值	其他相关属性
单行文本框	text	name 定义控件名称 value 指定控件初始值，该值即浏览器打开时显示在文本框中的内容 size 指定控件宽度，表示该文本输入框所能显示的最大字符数 maxlength 表示该文本输入框允许用户输入的最大字符数
密码框	password	表示该输入项的输入信息是密码，在文本输入框中显示 "*"，其属性与 text 基本相似 name 定义控件名称 value 指定控件初始值，该值即浏览器打开时显示在文本框中的内容 size 指定控件宽度，表示该文本输入框所能显示的最大字符数 maxlength 表示该文本输入框允许用户输入的最大字符数
单选按钮	radio	name 定义控件名称 value 指定控件的值 checked 设定控件的初始状态为被选中 onclick 指定控件被选中时要调用的函数 onfocus 指定控件获取焦点时要调用的函数 在同一单选组里单选框的 name 属性必须相同

续表

表单对象	type 属性值	其他相关属性
复选框	checkbox	name 定义控件名称 value 指定控件的值 checked 设定控件的初始状态为被选中
普通按钮	button	这 3 个按钮有以下共同属性： name 定义按钮名称 value 指定按钮表面显示的文字 onclick 指定单击按钮后要调用的函数 onfocus 指定获取焦点时要调用的函数
提交按钮	submit	
重置按钮	reset	
图像提交按钮	image	使用图像来代替 submit 提交按钮，用户点击后，表单中的信息和点击位置的 X、Y 坐标会一起传送给服务器 其相关属性有： name 定义图像按钮名称 src 指定图像的 URL
隐藏控件	hidden	一般用于隐藏传递数据，对用户来说是不可见的，其相关属性有： name 定义控件名称 value 指定控件的默认值 示例：<input type="hidden"name="secret" value="red"> 隐藏控件的名称设置为 secret，其默认值为 red，当表单发送给服务器后，服务器就可以根据 hidden 的名称 secret，读取 value 的值 red

2. 文本域标签 <textarea>

文本域标签 <textarea> 用于定义一个多行文本输入区域，它能够容纳任意数量的文本内容。通过 cols 和 rows 属性，可以设置文本域的尺寸，其中 cols 属性指定文本域的列数，即宽度，而 rows 属性则确定文本域的行数，即高度。

3. 下拉列表标签 <select>

通过使用 <select> 标签与 <option> 标签的组合，可以创建出下拉选择框的效果。表 5-3 详细列出了与这些标签相关的属性。其基本语法格式如下：

```
<select>
    <option value="a"> 党员 </option>
    <option value="b"> 团员 </option>
    <option value="c"> 群众 </option>
</select>
```

表 5-3　下拉列表标签相关属性

属性		功能
select	name	标记列表的名称
	size	用来设置能同时显示的列表选项个数（默认），取值大于或等于 1，为可选属性
	checked	用来设置复选项的初始选择状态
	multiple	用来设置列表中的项目可多选，为可选属性
option	value	用来设置选项值，该值将被提交到服务器端处理，为必设属性
	selected	用来设置默认选项，如果使用了 muliple，则可对多个列表选项进行此属性的设置，为可选属性

4. 域集标签 <fieldset>

域集标签 <fieldset> 在逻辑上将表单中的元素（如输入框、选择框等）组合成一个集合。这个标签相当于一个容器，可以将相关的表单控件归为一组，并在这些控件周围绘制一个边框，以提供视觉上的分组效果。<legend> 标签常与 <fieldset> 标签配合使用，用于为这个分组提供描述性的标题。其语法格式如下：

```
<fieldset>
    <legend> 登录区域 </legend>
    名字 : <input type="text" /><br/>
    密码 : <input type=" password" /><br/>
    <input type="submit" value=" 登录 ">
</fieldset>
```

5. 标签 <label>

标签 <label> 用于为输入控件提供描述性信息，它本身并不会向用户呈现任何特殊的视觉效果，而是作为辅助说明来增强表单的可读性和可用性。

五、表单对象属性

通过合理设置表单对象属性，可以使表单更加灵活、生动。不同的表单对象，其属性面板中的选项也会有所不同。设置表单对象属性时，务必先选中相应的表单对象。

1. 文本域属性面板

文本域用于在表单中插入文本输入框，允许访问者在浏览网页时输入相关信息。文本域属性面板如图 5-3 所示。

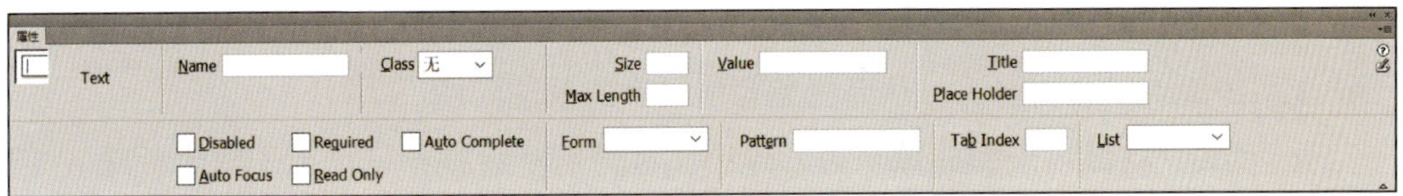

图 5-3　文本域属性面板

文本域属性面板主要包含以下几个关键属性。

★ name：此属性用于指定输入文本字段的名称。

★ class：此属性显示当前文本域的类型，同时，也可以通过单项选择来切换 3 种不同的文本域类型。

★ size：此属性用于设置文本域中允许输入的字符数，并定义了文本字段的可视宽度。

★ maxlength：此属性限制了单行文本域中可以输入的最大字符数。

★ value：这是输入文本域在默认状态下显示的内容。

★ title：这是一个全局属性，包含提供咨询信息的文本，与所属的元素相关联。这条信息虽然通常存在，但不是必需的，它作为提示信息呈现给用户。

★ placeholder：这是一个简短的提示，用于描述文本区域期望用户输入的内容。例如，对于期望用户输入文本的区域，占位符可能显示为“请输入文本”。

2. 密码域属性面板

密码域属性面板如图 5-4 所示。

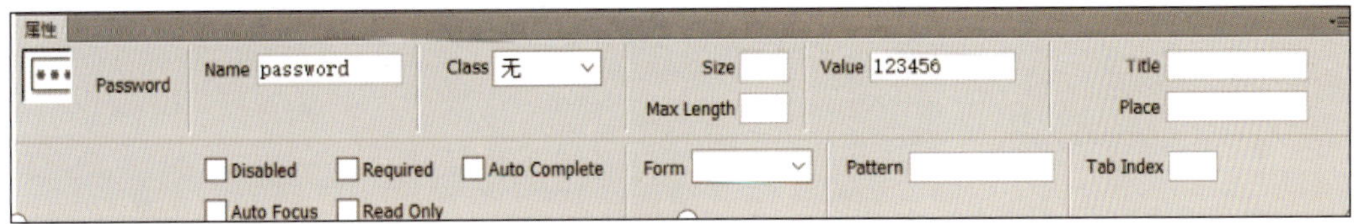

图 5-4　密码域属性面板

密码域属性面板主要包含以下几个关键属性。

★ type：这是密码域最关键的一个属性，它决定了输入域的类型。对于密码域，这个属性的值应该被设置为“password”。这样，当用户在输入域中输入内容时，内容会被隐藏起来，以“•”符号显示，从而保护用户的密码安全。

★ name：这个属性用于指定密码域的名称。这在表单提交时非常重要，因为服务器将使用这个名称来识别特定的表单元素。

★ size：此属性定义了密码域的宽度，即可以显示的字符数。这有助于调整密码域在页面上的布局和大小。

★ maxlength：这个属性限制了用户可以在密码域中输入的最大字符数。这有助于防止用户输入过长的密码，从而避免可能导致的系统问题。

★ value：虽然对于密码域来说，这个属性通常不会被预设（出于安全考虑），但在某些情况下，它可以用于设置默认的密码值。但并不推荐这种做法，因为它可能会暴露密码信息。

★ placeholder：这是一个可选属性，用于在密码域中显示灰色的提示文本，例如“请输入密码”。当用户开始在密码域中输入内容时，这个提示文本会自动消失。

3. 单选按钮属性面板

单选按钮属性面板如图 5–5 所示。

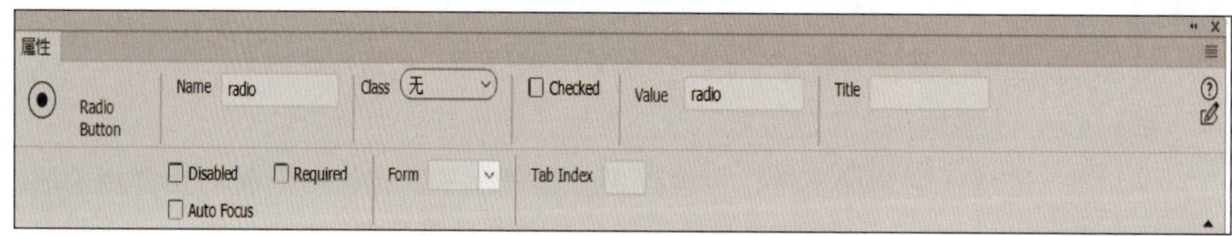

图 5–5 单选按钮属性面板

单选按钮属性面板主要包含以下几个关键属性。

★ autofocus：此属性用于设置或判断在页面加载完成后，单选按钮是否会自动获取输入焦点。

★ checked：此属性用于设置或查询单选按钮是否被选中。

★ disabled：此属性可以确定或修改单选按钮是否被禁用，若设置为禁用，则用户无法与之交互。

★ form：此属性返回对包含该单选按钮的表单元素的引用。

★ name：此属性用于设置或检索单选按钮的 name 属性值，这个值在表单提交时用于识别该元素。

★ required：此属性用于指定在提交表单前，用户是否必须选择该单选按钮。

★ value：此属性用于设置或获取单选按钮的 value 属性值，它表示当单选按钮被选中时提交的数据值。

4. 复选项属性面板

复选项属性面板如图 5–6 所示。

复选项属性面板主要包含以下几个关键属性。

★ autofocus：此属性用于设置或判断在页面加载完成后，复选框是否会自动获取输入焦点。

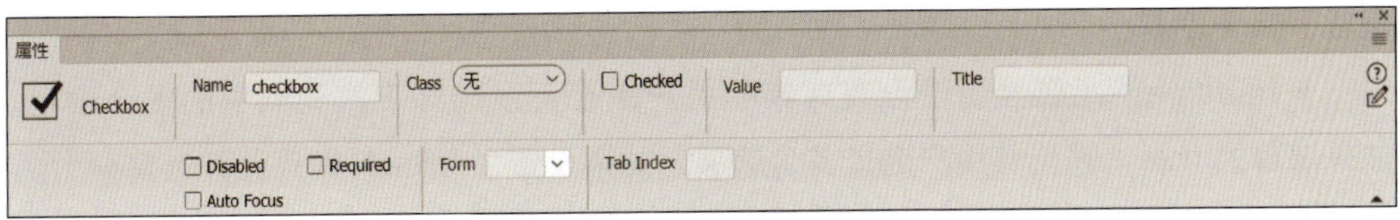

图 5-6　复选项属性面板

★ checked：此属性用于设定或查询复选框的选中状态，表示复选框是否被勾选。

★ disabled：此属性用于确定或修改复选框是否被禁用，若设置为禁用，则用户无法与复选框进行交互。

★ form：此属性返回对包含该复选框的表单元素的引用，即指向该复选框所属的表单。

★ name：此属性用于设置或检索复选框的 name 属性值，这个值在表单提交时用于识别该元素，以便后端处理数据。

★ required：此属性用于指定在提交表单前，用户是否必须选择该复选框，以确保必要的数据被提交。

★ value：此属性用于设置或获取复选框的 value 属性值，当用户选中复选框并提交表单时，这个值将被发送到服务器。

5. 下拉菜单属性面板

下拉菜单属性面板如图 5-7 所示。

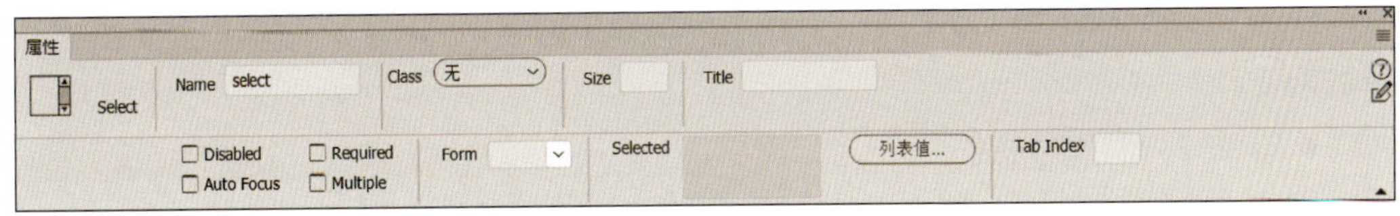

图 5-7　下拉菜单属性面板

下拉菜单属性面板主要包含以下几个关键属性。

★ size：该属性用于设置或返回下拉列表中可见的行数，即用户可以同时看到的选项数量。

★ name：此属性用于设置或检索下拉列表的名称，这个名称在表单提交时用于识别该下拉列表。

★ selected：这个属性用于设置或返回下拉列表中被选中项目的索引号，即用户所选择的那个选项在 options 数组中的位置。

★ form：此属性用于返回对包含该下拉列表的表单元素的引用，表明这个下拉列表属于哪个表单。

★ multiple：此属性用于设置或判断用户是否可以选择下拉列表中的多个项目。如果设置为 true，则允许用户选择多个选项；如果设置为 false，则只允许选择一个。

★ disabled：此属性用于设置或确定下拉列表是否被禁用。如果设置为 true，则用户无法与下拉列表进行交互；如果设置为 false，则下拉列表可用。

小贴士

并非所有类型的表单域都同样受欢迎，因为大多数人更倾向于做选择题而非论述题。因此，在设计表单时，我们应尽量将问题转化为用户更易接受的题型，以提高用户体验和表单的填写完成率。

任务实施

本任务要求学生根据客户需求和已定的网页结构，合理选择发送表单数据的方式，并明确表单数据提交至服务器的具体地址。学生需从实际需求出发，添加适宜的表单对象，并深入比较分析各种表单对象的作用及其适用场景。最终完成表单。

● 步骤 1：打开站点

使用 Dreamweaver CC 软件，导入上一任务中创建的站点，并打开已经新建了表单的网页。

● 步骤 2：制作导航条

在网页中插入 <nav> 标签。在 <nav> 标签内部，我们需要添加两部分内容：一张图片和一些文字链接。为了方便调整图片的大小，我们将图片放置在一个名为“logo”的盒子内部，这样只需调整盒子的尺寸即可控制图片的大小。接下来，输入文字链接，包括“首页”“关于我们”“解决方案”“产品”“服务”以及“联系我们”，并将每个文字链接分别放置在 <li> 标签内，以便于后续的操作和样式设置，如图 5-8 所示。

导航条的框架搭建完毕后，我们需要进行具体的样式设置。首先，设置导航条的宽度为 1 920px，高度为 100px，并确保导航条内部的文本采用左对齐方式。接着，调整 logo 图片的尺寸为宽度 174px，高度 45px，并将其位置设置为左对齐。同时，

```
<nav>
    <div class="logo">
        <img src="images/logo.jpg"/>
    </div>
    <ul>
        <li>首页</li>
        <li>关于我们</li>
        <li>解决方案</li>
        <li>产品</li>
        <li>服务</li>
        <li>联系我们</li>
    </ul>
</nav>
```

图 5-8　制作导航条代码

给 logo 图片的顶部和左侧分别设置 22px 和 50px 的外边距。对于导航条中的文字部分，我们需要确保所有文字均左对齐，并且将文字所在盒子的高度设定为 89px。为了保持文字的间距，每个文字项目应设置 30px 的左外边距。最后，移除项目符号，以实现更简洁的导航条外观，如图 5-9 所示。

```
nav{
    width:1920px;
    height:100px;
    text-align:left;
}
.logo{
    width:174px;
    height:45px;
    float:left;
    margin-left:50px;
    margin-top:22px;
}
ul li{
    float: left;
    height: 89px;
    line-height: 89px;
    margin-left: 30px;
    list-style:none;
}
```

图 5-9　修饰导航条代码

● 步骤 3：布局网页图片

首先，插入一个类名为 contact 的 <div> 标签，该标签将作为图片的容器。我们将一张房子图片设置为这个 <div> 的背景图片。接下来，在类名为 contact 的 <div> 标签内部，我们再插入一个类名为 violet-overlay 的 <div> 标签，这个标签将用于实现背景图片的模糊效果。最后，在类名为 violet-overlay 的 <div> 标签中，我们插入一张写有“快加入我们吧”的图片，如图 5-10 所示。

```
<div class="contact">
  <div class="violet-overlay">
       <img src="images/join.png" width="820" height="159" />
       <form action="www.bjyy.com" method="post" target="_blank">
             <input type="text" placeholder="姓名"><br>
             <input type="text" placeholder="电话"><br>
             <input type="email" placeholder="应聘岗位"><br>
             <input type="submit" value="发送">
        </form>
    </div>
</div>
```

图 5-10　布局网页图片代码

图片插入工作完成后，我们需要进一步设置每张图片的具体属性。首先，为 contact 盒子指定背景图片，选择 images 文件夹中的 contact.png 文件，并调整背景图片的尺寸以完全覆盖整个盒子（使用 background-size: cover；确保无论盒子大小，图片都能完美填充）。接着，我们配置 violet-overlay 盒子的属性，将其背景颜色设定为 rgba（189，140，191，.51），这样可以为 contact 盒子添加一个半透明的紫色遮罩，同时确保遮罩的宽和高均占据盒子的 100%，如图 5-11 所示。最后，我们调整“快加入我们吧”这张图片的尺寸，设定其宽度为 820px，高度为 159px，并通过设置左部外边距为 25% 来实现图片的居中显示。

● 步骤 4：创建表单

将光标移动到打算插入表单的准确位置。有三种方式可以实现表单的插入：利用菜单命令，利用插入面板，直接编写代码。

方法一：在菜单栏上，依次选择“插入”“表单”“表单”选项。操作完成后，在设计视图中将出现一个红色虚线框，如图 5-12 所示。这个红色虚线围成的区域即表单域，它是表单对象的容器。请注意，所有表单元素，如文本框、按钮等，都必须放置在这个红色虚线区域内才能正常工作。

```
.contact {
    background-image:url(images/contact.png);
    background-size: cover;
}
.violet-overlay {
    background-color: rgba(189, 140, 191, .51);
    width: 100%;
    height: 100%;
}
.contact img {
    margin-left:25%;
}
```

图 5-11 修饰网页图片代码

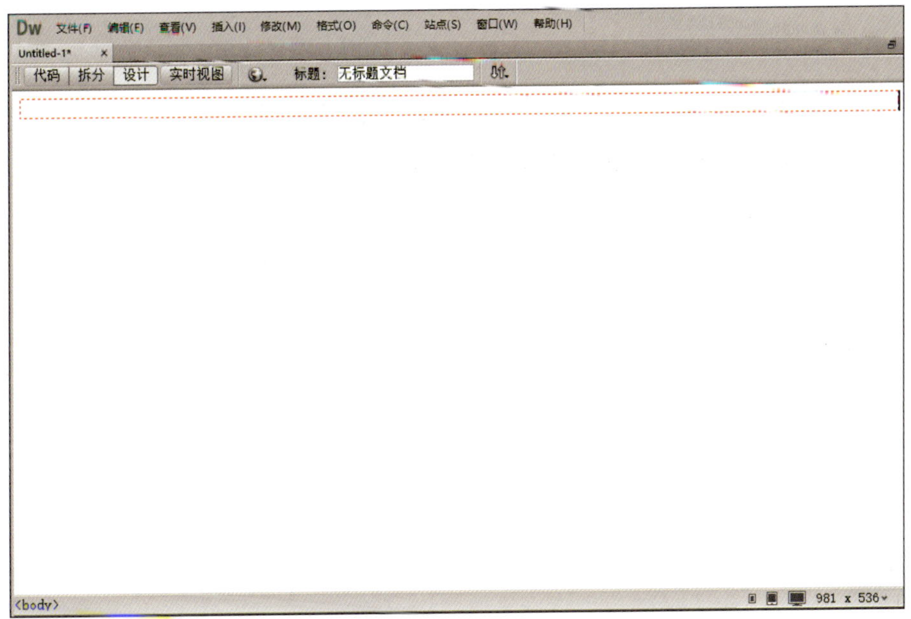

图 5-12 表单域

方法二：依次选择菜单栏中的“窗口”“插入”选项，调出插入面板。在插入面板中，点击“表单”选项卡，然后选择所需的表单命令即可，如图 5-13 所示。

方法三：在 Dreamweaver CC 软件中，将视图切换至代码视图。然后，直接输入 <form> 标签来创建表单（见图 5-14）。

在此，我们选择采用方法一，即通过菜单命令来创建表单。首先，将光标定位在“快加入我们吧”的图片下方，接着依次选择菜单栏中的“插入”“表单”“表单”选项，这样就完成了表单的插入。

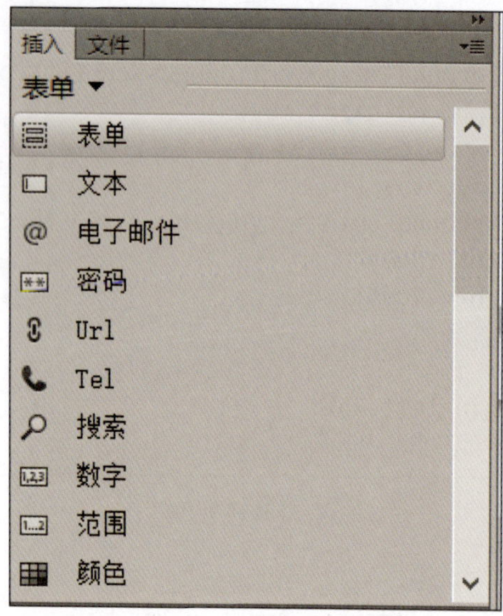

图 5-13　表单选项卡

```
<!doctype html>
<html>
<head>
<meta charset="utf-8">
<title>无标题文档</title>
</head>
<body>
<form id="information" name="form1" method="post">
</form>
</body>
</html>
```

图 5-14　创建表单代码

● 步骤 5：设置表单属性

完成表单的插入后，我们需要在属性面板中对表单进行进一步设置。首先，修改表单的 ID 值为“information”。接着，设置表单的服务器跳转地址为“www.bjyy.com”。然后，选择发送表单数据的方法为“POST”。最后，在“target”选项中选择

“_blank”，以确保表单提交后在新的空白窗口中显示结果，如图 5-15 所示。这样配置后，用户提交表单时，数据将会通过 POST 方法发送到指定的服务器地址，并在新的窗口中展示反馈。

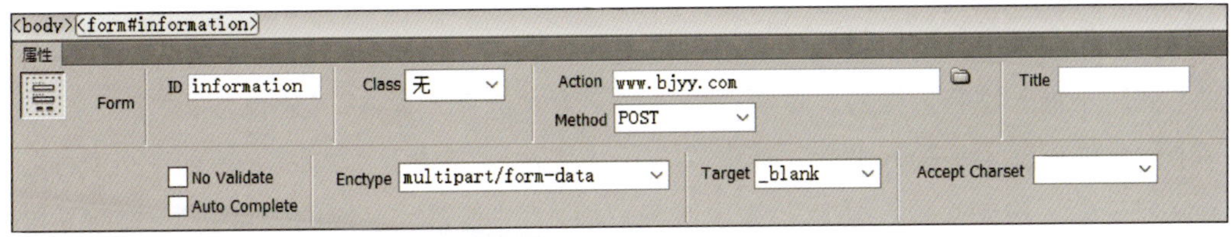

图 5-15　设置表单属性

● 步骤 6：创建表单对象

有以下三种方法可以创建表单对象。

方法一：首先，将光标定位到表单内部。接着，选择菜单栏中的“插入—表单”选项。在弹出的列表中，选择所需的表单对象，如图 5-16 所示。

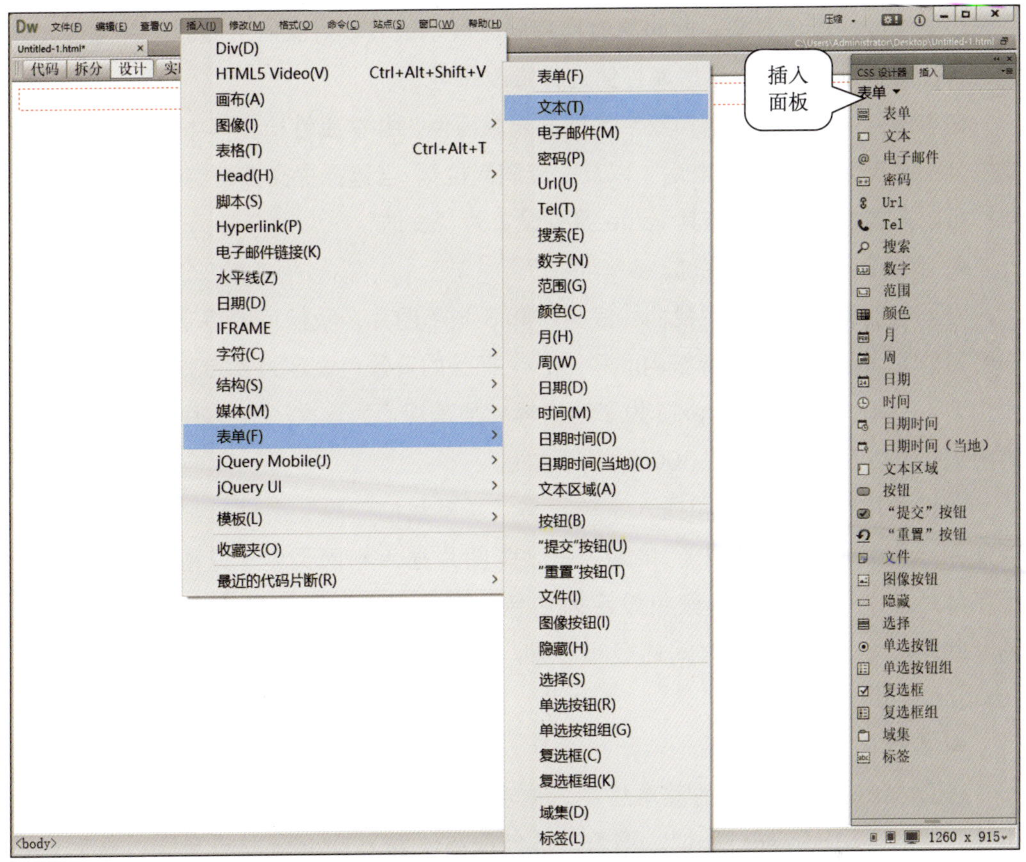

图 5-16　创建表单对象

方法二：依次选择菜单栏中的“窗口”“插入”选项，调出插入面板，然后选择“表单”选项卡。接下来，将光标定位到表单内部，直接点击需要的表单对象即可。

方法三：通过直接编写 HTML 标签来创建表单对象。

在本任务中，我们选择采用方法一，即通过菜单命令来创建表单对象。首先，将光标定位在表单中，然后依次选择菜单栏中的“插入”“表单”“文本”，添加一个文本输入框用于输入姓名。接着，重复类似操作，依次选择“插入”“表单”“数字”，添加一个数字输入框用于输入电话，再依次选择“插入”“表单”“文本”，添加一个文本输入框用于输入应聘岗位。最后，依次选择“插入”“表单”“‘提交’按钮”，添加一个提交按钮，用于发送表单数据。这样，我们就自动生成了姓名、电话、应聘岗位和发送按钮这四个表单对象。

● 步骤 7：设置表单对象属性

方法一：切换至代码窗口，定位并找到希望修改的表单对象，然后可以对相关的表单对象的各类属性进行修改，如调整 type 属性、name 属性、id 属性等。

方法二：切换到视图窗口，通过选择“窗口”菜单来打开属性检查器。接下来，点击想要修改的表单对象，此时属性检查器会展示该表单对象所对应的各种属性，只需在属性检查器中直接对这些属性值进行修改即可。

在本任务中，选择文本和数字类型的表单控件，并在属性检查器中为 placeholder 属性分别设置为“姓名”“电话”以及“应聘岗位”。当选择提交按钮这一表单对象时，同样可以在属性检查器中将其 value 属性设置为“发送”。

● 步骤 8：制作网页底部

网页底部包含了“联系我们”等文字和 3 张小图片，我们可以将它们统一放置在一个名为 footer 的 <div> 标签内。将 <div> 标签的背景色设定为 #59355b，宽度设定为 100%、高度设定为 200px。为了让内容更加美观，为该盒子设置顶部和底部 15px 的内边距，以及左侧和右侧 300px 的内边距。

通过使用格式工具栏和插入菜单，将“联系我们”的文字进行加粗处理（也可以使用 <strong> 标签实现）。接着，将 3 张图片插入到网页中（见图 5-17），并设定字体大小为 30px，文本颜色设定为白色，以确保在深色背景下文字仍然清晰可见。此外，为了确保元素之间的空间均衡，为所有的文字和图片设置 50px 的右边距（margin-right: 50px;）。

● 步骤 9：保存网页

在 Dreamweaver CC 的菜单栏中，依次点击“文件”“保存”，在弹出的对话框中输入文件名“contact.html”。接着，选择保存位置为 D:\test 站点目录，最后点击“保存”按钮，即可完成文件的保存。

```
<div class="footer">
        <span class="cont"><strong>联系我们</strong></span>
        <img src="images/code.png" alt=""/>
        <img src="images/icon9.png" alt=""/>
        <img src="images/icon10.png" alt=""/>
        <em>+86-755-2652 6837</em>
</div>
```

图 5-17　制作网页底部代码

任务评价

任务评价表

学习任务	表单的创建与设置		
项目	**评价内容**	**配分**	**得分**
知识	理解表单和表单对象的含义	15	
	掌握创建表单及表单对象的方法	15	
	掌握设置表单及表单对象属性的方法	20	
技能	能够正确创建表单并设置其属性	25	
	能够正确创建表单对象并设置其属性	25	
任务评价		合计得分	

思考与练习

1. 表单在网页设计中的主要作用是什么?
2. 简述常见的表单对象及其各自的功能是什么?
3. 阐述 GET 和 POST 这两种 HTTP 请求方法的主要区别。

学习任务 2　超链接的创建与应用

学习目标

- **知识目标**

1. 了解超链接的概念和作用。
2. 正确区分不同类型的超链接。
3. 掌握创建超链接的方法。

- **技能目标**

1. 能够使用不同方法创建文本、图像等超链接。
2. 能够使用代码创建锚点超链接。

任务描述

在当今互联网迅猛发展的时代，“互联网 + 旅游”的概念迅速兴起并受到广泛关注。为了使用户能够更便捷地访问网站信息并全面了解旅游目的地的详细介绍，某旅游公司决定对首页进行全新设计。新首页将增加图片超链接功能，实现图片的流畅切换，以此吸引更多用户。同时，新增的文本超链接“联系我们”将方便用户直接跳转至相应页面。首页的设计定版如图 5-18 所示。

相关知识

表单是收集客户信息的关键工具，它能帮助我们获取用户的反馈和数据。而超链接的功能则是为用户提供更为丰富、优质的信息内容。超链接在网页间构建了沟通的桥梁，将不同的网页相互连接起来，从而构成了一个完整的网站。超链接有多种类型，包括文本超链接、图片超链接、电子邮件超链接、图片热区超链接、锚点超链接，以及指向网站内部其他页面的本地链接等。

图 5-18 任务效果图

一、认识超链接

1. 超链接的概念

超链接是指从一个网页指向一个目标的连接关系，它能够连接不同的网页、文件、图片等，构建成一个相互关联的整体。而且，超链接的数量并无限制，这使得网站访问者能够便捷、迅速地跳转到相关联的页面或资源。

通常，一个完整的超链接包含两个主要部分：超链接对象和超链接目标。超链接对象，作为超链接在网页上的可视载体，可以表现为一段文本、一张图像或是图像的一个区域。当用户点击这个对象时，便会立即跳转到超链接目标。这个目标会根据其类型被打开或执行，并展示在浏览器上。超链接目标，即鼠标点击超链接对象后跳转到的位置，通常使用 URL 进行标识。这个目标可以是一个网页、一张图片、其他类型的文件，也可以是一封电子邮件或一个空链接。

2. 超链接的分类

超链接是一种特殊编码的对象，它可以是文本或图形，用于实现页面间的跳转。当用户点击这个链接时，浏览器会根据指示跳转到同一网页的特定位置、打开新网页，或者访问某个网站中的指定页面。超链接有多种分类方式，主要包括以下几种。

（1）根据使用对象不同，网页中超链接可以分为文本超链接、图片超链接、电子邮件超链接、锚点超链接、多媒体文件超链接，以及空链接等。

（2）根据链接路径的角度不同，网页中的超链接通常被划分为内部超链接、锚点超链接和外部超链接三种。

（3）根据点击链接后是否产生除默认跳转外的其他特殊效果，超链接还进一步分为动态超链接和静态超链接。

3. 超链接的作用

超链接在网页设计中的作用不仅局限于方便用户浏览。从搜索引擎优化的角度来看，超链接还承载着传递权重、吸引搜索引擎蜘蛛访问、促进页面抓取与收录的重要功能。具体来说，超链接的作用体现在以下几个方面。

（1）提升网站的权威性和信任度。通过与权威网站的相互链接，能够提升本网站的权威性和可信度，进而在搜索引擎中获得更高的排名。

（2）增加网站流量。超链接能够有效地引导用户访问其他相关网站或页面，从而增加网站的访问量。同样，其他网站也可以通过超链接将用户引流至本网站，实现流量的双向增长。

（3）丰富网站内容。通过超链接，网站可以与其他优质资源相连接，从而为用户提供更加丰富多样的信息和内容。

（4）优化用户体验。超链接能够快速引导用户至相关页面或资源，使用户能够更便捷地获取所需信息，显著提升用户体验。

（5）加强网站互动性。通过与其他网站或社交媒体相连接，超链接能够增强网站的互动性，为用户提供更便捷的分享、评论等社交功能。

二、文本超链接

1. 文本超链接的概念

文本超链接是建立一段文本与另一个网页或资源之间连接关系的链接方式。当用户点击这段文本时，浏览器会自动跳转到与之对应的网页或资源。在 HTML 中，文本超链接可以通过 <a> 标签来轻松实现，其中，<a> 标签的 href 属性起着关键作用，它指明了链接跳转的具体目标地址。

2. 文本超链接的作用

文本超链接的功能非常强大，可以连接到多种类型的资源，如网页、图片、视频、文档等。在创建这类链接时，必须确保所填写的目标地址准确无误、有效可用，从而确保用户能够顺畅访问。文本超链接在网页设计中的主要应用体现在以下几个方面。

（1）导航菜单。导航菜单是网页设计的核心元素之一，它为用户提供了一种直观且高效的方式来快速浏览和访问网站的不同部分。通过利用文本超链接，我们可以精心构建导航菜单，使得用户只需简单点击，便能轻松跳转到他们感兴趣的页面。

（2）内容链接。在构建网页内容时，文本超链接发挥着桥梁的作用，将相关联的内容紧密连接在一起。比如，在一篇文章内部，我们可以巧妙地插入指向其他相关文章的超链接，为读者提供一个无缝阅读体验，使他们能够自由地探索更多相关内容。

（3）资源下载。众多网站都提供了资源下载服务，用户只需点击文本超链接，便能轻松下载各种类型的文件，包括但不限于软件安装包、重要文档等。这种便捷的链接方式极大地满足了用户对于资源的即时需求。

（4）外部链接。文本超链接不仅限于网站内部使用，它还能将网页与外部资源相连，如合作伙伴的官方网站、行业新闻报道等。通过这种链接方式，不仅能提升网站的丰富度和多样性，还能在一定程度上增强网站的公信力和可见度。

小贴士

在网页中创建超链接时，我们通过 <a> 标签的 href 属性来指定链接目标，这个目标实际上就是一个路径。在 HTML 中，路径主要可以分为三类：绝对路径、相对路径和根路径。

1. 绝对路径：指的是文件的完整路径，包括文件传输的协议（如 HTTP、FTP 等），它是最准确的路径描述。这种路径通常用于网站的外部链接。例如：

http://www.bjyy.com。

2. 相对路径：指的是不完整的路径，它是相对于当前文件的路径，包含了从当前文件到目标文件的指向。相对路径常用于网站内部链接。例如：index.html 或 acc/about.html。

3. 根路径：以“/”开头，代表网站的根目录，后面接着文件夹名和文件名。例如：/web/download/show.html。这种路径设置也非常适合用于内部链接的建立。

需要注意的是，相对路径使用“/”作为目录的分隔符，而绝对路径则可以使用“\”或“/”作为目录的分隔符。另外，在相对路径中，“../”用来表示上一级目录，而“./”实际上表示当前目录。

三、图片超链接

图片超链接与文本超链接相似，不同之处在于超链接的对象由文本内容替换为了图片。为了设置图片超链接，我们可以先选中图片，然后在属性面板的“链接”框中进行相关设置。这样，当用户单击该图片时，系统将自动跳转到目标网页。相较于文本链接，图片链接往往更能吸引用户的目光，因此受到许多人的喜爱。

无论是文本链接还是图片链接，其链接文档的打开方式主要有 4 种：新窗口打开、当前窗口打开、顶级窗口打开以及父窗口打开。默认情况下，被链接的文档会在当前窗口中打开。若希望更改文档的打开方式，则需在属性面板的“目标”下拉列表中选择相应的值。这些选项的具体含义如下。

_blank：此属性用于在新窗口打开链接。选择这个选项，当用户点击链接时，会打开一个新的浏览器窗口或标签页，显示链接的内容。

_self：此属性用于在当前窗口打开。这是默认的设置，如果不特别指定其他打开方式，链接通常会在当前窗口或标签页中加载。

_top：此属性用于在顶级窗口打开链接。如果当前页面是嵌套在框架或 iframe 中的，使用这个选项会使得链接内容在整个浏览器窗口中打开，而不是仅在当前的框架或 iframe 内。

_parent：此属性用于在父窗口打开链接。当页面被嵌套在框架或 iframe 中时，选择这个选项会使得链接在包含当前框架或 iframe 的上一级窗口中打开。如果当前页面没有嵌套在其他页面中，则 _parent 和 _self 的效果相同。

小贴士

在一些论坛、博客或网站上浏览图片时，你可能会遇到一个现象：当你不小心点击某张图片时，页面会自动跳转到另一个网页。或者，你需要有网络空间和域名，这样才能实现图片与链接的关联。这种设计主要是为了宣传推广该网页，达到吸引流量的效果。同样地，我们也可以利用这种方法来推广自己的产品。其实现原理就是为图片添加超链接。其实，为图片添加超链接的方法非常简单。除了上述方法外，你只需要一个记事本文件、一个链接网址和一张图片，就能轻松实现这一效果。下面是具体的操作步骤。

1. 在桌面空白处点击右键选择“新建”并创建一个文本文档（也称为记事本文件）。

2. 设置好你想要跳转到的网页地址，并将其复制到记事本中。接着，在网页中找到你需要的图片素材，右键点击图片，复制图片地址，并粘贴到记事本中。使用以下代码格式：

```
<a href=" 目标网站的网址 ">
    <img src=" 图片的网址 " border="0" width=" 图片的宽度 " height=" 图片的高度 ">
</a>
```

3. 保存记事本文件时，请确保其后缀名为“.html”。

4. 回到桌面，找到该文件。双击文件打开，就能实现点击图片跳转到指定网页的功能了。

四、图片热区超链接

在浏览网页时，我们经常会遇到这样的情况：点击一张图片的不同区域，会跳转到不同的链接内容。这其实是利用了图片的“热点区域”功能。所谓热点区域，指的是将一张图片划分成多个可点击的区域，用户点击这些区域时，会被导向到不同的目标页面。为了吸引消费者的目光，并提升商品的点击率和销售量，线上商品展示中也会广泛采用这种图片热区超链接技术。一般来说，包含热区的图片可被称为映射图像。

绘制热区首先要求选择相应的图片，并通过属性面板进行操作。在属性面板上，可以看到三种绘制工具，如图 5-19 所示，包括矩形、圆形和多边形。可以根据需要

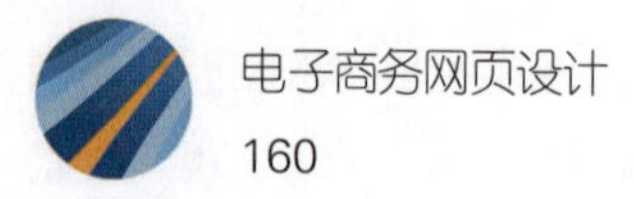

选择合适的工具，然后在图片上按住鼠标左键拖拽以创建一个热区。完成这一步后，图片上会新增一个图层。可以像调整普通图片一样，通过鼠标来调整热区的大小和位置。

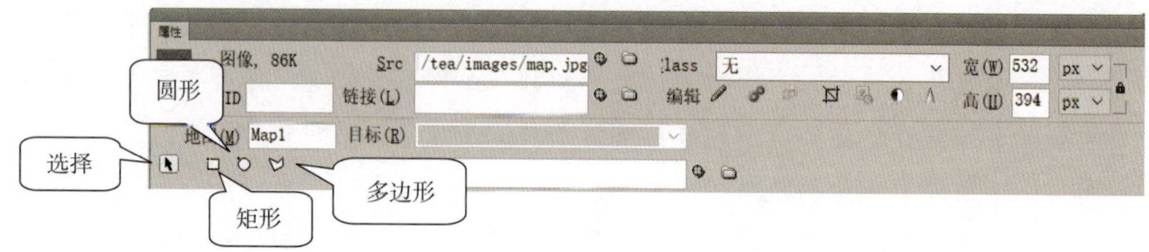

图 5-19 绘制工具

选择绘制热点区域后，属性面板会显示与热点区域相关的属性值。将光标定位至属性面板的“链接”栏，可以直接在其中输入链接地址，或者通过点击右侧的文件夹图标打开“文件选择”对话框，从而选定目标文件。

小贴士

创建热点区域通常使用 <map> 和 <area> 标签，其语法格式如下：

```
<img src=" 图片地址 " usemap="# 名称 " />
<map name=" 名称 " id=" 名称 ">
    <area shape="rect" coords="1, 10, 100, 100" href="#" />
    <area shape="circle" coords="120, 120, 50" href="#" />
    <area shape="poly" coords="78, 13, 81, 14, 53, 32, 86, 38" href="#" />
</map>
```

在上面的语法中，请注意以下几点。

1. 要想建立图片热点区域，必须先插入图片，并且图片必须使用 usemap 属性来指明该图像是热点区域映射图像。该属性的值应以 # 开头，后跟 <map> 标签的 name 或 id 属性的值。

2. <map> 标签有一个 name 属性和一个 id 属性，它们的作用是为热点区域命名。在 HTML5 中，推荐使用 id 属性，并确保其值与 <img> 标签的 usemap 属性值（不包括 #）相匹配。

3. <area> 标签主要用于定义热点区域的形状与超链接。它有以下几个关键

属性。

（1）shape 属性：控制划分区域的形状，其值有三个选项，分别为 rect（矩形）、circle（圆形）和 poly（多边形）。

（2）coords 属性：控制区域划分的坐标。

如果 shape 属性取值为 rect，则 coords 的设置应包含矩形的左上角和右下角的 x，y 坐标点，单位为像素，格式为“左上角 x，左上角 y，右下角 x，右下角 y”。

如果 shape 属性取值为 circle，则 coords 的设置应包含圆形圆心的 x，y 坐标点和半径值，单位为像素，格式为“圆心 x，圆心 y，半径”。

如果 shape 属性取值为 poly，则 coords 的设置应包含多边形的各个顶点的 x，y 坐标点，单位为像素，各点坐标之间用逗号分隔。

（3）href 属性：用于设置超链接的目标地址。当设置值为 # 时，表示这是一个空链接。

五、锚点超链接

锚点超链接（也称书签超链接）常用于内容庞大且复杂的网页。通过点击已命名的锚点，不仅可以快速导航到文档中的任意位置，还能直接跳转到页面的特定部分，从而实现“精准链接”的功能，让链接目标更聚焦于用户关心的内容。这极大方便了浏览者查看网页内容，就如同在阅读书籍时借助目录和页码快速定位到特定章节一样。

创建锚点超链接的步骤主要分为两步：第一步是命名锚点，第二步是创建指向这些锚点的链接。

1. 命名锚点

锚点能够实现页面内不同位置间的快速跳转，这实际上是在不同元素间进行跳转。常见的应用场景是，当页面内容较长时，为了方便用户在不同部分内容间轻松跳转，我们可以设置锚点目标。要实现这一点，只需为目标元素添加一个唯一的 id（推荐使用）或 name 属性。例如：

```
<div id="test"> 第一章网页设计 </div>
```

2. 链接锚点

通过使用超链接标签 <a> 并结合“#”符号，我们可以创建指向之前命名锚点的链接。重要的是，锚点链接的路径必须包含“#”符号，后面紧跟目标元素的 id 或

name（如果使用了的话）。例如：

<a href="#test"> 跳转到第一章 </a>

小贴士

超链接除了常见的网页跳转链接外，还包括电子邮件超链接和空链接等形式。电子邮件超链接的设置非常简便，只需在属性面板的“链接”框中输入“mailto:”然后接上电子邮箱地址便可完成。例如，要创建一个指向 123@163.com 的电子邮件超链接，可以这样写：

<a href="mailto:123@163.com"> 发送邮件给我 </a>

而空链接，顾名思义，就是在属性面板的“链接”框中不填写任何实际链接内容，通常用于占位或实现某些 JavaScript 功能。其代码表现形式为“href”，属性值为“#”，如下所示：

<a href="#"> 这是一个空链接 </a>

任务实施

● 步骤 1：创建空白网页

首先，通过菜单栏选择“文件—新建”选项，此时会弹出一个新建文档的窗口，如图 5-20 所示。在这个窗口中，选择“空白页”，并将页面类型设定为“HTML”。接着，点击“创建”按钮，并将此页面命名为“index.html”。完成这些操作后，再次执行相同的步骤新建一个页面，将页面类型设定为“CSS”，并将其命名为“style.css”。

● 步骤 2：制作导航条

首先，打开 index.html 文件。在工作区中，需要插入 <div> 标签作为导航条，并将其命名为“container”。接下来，在“container”中插入来自 images 文件夹的 logo.png 图片，并设置其宽度为 155px、高度为 65px。

然后，需要在“container”中输入以下导航项：“首页”“景区概况”“文苑之旅”“舒雅住宅”“新闻动态”“留言中心”以及“联系我们”。为了修饰这些文字，我们将使用 <ul> 和 <li> 标签来创建一个无序列表，如图 5-21 所示。

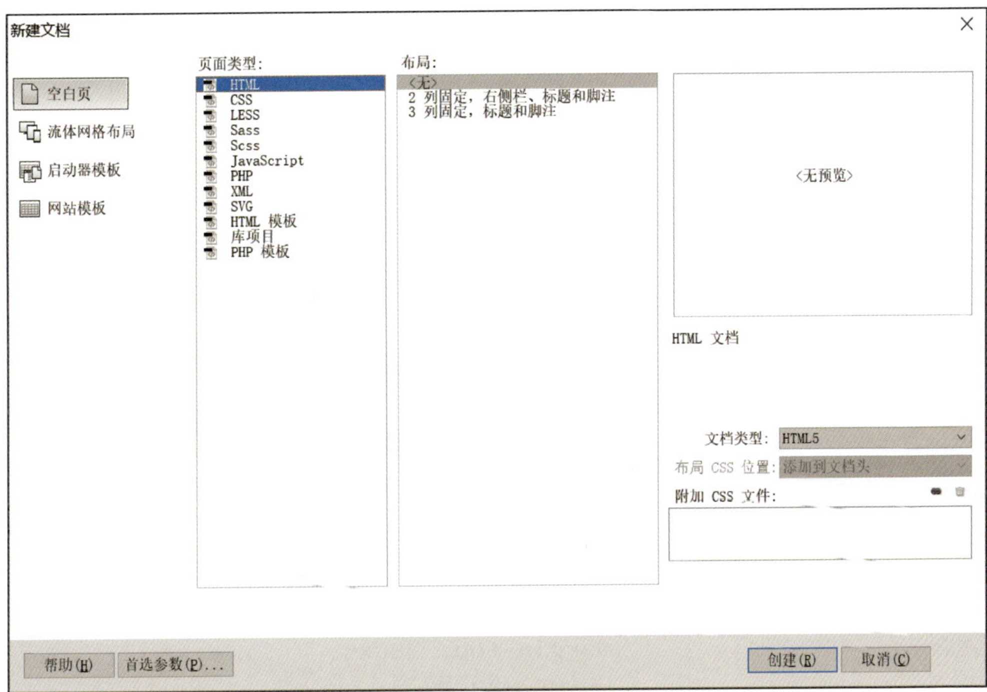

图 5-20　新建文档窗口

```
<div class="container">
    <img src="images/logo.png" width="155" height="65">
    <ul>
        <li>首页</li>
        <li>景区概况</li>
        <li>文苑之旅</li>
        <li>舒雅住宅</li>
        <li>新闻动态</li>
        <li>留言中心</li>
        <li>联系我们</li>
    </ul>
</div>
```

图 5-21　制作导航条代码

● 步骤 3：修饰导航条

打开 style.css 文件，然后在该文件中，设置导航条的高度为 70px。通过使用 float: left; 属性来确保文本和图片均左对齐。接下来，将字体大小调整为 24px，并将文本颜色设定为 #939。同时，为了调整文本的位置，将文本的上边距（margin-top）

设定为 20px。此外，将文本的左边距（margin-left）和右边距（margin-right）都分别设置为 20px。具体代码如图 5-22 所示。

```
.container {
    height: 70px;
}
.container img {
    float: left;
}
.container ul {
    float: left;
    width: 1000px;
}
.container ul li {
    float: left;
    font-size: 24px;
    margin-right: 20px;
    margin-left: 20px;
    margin-top: 20px;
    color: #939;
}
```

图 5-22　修饰导航条代码

- 步骤 4：制作头部区域

在 index.html 文件中，需要利用 <img> 标签来插入 images 文件夹内的 3 张图片。设置每张图片的宽度为 1 920px、高度为 1 000px，并且这 3 张图片都应该被统一放置在一个名为 “img-box” 的 <div> 标签内。

接下来，需要制作 3 个切换按钮，分别标记为 1、2、3。这些按钮将通过 <ul> 和 <li> 标签来创建，并被放置在一个名为 “img-b” 的 <div> 标签内，如图 5-23 所示。

- 步骤 5：修饰头部区域

打开 style.css 文件，在文件中对头部区域的 img-box 和 img-b 进行设置。

首先，为名为 “img-box” 的 <div> 设置样式：高度设置为 600px，宽度设置为 100%。采用绝对定位，并设置层级为 0，以确保图片始终显示在 3 个按钮的下方。同时，img-box 内的 3 张图片宽度都设置为 100%，并保持绝对定位，如图 5-24 所示。

接下来，对编号 1、2、3 的整体样式进行设置。这些编号被包含在一个 <ul> 标签内，将该标签的宽度设置为 300px、高度设置为 40px，采用绝对定位，并设置层

```
<div class="img-box">
    <img src="images/header.jpg" width="1920" height="1000" id="img1">
    <img src="images/agency.png" width="1920" height="1000" id="img2">
    <img src="images/header.jpg" width="1920" height="1000" id="img3">

</div>
<div class="img-b">
    <ul>
        <li>1</li>
        <li>2</li>
        <li>3</li>
    </ul>
</div>
```

图 5-23 制作头部区域代码

```
.img-box {
    height: 600px;
    width: 100%;
    position: absolute;
    z-index: 0;
}

.img-box img {
    width: 100%;
    position: absolute;
}
```

图 5-24 修饰头部区域代码（1）

级为 1，以确保这些编号始终浮动在图片的上方。为了实现编号在图片上水平居中，使用 margin-right: 50%; 和 margin-left: 50%;，此外，定位 3 个数字在图片的底部（margin-top: 800px;），如图 5-25 所示。

最后，对编号进行个性化设置。编号将采用左对齐，并设置背景为圆形紫色。为此，我们将背景颜色设置为 #B307C0，高度和宽度均设置为 60px，并使用 border-radius: 50%; 来实现圆形显示。文本颜色设置为 #FFF，并通过 text-align: center; 和 line-height: 60px; 实现文字居中对齐。为了调整编号之间的间距，设置 margin-left 为 30px，字体大小设置为 30px，如图 5-25 所示。

● 步骤 6：制作“旅游胜地”区域

在 index.html 文件中，利用 <div> 标签制作该区域，并将该标签命名为“box2”。利用 <div> 和 <span> 标签插入文字“旅游胜地”“SCENIC RESORT”。利用 <ul>、

<li>、<img> 标签插入 4 张图片，分别是 images 文件夹内的 home_1、home_2、home_3、home_4，设置图片的宽为 380px、高为 270px，如图 5-26 所示。

```
.img-b ul {
    height: 40px;
    width: 300px;
    margin-top: 800px;
    margin-right: 50%;
    margin-left: 50%;
    z-index: 1;
    position: absolute;
}
.img-b ul li {
    float: left;
    font-size: 30px;
    line-height: 60px;
    color: #FFF;
    background-color:#B307C0;
    height: 60px;
    width: 60px;
    margin-left: 30px;
    text-align: center;
    border-radius:50%;
}
```

图 5-25　修饰头部区域代码（2）

```
<div class="box2">
    <div class="aa">
        <span class="span1"> 旅游胜地</span><br>
        <span  class="span2">SCENIC RESORT</span>
    </div>
    <ul>
        <li><img src="images/home_1.png" width="380" height="270"><br>旅游胜地</li>
        <li><img src="images/home_2.png" width="380" height="270"><br>旅游胜地</li>
        <li><img src="images/home_3.png" width="380" height="270"><br>旅游胜地</li>
        <li><img src="images/home_4.png" width="380" height="270"><br>旅游胜地</li>
    </ul>
</div>
```

图 5-26　制作“旅游胜地”区域代码

- 步骤 7：修饰“旅游胜地”区域

打开 style.css 文件，在文件中设置该区域 box2 的高为 500px，宽为 100%，内

部上边距为 1 000px，避免和上面的区域重合。

通过 aa 设置文字“SCENIC RESORT”“旅游胜地”居中（text-align: center;），为了美观，设置外部上边距为 50px。通过 span1 对“旅游胜地”进行设置，字号为 30px，字体加粗，颜色为 #939。通过 span2 对“SCENIC RESORT”进行设置，字号为 12px，字体为 arial，颜色为 #B9B9CC，如图 5-27 所示。

```
.box2 {
    height: 500px;
    width: 100%;
    padding-top: 1000px;

}
.box2 .aa {
    text-align: center;
    margin-top: 50px;
}

.span1 {
    font-size: 30px;
    font-weight: bold;
    color: #939;
}
.span2 {
    font-family: arial;
    font-size: 12px;
    color: #B9B9CC;
}
```

图 5-27　修饰“旅游胜地”区域代码（1）

通过 <ul> 和 <li> 标签设置图片的显示位置和排列方式。先整体设置显示 3 张图片的区域 <ul> 标签宽为 2 000px，3 张图片居中显示（margin-right: auto; margin-left: auto;），为保证美观，和文字“SCENIC RESORT”“旅游胜地”有一定间隔，设置外部上边距为 50px。然后对每张图片的 <li> 标签进行设置，居中显示，左对齐，每张图片左右间距为 30px，如图 5-28 所示。

```
.box2 ul {
    width: 2000px;
    margin-top: 50px;
    margin-right: auto;
    margin-left: auto;
}
.box2 ul li {
    text-align: center;
    float: left;
    margin-right: 30px;
    margin-left: 30px;
}
```

图 5-28　修饰“旅游胜地”区域代码（2）

- 步骤 8：制作底部区域

在 index.html 文件中，利用 <div> 标签制作该区域，并将该标签命名为“footer”，插入文字“电话：021-31XX524”“邮箱：EasXXn.wXXng@163.com”“手机：189 XXXX 1908”“地址：上海市虹口区 XXX 路 682 号天虹商务大厦 6F、7F、11F”“Copyright 2016　版权所有：上海 XXXXXXX 有限公司”利用
 进行换行，通过 © 插入版权符号，如图 5-29 所示。

```
<div class="footer">
    电话：021-31XX524<br>
    邮箱：EasXXn.wXXng@163.com<br>
    手机：189 XXXX 1908<br>
    地址：上海市虹口区XXX路682号 天虹商务大厦6F、7F、11F<br>
    Copyright&copy;2016  版权所有：上海XXXXXXX有限公司
</div>
```

图 5-29　制作底部区域代码

- 步骤 9：修饰底部区域

打开 style.css 文件，在文件中设置该区域 footer 的高为 200px，字号为 18px，行高为 30px，文本居中，文本颜色为 #A9A9AD，背景为 images 文件夹内的 fonter_bg.png 图片，如图 5-30 所示。

- 步骤 10：实现文本链接

方法一：直接输入法。首先，选中文本内容，例如“联系我们”。接着，通过菜单命令调出属性面板。在属性面板中，将光标定位于 HTML 选项卡内的“链接”栏。在

```
.footer {
    font-size: 18px;
    line-height: 30px;
    background-image: url(images/fonter_bg.png);
    text-align: center;
    height: 200px;
    color: #A9A9AD;
}
```

图 5-30　修饰底部区域代码

“链接”栏中，直接输入想要链接的文档名称，如“contact.html”，或输入完整的站点地址。输入完成后，选中的文本内容，如“联系我们”，将自动转化为一个超链接，其文本颜色会变色并带有下划线，具体效果如图 5-31 所示。

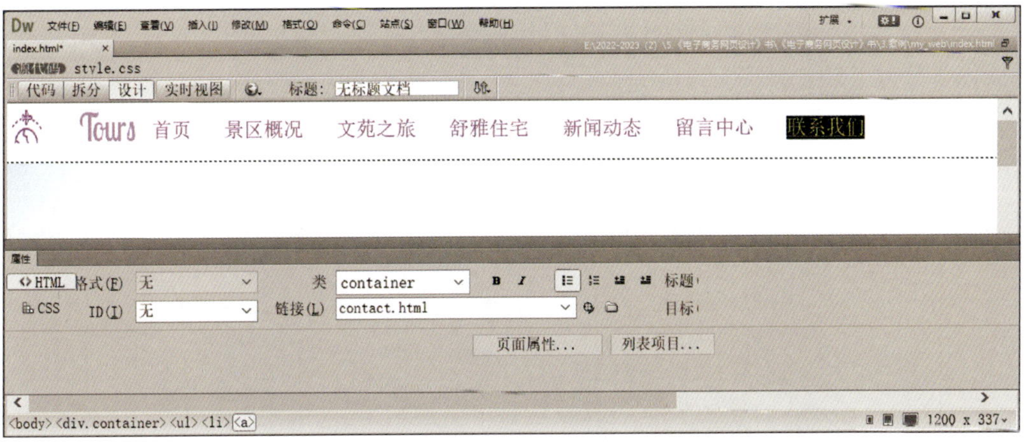

图 5-31　直接输入法

方法二：选择文件法。首先，选中文本内容（如“联系我们”）后，调出属性面板。点击 HTML 选项卡“链接”框右侧的文件夹图标，打开“选择文件”对话框。在此对话框中，选择想要链接的目标文件（如 contact.html）。选中后，点击“确定”按钮。此时，“链接”框内将显示被链接文件的完整路径，具体可参考图 5-32。

方法三：代码法。首先，切换至代码视图。接着，在想要添加链接的文本内容前后分别输入 <a> 开始标签和 </a> 结束标签。然后，在 <a> 标签内设置 href 属性，其值应为链接目标的路径或 URL，如图 5-33 所示。完成这些步骤后，该文本内容就会变成一个可点击的链接。

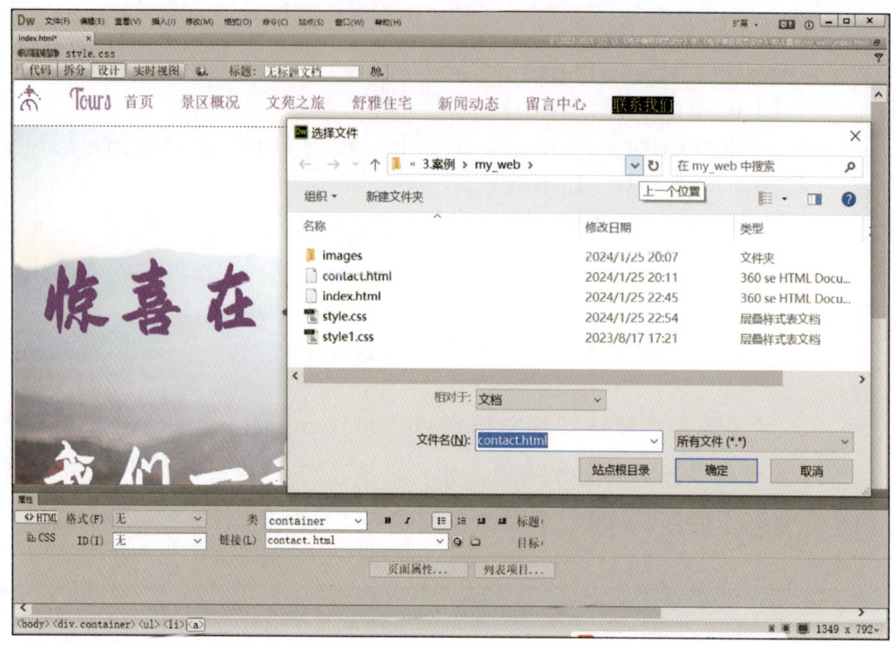

图 5-32 选择文件法

```
<div class="container">
    <img src="images/logo.png" width="155" height="65">
  <ul>
        <li>首页</li>
        <li>景区概况</li>
        <li>文苑之旅</li>
        <li>舒雅住宅</li>
        <li>新闻动态</li>
        <li>留言中心</li>
        <li><a href="contact.html">联系我们</a></li>
  </ul>
</div>
```

图 5-33 代码法

- 步骤 11：实现图片链接

为了通过图片链接实现头部区域 3 张图片的轮换显示，首先需要为编号为 1、2、3 的图片创建链接。这些链接将指向先前已分别命名为 img1、img2、img3 的 3 张图片。为了实现这一链接功能，需要修改之前的代码，具体修改方式如图 5-34 所示。通过这一步骤，将能够使图片具备链接功能，从而实现图片的轮换显示。

同时，需要设置图片的 z-index 属性，以确保图片能够置顶显示，具体设置如图 5-35 所示。

```
<div class="img-box">
    <img src="images/header.jpg" width="1920" height="1000" id="img1">
    <img src="images/agency.png" width="1920" height="1000" id="img2">
    <img src="images/header.jpg" width="1920" height="1000" id="img3">

</div>
<div class="img-b">
    <ul>
        <li><a href="#img1">1</a></li>
        <li><a href="#img2">2</a></li>
        <li><a href="#img3">3</a></li>
    </ul>
</div>
```

图 5-34 实现图片链接代码

```
.img-box img:target {
    z-index: 5;
    width:100%;
}
```

图 5-35 设置图片链接属性代码

- 步骤 12：观察效果

完成上述步骤后，我们可以通过浏览器来查看网页的实际显示效果，以确认图片链接和轮换功能是否按预期工作。

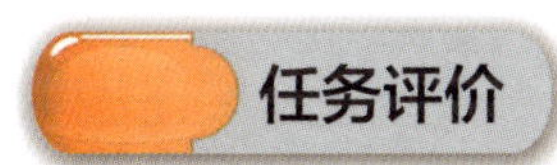

任务评价

学习任务评价表

学习任务	超链接的创建与应用		
项目	**评价内容**	**配分**	**得分**
知识	了解超链接的概念和作用	15	
	正确区分不同类型的超链接	15	
	掌握创建超链接的方法	20	
技能	能够使用不同方法创建文本、图像等超链接	25	
	能够使用代码创建锚点超链接	25	
任务评价		合计得分	

思考与练习

1. 什么是空链接？在实际网页设计中，空链接有哪些应用场景和具体作用？
2. 请简述在网页设计中，文本超链接、图片超链接、电子邮件超链接以及锚点超链接等不同类型超链接的作用。
3. 在网页设计中，一个超链接是否可以链接到多个目标页面或位置？即超链接与目标页面之间是否存在一对多的关系？请解释并举例说明。

项目六 网页的布局与美化

项目概述

网页布局就是将页面上的元素按照一定的形式排列好，使浏览者更容易找到感兴趣的内容，同时也可以使页面更加整齐美观，因此网页布局在整个电子商务网页制作中占有重要地位。通过本项目，我们将了解构建网页布局的两种方法：使用表格布局网页和使用 DIV+CSS 布局网页。通过合理的布局，将网页相关内容放置在一起，使其具有清晰的结构和层次，这样方便用户快速浏览和定位，不仅提高用户的浏览效率，还增加了网站的可读性和易用性。

学习任务 1　使用表格布局网页

学习目标

知识目标

1. 了解表格相关标签的使用。
2. 熟悉各种表格的编辑与操作。
3. 掌握表格的嵌套方法。
4. 掌握表格布局方法。

技能目标

1. 能够合理使用属性控制表格样式。
2. 能够正确使用表格布局网页。

任务描述

在设计电子商务网页时，像产品展示、新闻列表等页面元素，通常都需要借助表格来实现其布局。某公司为了更优质地展示产品分类信息，决定采用表格布局来构建“新品绿植”页面。网页设计定版如图 6–1 所示。

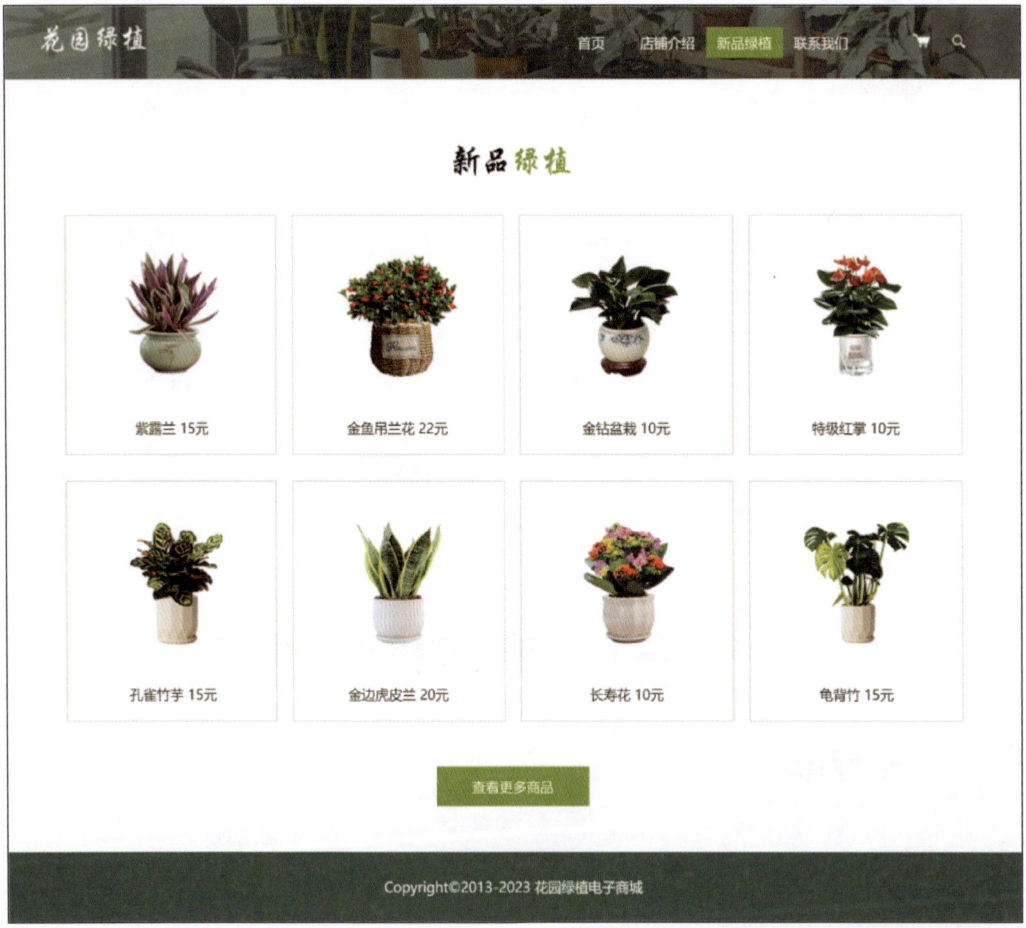

图 6–1　任务效果图

相关知识

在网页设计中，表格扮演着举足轻重的角色。利用表格来组织数据，可以更为直观地展现数据间的逻辑关系。同时，表格在网页布局方面的应用，能够将页面划分为若干个矩形的区块，这极大地便利了我们在网页上有序地安排图形和文本元素。

一、表格的概念

表格是由一定数量的行与列组合而成的数据结构，用于将文字或图片按照行列进行分类与有序展示。其构成如图 6-2 所示，具体包含以下几个关键元素。

（1）单元格

单元格是表格的基本构成单元。一个或多个单元格通过纵横有序排列，共同构成了完整的表格结构。

（2）行

行是由一个或多个单元格在水平方向上连续排列而形成的。

（3）列

列是由单元格在垂直方向上堆叠而成的。

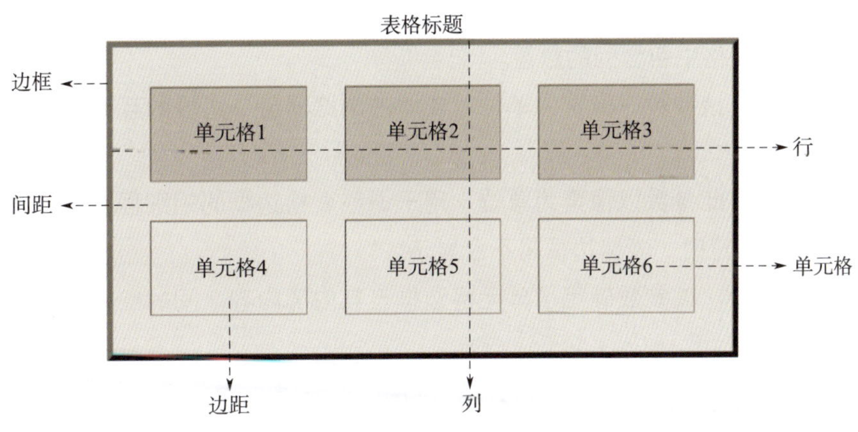

图 6-2　表格的构成

单元格与单元格之间的空隙被称为单元格间距。而单元格内文字或图片与单元格四周边界之间的空白距离，则被称作单元格边距。此外，整个表格最外层的线条被定义为边框。值得注意的是，表格还可以附带标题，该标题通常位于表格的上方。同时，表格以及表格中的行和单元格都可以单独设置背景色，从而丰富视觉效果，并可以根据设计需求进行个性化的颜色搭配。

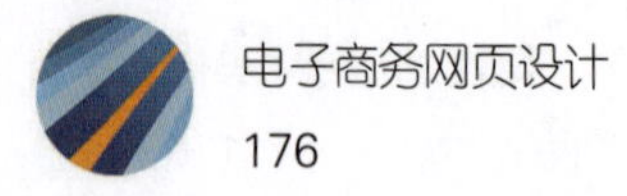

二、表格属性

将光标移动到想要插入表格的指定位置，随后在菜单栏中选择“插入”菜单下的“表格”选项，即可开始插入表格。此时，系统会弹出一个“表格”对话框，如图 6-3 所示。在该对话框中，各个参数具有明确的含义，具体解释如下。

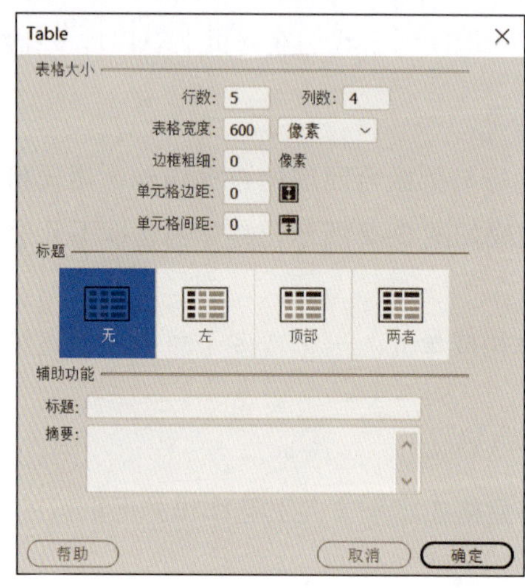

图 6-3 “表格”对话框

★行数：指表格中包含行的数量。

★列数：指表格中包含列的数量。

★表格宽度：该参数以像素为单位，或以占浏览器窗口宽度的百分比来指定表格的整体宽度。

★边框粗细：此参数以像素为单位，用于调整表格边框的粗细程度。若将其设置为 0，则在网页浏览时，表格边框将不会显示。

★单元格边距：该参数确定了单元格边框与其内部内容之间的空间距离，同样以像素为单位。

★单元格间距：表示相邻单元格之间的间隔，以像素为单位进行衡量。

★无：此选项表示不对表格启用列标题或行标题。

★左：选择此选项后，表格的第一列将被设定为标题列。

★顶部：选择此选项后，表格的第一行将被设定为标题行。

★两者：选择此选项后，用户可以在表格中输入既包含列标题又包含行标题的内容。

★标题：此参数用于设置显示在表格外部的表格标题内容。

★摘要：提供对表格内容的简要说明或描述信息。

小贴士

由于 Dreamweaver CC 具备自动记忆功能，因此当用户再次打开“表格”对话框时，其中显示的参数将自动保留上一次的设置。这一特性便于用户快速应用之前调整好的配置，提高了工作效率。

表格的各种属性可以通过属性面板进行设置。当选中一个表格时，属性面板将展示与该表格相关的各种参数，具体如图 6–4 所示。在表格的属性面板中，各项参数的含义解释如下。

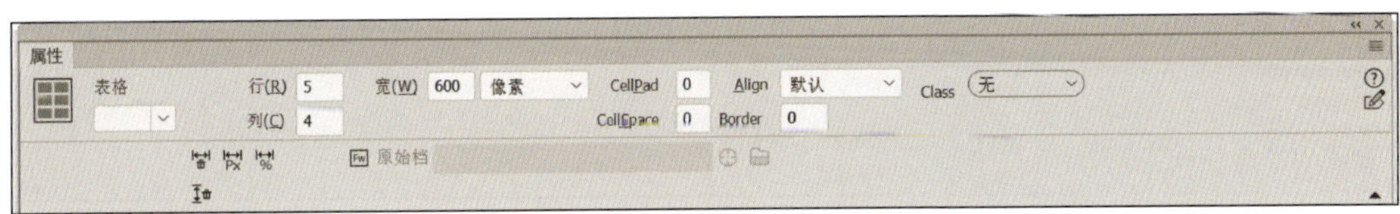

图 6–4　表格的属性面板

★表格：此项用于为表格指定一个名称。

★行与列：此设置可以调整表格中的行数和列数。

★宽：此处可设置表格的宽度，单位可以是像素，也可以是浏览器窗口宽度的百分比。通常情况下，不需要手动设置表格的高度。

★ cellpad：该参数决定了单元格内容与单元格边框之间的距离，以像素为计量单位。

★ cellspace：用于调整相邻单元格之间的距离，同样以像素为单位。

★ align：此选项用于决定表格相对于同一段落内其他元素（如文本或图片）的对齐方式。提供了“左对齐”“右对齐”“居中对齐”以及“默认”四种选择。

★ border：这里可以设置表格边框的粗细，单位是像素。

★ class：此选项可以将 CSS 样式规则应用到当前的表格上。

此外，面板上还提供了一系列功能按钮：

★ “清除列宽”按钮：移除表格中所有明确指定的列宽设置。

★ “清除行高”按钮：删除表格中所有明确指定的行高设置。

★ “将表格宽度转换成像素”按钮：将表格的宽度设置转换为具体的像素值。

★ “将表格宽度转换成百分比”按钮：将表格的宽度设置转换为占浏览器窗口宽度的百分比。

在创建好表格之后，用户只需将光标定位到所选的单元格内，即可开始向表格中添加所需内容。在 Dreamweaver CC 中，用户可以轻松地向表格内添加文本、图片，甚至嵌套另一个表格。每当选中一个表格时，表格周围会出现黑色的边框，并显示出表格的控制柄。当用户将鼠标移动到这些控制柄上时，鼠标指针会变为双向箭头，此时用户可以通过拖动鼠标来调整表格大小。

三、单元格属性

在表格创建完毕后，用户可以通过单击选中一个或多个单元格，并利用属性面板来调整这些单元格的格式设置。图 6-5 展示了一个完全展开的属性面板界面。此面板主要由两大部分构成：上半区域主要负责对单元格内文本的相关属性进行调整，而下半区域则专注于单元格本身的设置。各项参数的含义解释如下。

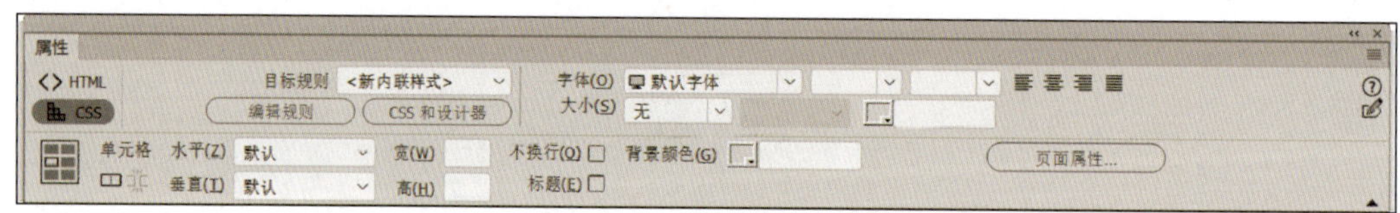

图 6-5　单元格属性面板

★水平：此选项用于调整单元格内容的水平对齐方式，包括默认对齐、左对齐、右对齐以及居中对齐四种选择。

★垂直：该选项用于设定单元格内容的垂直对齐方式，包括默认对齐、顶端对齐、居中对齐、底部对齐以及基线对齐五种模式。

★宽和高：这些参数允许用户以像素为单位，或以占整个表格宽度或高度的百分比来设定所选单元格的宽度和高度。

★不换行：若勾选此复选框，单元格内的所有文本将保持在同一行上展示。对于超出单元格宽度的内容，单元格会自动加宽以适应全部数据。

★标题：勾选此复选框后，所选的单元格将被设置为表格的标题单元格。默认情况下，表格标题单元格的内容会以粗体并居中的形式显示。

★背景颜色：此选项允许用户为单元格设置特定的背景颜色。

★页面属性：点击此按钮将打开“页面属性”对话框，便于用户进行更全面的页面设置。

★合并按钮：点击此按钮，用户可以将所选的单元格、行或列合并成一个单独的单元格。此按钮仅在所选单元格形成矩形或直线排列时才被激活。

★拆分按钮：点击此按钮，用户可以将一个单元格拆分为两个或多个单元格。

当同时选中的单元格多于一个时，此按钮将被禁用。

四、表格的操作

1. 选择表格

将鼠标移至表格的上下边框或四个顶角处，当鼠标指针变为网格图标时，单击鼠标左键即可选中整个表格，如图 6–6 所示。另外，还可以将光标放置在表格内的任意位置，然后在“文档”窗口左下角的标签选择器中选择标签，这样也能选中整个表格，如图 6–7 所示。除此之外，有两种方法也可选择整个表格：一是将光标定位在表格内部任意位置，单击鼠标右键，从弹出的右键菜单中选择“表格—选择表格”选项；二是在菜单栏中依次点击“编辑”“表格”“选择表格”选项。以上方法均可实现整个表格的选择。

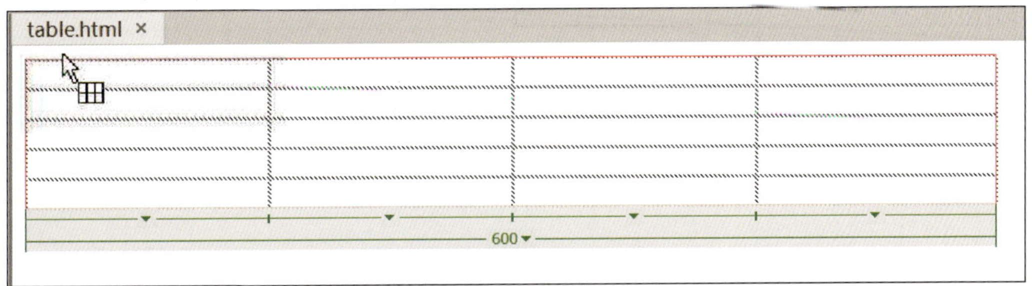

图 6–6　选择整个表格（1）

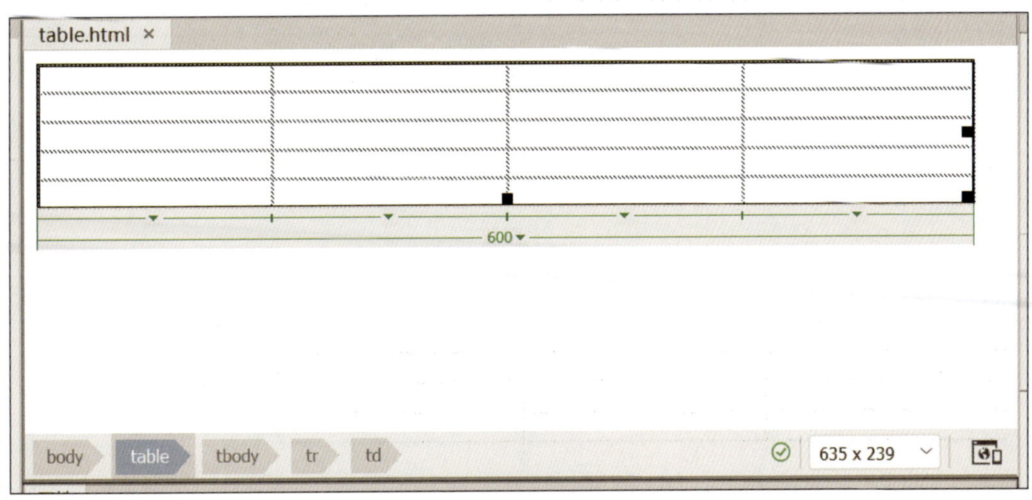

图 6–7　选择整个表格（2）

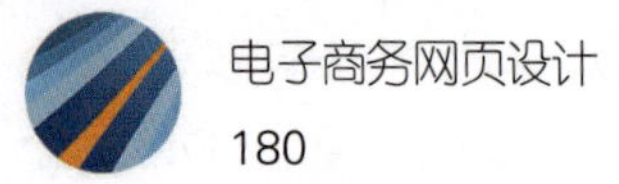

2. 选择单元格

选定表格中的单元格有多种方法。一种简单的方式是将光标放置在表格内部，然后根据需求拖动鼠标，这样就能选中一个或者多个连续的单元格，如图 6-8 所示。另一种方法是在按住 Ctrl 键的同时，单击想要选中的单元格，这样就可以选中单个单元格；若连续多次单击，则可以选中多个不连续的单元格，如图 6-9 所示。还有一种方法是，将光标定位在表格内的任意位置，之后在按住 Shift 键的同时单击其他单元格，这样可以选中一个矩形区域内的所有单元格，如图 6-10 所示。这些都是选定单元格的常用技巧。

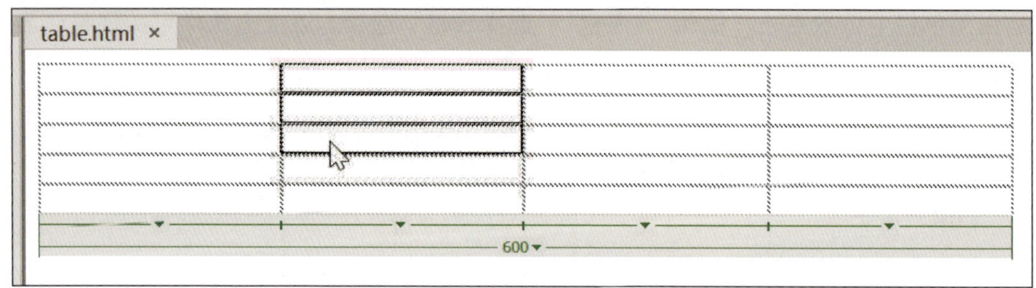

图 6-8　拖动鼠标选择单元格

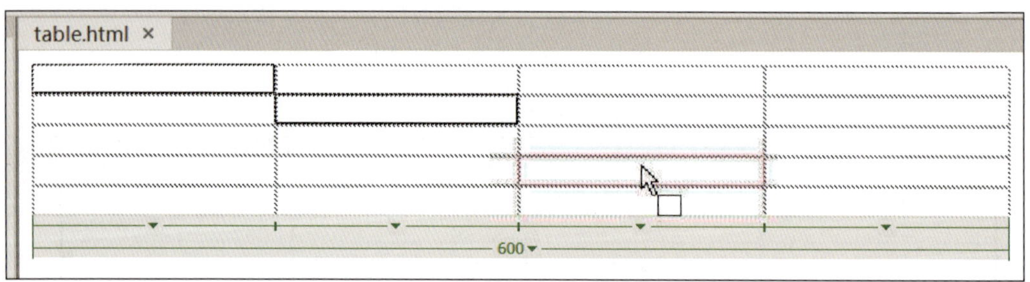

图 6-9　选择多个不连续的单元格

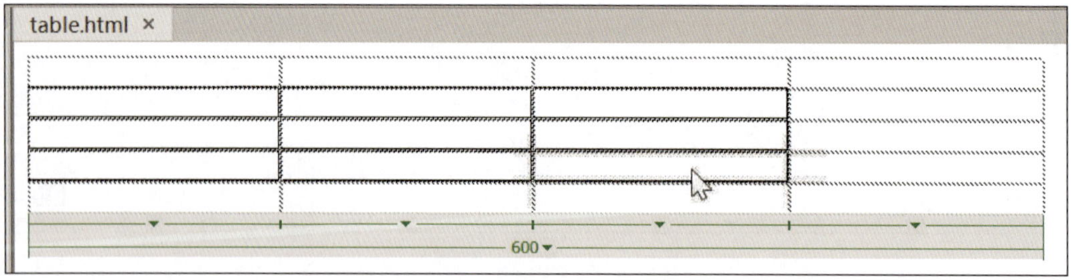

图 6-10　选择矩形区域内的所有单元格

3. 添加 / 删除行和列

在编辑表格时，我们经常会发现之前创建表格的行或列无法满足当前的实际需求，这时就需要添加或删除行或列。若需删除行或列，可先选择完整的一行或一列，然后直接按下 Delete 键即可。另一种方法是，将鼠标指针定位在要删除的行或列中的任一单元格，接着在菜单栏中依次选择“编辑”“表格”“删除行”或“编辑”“表格”“删除列”。

当需要添加行或列时，操作同样简便。将光标置于希望添加行或列的单元格内，然后在菜单栏中依次选择“编辑”“表格”，在其子菜单中选择适当的选项以添加行或列。或者，也可以将光标定位后，单击鼠标右键，在右键菜单中依次选择“表格”“插入行”或“表格”“插入列”。默认情况下，新插入的行或列将出现在光标所在单元格的上方或左方。如果选择右键菜单中的“插入行或列”选项，将打开一个如图 6–11 所示的对话框。在此对话框中，“插入”选项后可选择要插入的是行还是列，“行数”或“列数”后可设置具体的数量，“位置”选项则可用来确定新行或列的具体位置。完成设置后，点击“确定”按钮即可完成行或列的插入操作。

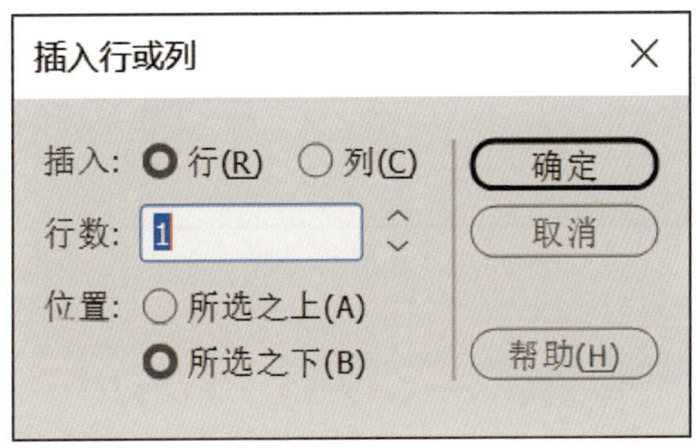

图 6–11　“插入行或列”对话框

4. 合并或拆分单元格

拆分即将一个单元格分割为若干个小单元格，而合并则是将多个单元格融为一个单元格。在网页设计中，这些基础操作十分常见。接下来，我们将详细介绍如何进行单元格的拆分与合并。

若要进行单元格合并，首先需选择希望合并的单元格。接着，依次选择“编辑”“表格”“合并单元格”选项，或者在属性面板中点击“合并”按钮，还可以右键点击选择的单元格，在弹出的菜单中选择“表格”“合并单元格”选项。执行以上任一操作，均可将所选的多个单元格合并为一个单元格。

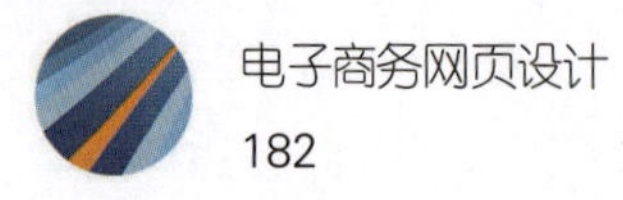

小贴士

需要特别注意的是，合并单元格时所选中的单元格必须是连续的，并且选定的区域必须是矩形。

选择需要拆分的单元格后，可以在菜单栏中依次选择“编辑”“表格”“拆分单元格”选项，或者在属性面板中点击拆分单元格的图标按钮，还可以右键点击选择的单元格，在弹出的菜单中选择“表格”“拆分单元格”选项。执行以上任一操作，会弹出如图 6–12 所示的对话框。在该对话框中，“把单元格拆分成”选项后需选择是按行拆分还是按列拆分，接着在“行数”或“列数”文本框中输入希望拆分的具体行数或列数。最后，点击“确定”按钮，即可完成单元格的拆分操作。

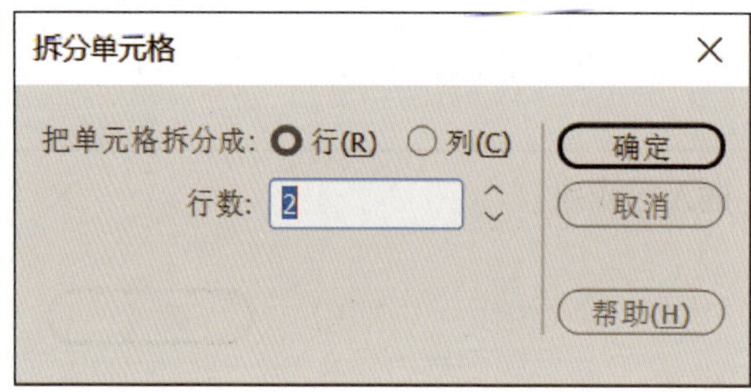

图 6–12 “拆分单元格”对话框

五、表格的 HTML 表示

表格是由 <table> 标签定义的，它内部可以包含一个或多个 <tr>、<th>、<td> 等标签。其中，<tr> 标签负责定义表格的行，<th> 标签用于定义表头单元格，而 <td> 标签则用于定义具体的数据单元格。对于更复杂的表格设计，还可能会使用到 <caption>、<col>、<colgroup>、<thead>、<tfoot>、<tbody> 等标签来增强表格的结构和语义。表格的基本语法结构如下：

```
<table>
        <tr>
                <td>
                </td>
        </tr>
</table>
```

1. <table> 标签的属性

在网页设计中，我们可以通过为 <table> 标签添加相应的属性来丰富表格的样式表现。HTML 提供了一系列属性能够有效地控制表格的显示效果，具体可参考表 6–1。

表 6–1　<table> 标签的常用属性

属性名	含义	常用属性值
border	设置表格的边框（默认 border="0"，即无边框）	像素
cellspacing	设置单元格与单元格之间的距离	像素（默认为 2px）
cellpadding	设置单元格内容与该单元格边框之间的距离	像素（默认为 1px）
width	设置表格的宽度	像素
height	设置表格的高度	像素
align	设置表格在网页中的水平对齐方式	关键字，包括 left、center、right
bgcolor	设置表格的背景颜色	十六进制颜色值
background	设置表格的背景图像	图像的 URL

2. <tr> 标签的属性

如果想单独设置表格中某一行的显示效果，需要为行标签 <tr> 定义属性。<tr> 标签的常用属性见表 6–2。

表 6–2　<tr> 标签的常用属性

属性名	含义	常用属性值
height	设置行高	像素
align	设置一行内容的水平对齐方式	left、center、right
valign	设置一行内容的垂直对齐方式	top、middle、bottom
bgcolor	设置行背景颜色	十六进制颜色值
background	设置行背景图像	图像的 URL

3. <td> 标签的属性

通过定义单元格标签 <td> 的属性，可以单独控制某个单元格的样式。<td> 标签

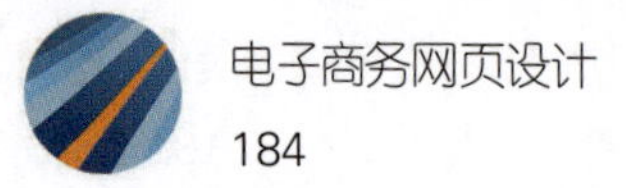

的常用属性见表 6–3。

表 6–3　<td> 标签的常用属性

属性名	含义	常用属性值
width	设置单元格的宽度	像素
height	设置单元格的高度	像素
align	设置单元格内容的水平对齐方式	left、center、right
valign	设置单元格内容的垂直对齐方式	top、middle、bottom
bgcolor	设置单元格的背景颜色	十六进制颜色值
background	设置单元格的背景图像	图像的 URL
colspan	设置单元格横跨的列数（用于合并水平方向的单元格）	正整数
rowspan	设置单元格竖跨的行数（用于合并垂直方向的单元格）	正整数

六、用表格布局网页

网页的版面设计通常呈现整齐划一、左右对称的特点，这与表格的排列方式有异曲同工之妙。因此，我们可以巧妙地利用表格来进行网页的整体布局。在进行布局时，我们主要通过单元格来划分版面中的不同显示区域。在此过程中，一般不需要设置表格的背景色和边框线。版面的调整主要通过改变单元格的宽度、高度、间距以及边距等参数来实现。此外，为了进行更为精细的布局调整，我们可以采用多个表格相互嵌套的方式。

嵌套表格是指在一个已存在的表格的某个特定单元格内部，再插入一个新的表格，如图 6–13 所示。这种嵌套的方式为我们提供了更多的灵活性和控制力，以便对网页的局部区域进行更为细致的调整和优化。

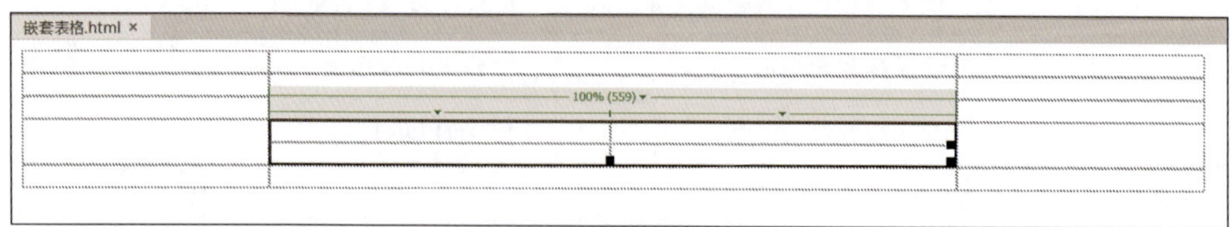

图 6–13　嵌套表格

小贴士

表格的功能十分强大，不仅可以插入文本、图片、视频等多种内容，还能在其中嵌入一个新表格。只需将光标定位在目标单元格内，然后执行插入表格的命令，即可轻松实现表格的嵌套。

任务实施

● 步骤 1：创建站点文件夹 web

在 D 盘根目录下，新建一个名为 "web" 的站点文件夹。在该文件夹中，创建一个名为 "image" 的子文件夹，用于存放图像文件；在 "web" 文件夹中新建一个网页文件，并将其命名为 "newpro.html"，如图 6–14 所示。

图 6–14　站点文件夹结构

● 步骤 2：设置页面属性

通过属性面板中的页面属性选项，我们可以进行一系列参数设置。网页字体大小设置为 16px，文本颜色设置为 #333333，并将微软雅黑作为默认字体。此外，页面的背景颜色设置为 #FFFFFF，左、右页边距均被设置为 10px，如图 6–15 所示。

● 步骤 3：搭建页面表格结构

将光标移动到预定插入表格的位置，随后在菜单栏中选择“插入”“表格”选项，或者在插入面板的“HTML”分类下，直接点击表格图标。此时，将弹出如图 6–16 所示的对话框。在此对话框中，设置表格参数为 7 行 1 列，指定表格宽度为 1 200px，并将边框粗细、单元格边距以及间距均设定为 0。完成设置后，点击“确定”按钮，便可成功插入用于页面整体布局的表格。

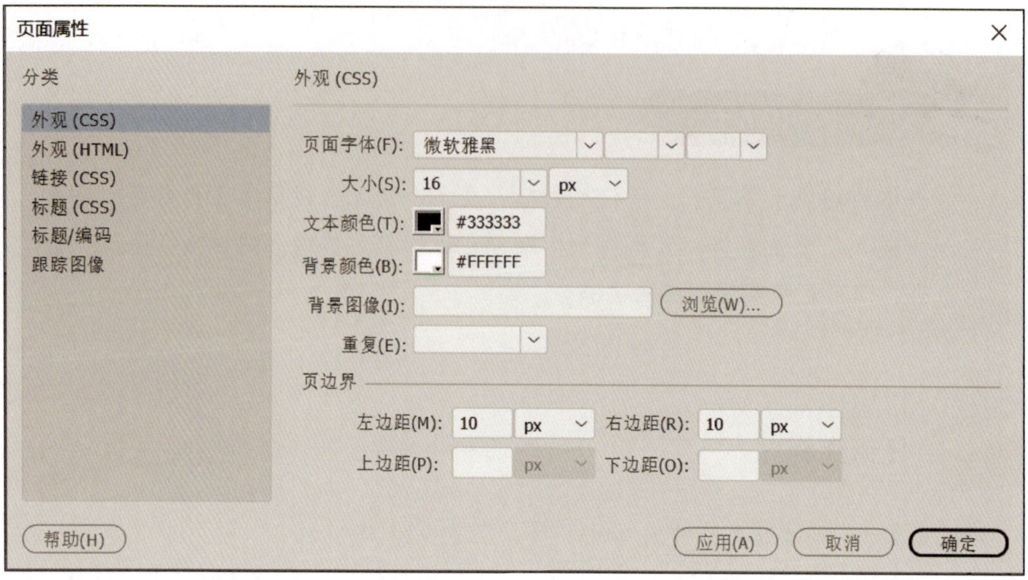

页面属性

分类：外观 (CSS)、外观 (HTML)、链接 (CSS)、标题 (CSS)、标题/编码、跟踪图像

外观 (CSS)

页面字体(F): 微软雅黑
大小(S): 16 px
文本颜色(T): #333333
背景颜色(B): #FFFFFF
背景图像(I): 浏览(W)...
重复(E):
页边界
左边距(M): 10 px　右边距(R): 10 px
上边距(P): px　下边距(O): px

帮助(H)　应用(A)　取消　确定

图 6-15　设置页面属性

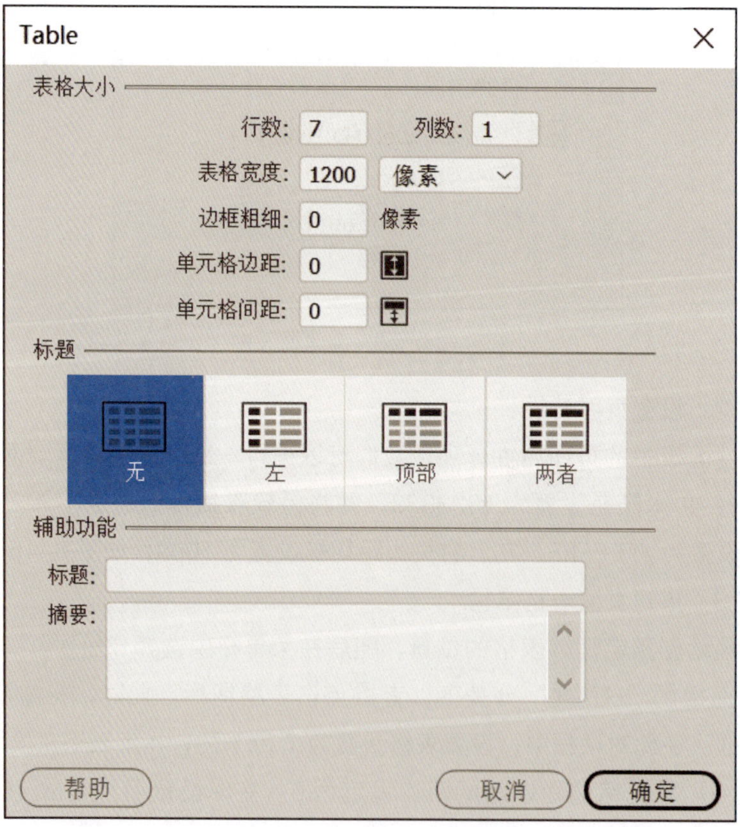

Table

表格大小
行数: 7　列数: 1
表格宽度: 1200 像素
边框粗细: 0 像素
单元格边距: 0
单元格间距: 0
标题
无　左　顶部　两者
辅助功能
标题:
摘要:

帮助　取消　确定

图 6-16　“表格”对话框

选中该表格后，在属性面板中将表格的对齐方式设置为居中，如图 6–17 所示。

接下来，我们需要进一步设置单元格属性。具体操作为：将第 2 行单元格高度设置为 70px，第 4 行单元格高度设置为 30px，第 6 行单元格高度设置为 150px，而第 7 行单元格高度设置为 80px，如图 6–18 所示。

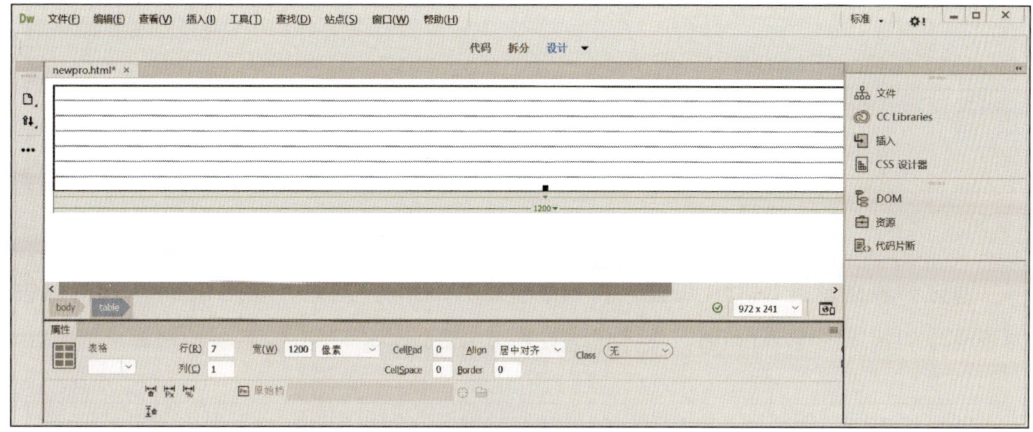

图 6–17　设置对齐方式

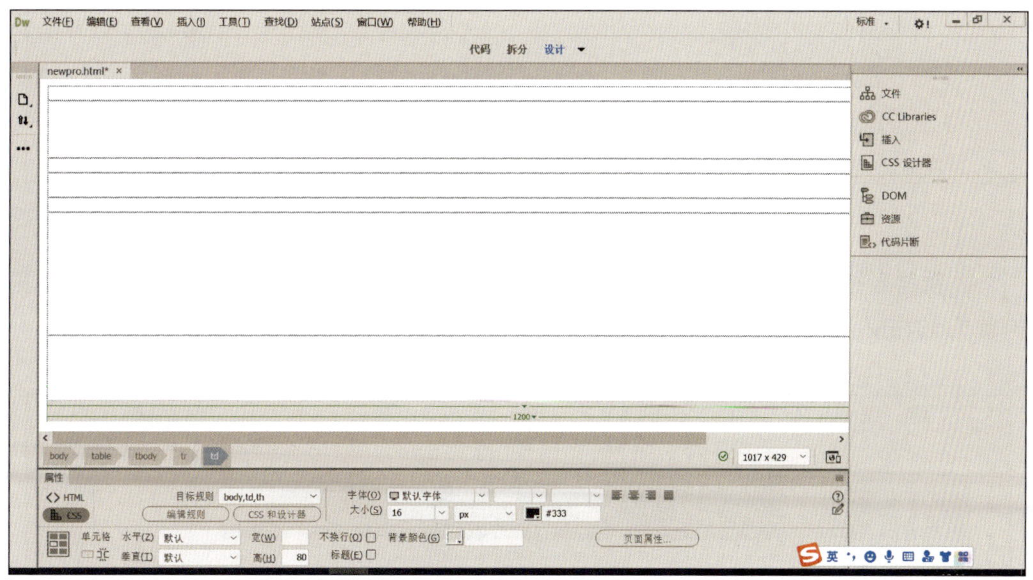

图 6–18　设置单元格属性

● 步骤 4：制作 logo 和导航菜单

将光标定位在需要嵌套表格的第 1 行单元格内，执行“插入—表格”命令，打开“表格”对话框，参数设置为 1 行 3 列，表格宽度 100%，边框粗细和单元格边距、间距均为 0。点击“确定”按钮，即可在表格内部嵌套一个表格，如图 6–19 所示。

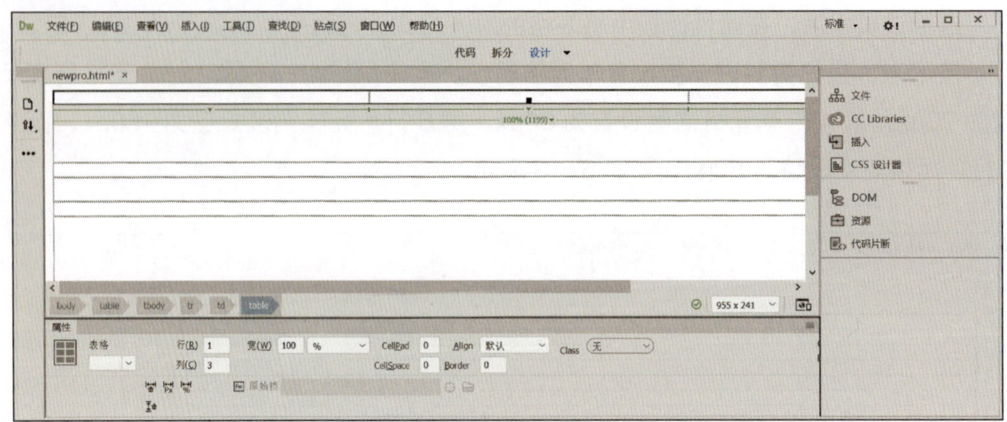

图 6-19　插入嵌套表格

通过为表格设置 height 属性，将其高度定为 83px。同时，利用 background 属性为表格添加背景图像 bg.png，具体代码如图 6-20 所示。

```
<table width="100%" border="0" cellspacing="0" cellpadding="0" height="83px"
background="image/bg.png">
    <tbody>
      <tr>
        <td> </td>
        <td> </td>
        <td> </td>
      </tr>
    </tbody>
 </table>
```

图 6-20　添加背景图像代码

在新建表格的第 1 列单元格中，插入公司的 logo 图片。接着，将该单元格的宽度设置为 170px，并确保其内容采用右对齐方式，如图 6-21 所示。

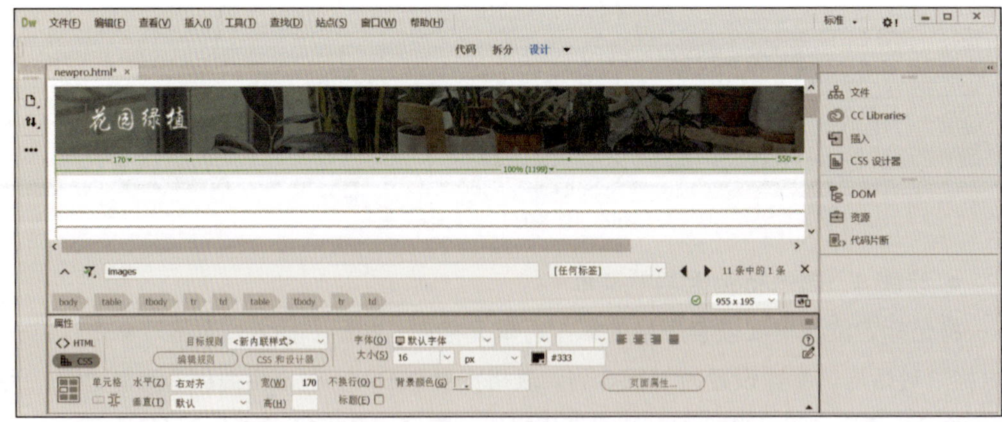

图 6-21　插入 logo 图片

在新表格的第 3 列单元格内，设置单元格宽为 550px，文本颜色为白色。插入 1 行 5 列的嵌套表格完成导航菜单的布局，如图 6-22 所示。

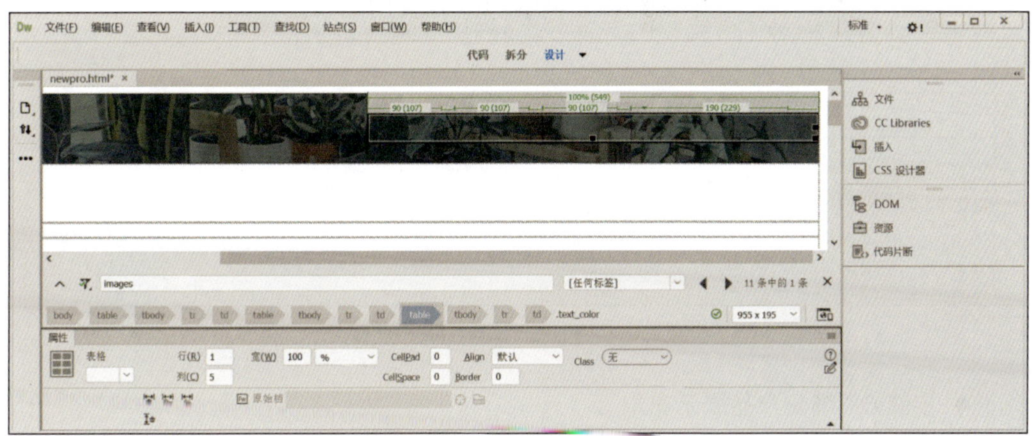

图 6-22　插入嵌套表格

导航菜单的表格宽度设置为 100%，确保其中的文字内容居中显示。前 4 个单元格的宽度和高度分别设定为 90px 和 35px，并按顺序输入"首页""店铺介绍""新品绿植"和"联系我们"等文本信息，如图 6-23 所示。针对"新品绿植"所在的单元格，可以使用 CSS 将其背景颜色设置为 #81B214。在导航菜单的最后一个单元格中，插入一个名为 icon.png 的图标。

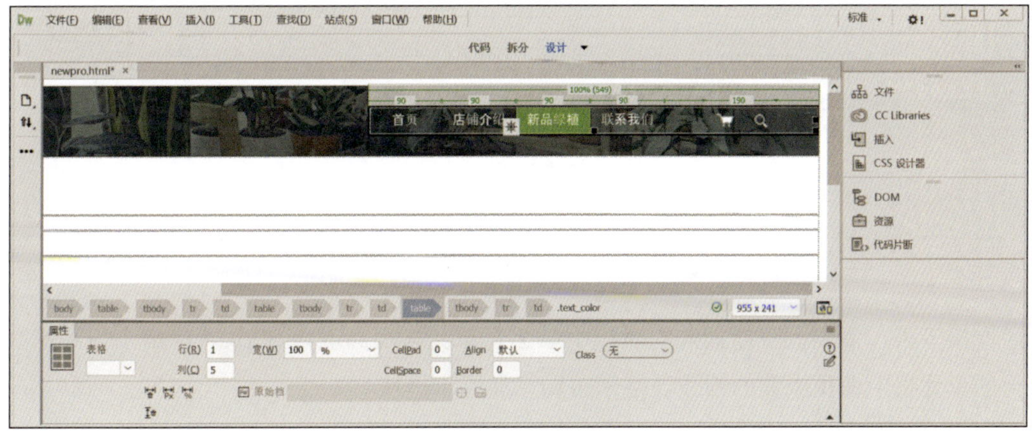

图 6-23　制作导航菜单

● 步骤 5：制作"新品绿植"标题

将光标定位到表格结构的第 3 行单元格内，插入标题图片 plant_title.png。利用 align="center" 属性设置内容居中，如图 6-24 所示。

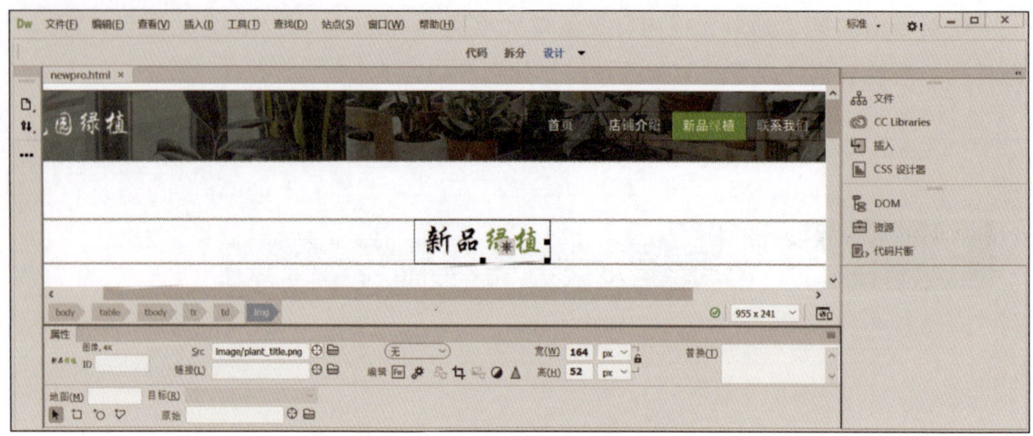

图 6-24 制作“新品绿植”标题

● 步骤 6：细化产品展示布局

将光标移动到表格结构的第 4 行单元格中，然后在此处插入一个新的嵌套表格。新表格的参数应设置为：包含 3 行 4 列，表格宽度占据父级容器的 90%，同时边框粗细、单元格边距以及间距都应设定为 0，如图 6-25 所示。

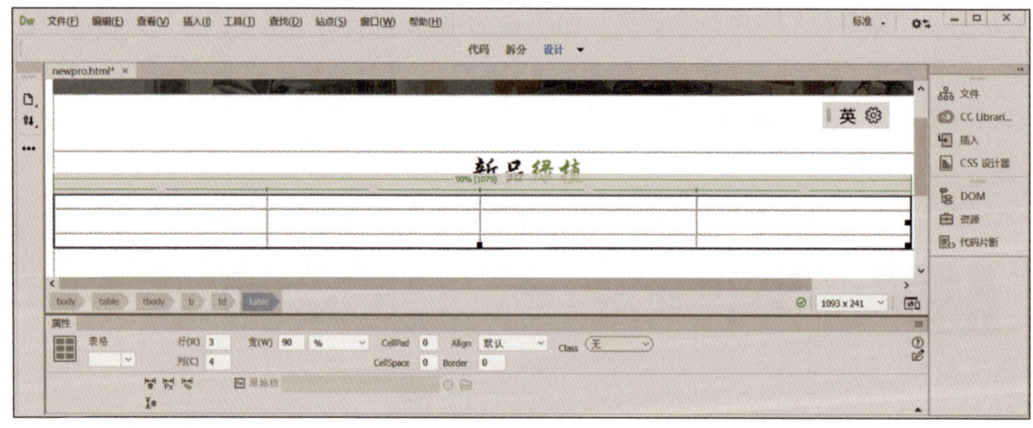

图 6-25 设置嵌套表格

接下来，需要调整新插入的表格中第 2 行单元格的高度为 30px。在第 1 行和第 3 行的单元格中使用嵌套的细线表格来布局产品展示模块。

将光标定位在新表格的第 1 行第 1 列单元格内，插入 1 行 1 列的表格，宽度为 250px，边框粗细和单元格边距为 0，单元格间距为 1，表格背景颜色设置为 #CCC，单元格背景颜色设置为 #FFF，一个简单的细线表格出现了，具体代码如图 6-26 所示。

```
<table width="250" border="0" cellspacing="1" cellpadding="0" bgcolor="#CCC">
  <tbody>
    <tr>
      <td bgcolor="#FFF"> </td>
    </tr>
  </tbody>
</table>
```

图 6-26　制作细线表格代码

将光标定位在细线表格的单元格内，插入 2 行 1 列，宽为 100%，边框粗细和单元格边距、间距均为 0 的表格，如图 6-27 所示。

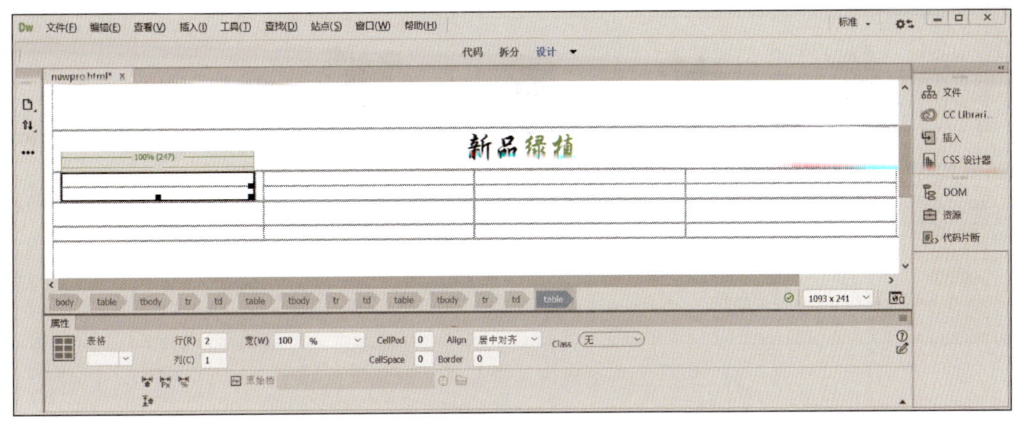

图 6-27　插入嵌套表格

在第 1 行单元格中插入产品图片 pro1.png，设置第 2 行单元格高 60px，输入文本“紫露兰 15 元”，设置图片和文本居中效果，如图 6-28 所示。

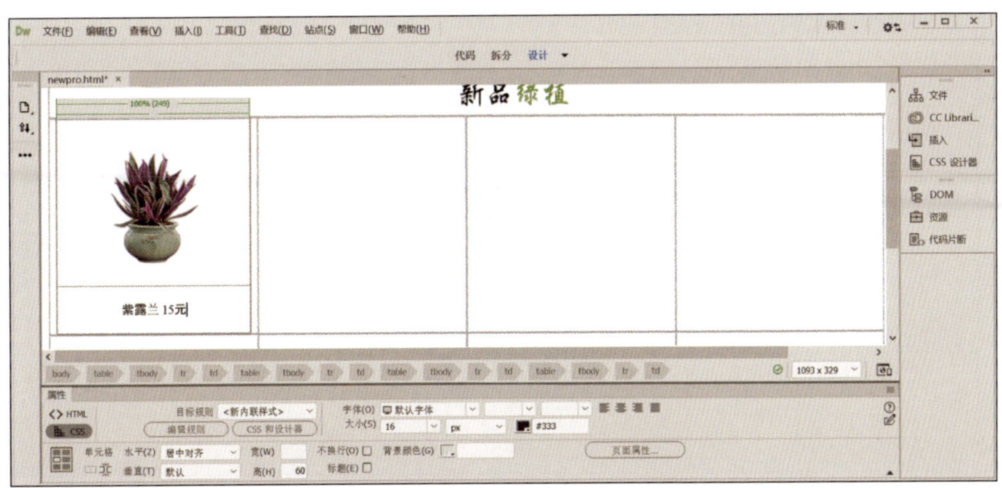

图 6-28　插入产品图片并输入文本

按照如上细线表格操作步骤，继续完成其余 7 组产品图片及文本的制作，如图 6–29 所示。

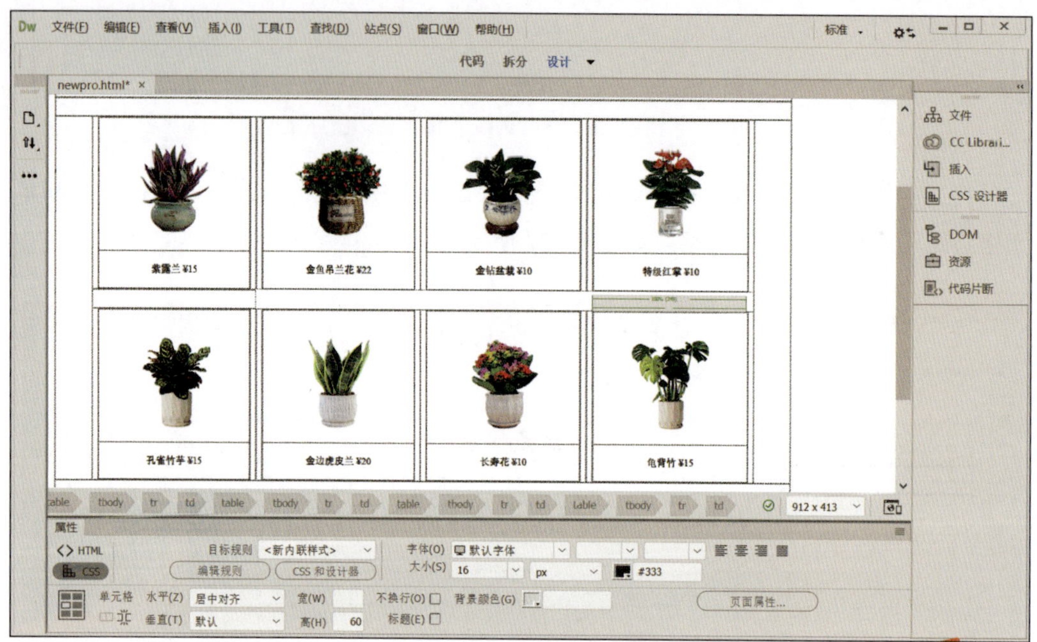

图 6–29　完成产品图片及文本的制作

● 步骤 7：制作查看链接

将光标定位在表格结构的第 5 行单元格内，插入 1 行 1 列，宽为 180px，边框粗细和单元格边距、间距均为 0 的表格，并设置为居中对齐，如图 6–30 所示。

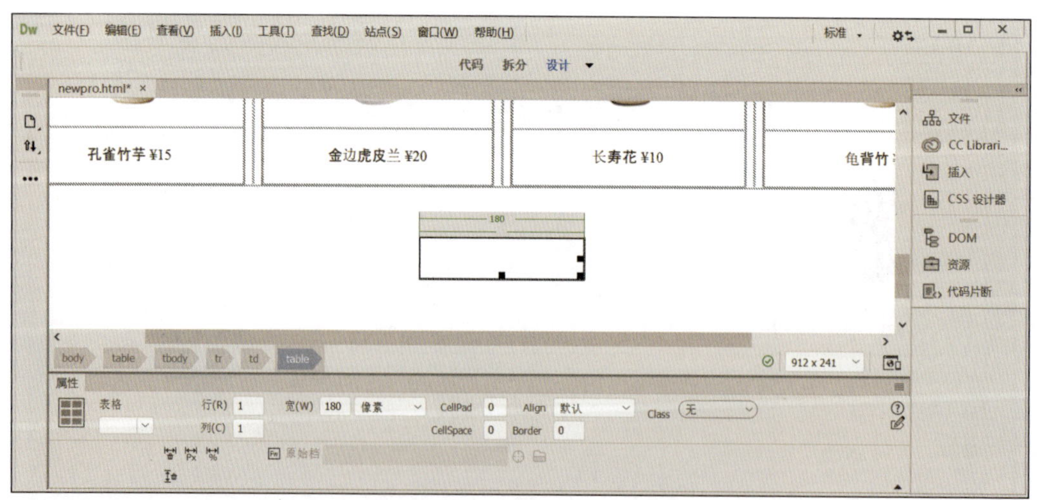

图 6–30　插入嵌套表格

在该表格的单元格内输入文本“查看更多商品”，利用 <a> 标签设置为超链接，将单元格高调整为 45px，背景颜色为 #81B214，文本颜色设置为 #fff、居中，如图 6-31 所示。

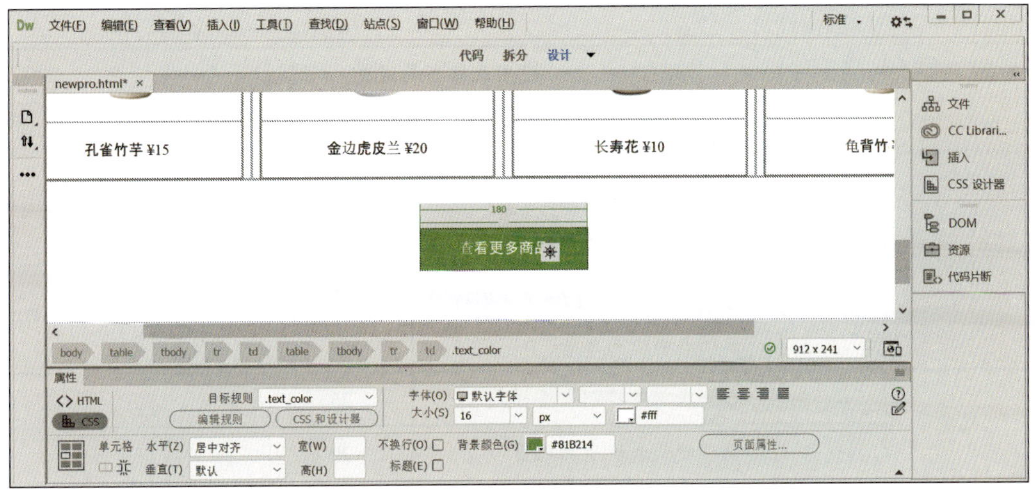

图 6-31 制作查看链接

- 步骤 8：制作版权信息

将光标定位在表格结构的第 6 行单元格内，输入文本“Copyright©2013-2023 花园绿植电子商城”。设置单元格高 80px，背景颜色为 #206A5D，文本颜色为 #fff、居中，如图 6-32 所示，保存网页并预览。

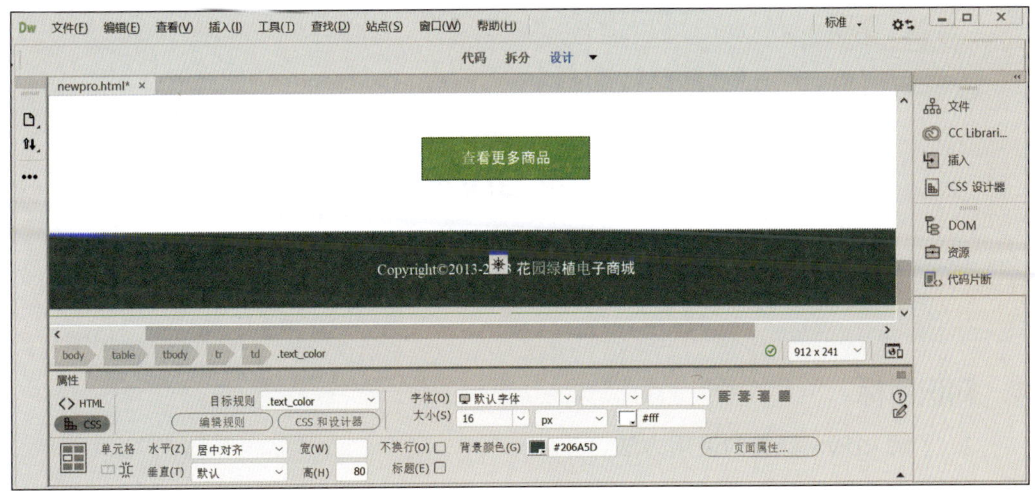

图 6-32 制作版权信息

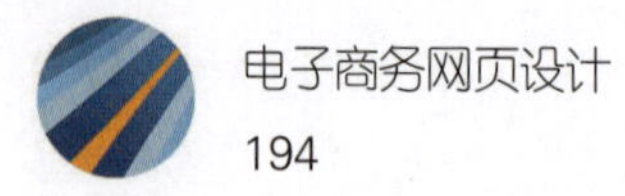

任务评价表

学习任务	使用表格布局网页		
项目	**评价内容**	**配分**	**得分**
知识	了解表格相关标签的使用	10	
	熟悉各种表格的编辑与操作	15	
	掌握表格的嵌套方法	15	
	掌握表格布局方法	15	
技能	能够合理使用属性控制表格样式	25	
	能够正确使用表格布局网页	20	
任务评价		合计得分	

思考与练习

1. 网页中的表格包含哪些基本的组成元素？
2. 如何在网页设计中有效利用表格进行页面布局？

学习任务 2　使用 DIV+CSS 布局网页

知识目标

1. 了解 <div> 标签的使用方法。
2. 掌握盒模型概念。
3. 掌握元素的定位方式。

4. 掌握 DIV+CSS 的布局方法。

技能目标

1. 能合理使用 <div> 标签控制页面分区。
2. 能正确设置 CSS 盒模型相关属性。
3. 能正确使用 DIV+CSS 对页面进行布局。

随着 Web 标准的逐步推广，越来越多的电商网站开始运用 DIV+CSS 进行页面布局。Web 标准倡导将网页内容与表现形式相分离，同时强调 HTML 文档应具备清晰、合理的结构。因此，我们需借助 DIV 进行布局，并运用 CSS 层叠样式表来塑造页面的视觉呈现。果乐惠公司决定使用 DIV+CSS 对首页进行布局，网页设计定版如图 6–33 所示。

一、<div> 标签概述

div，即“division”的缩写，意为“分割”或“区域”。在网页设计中，<div> 标签可被视作一个容器，它能够承载文本、图像等网页模块，进而协助我们进行网页的整体规划和布局。这个标签非常灵活，可以容纳包括段落、标题、表格、图像等在内的多种网页元素。大多数 HTML 标签都可以被嵌套在 <div> 标签内部；同时，<div> 标签本身也支持多层嵌套。

<div> 标签的基本语法格式如下：

<div id=" 控件 id"class=" 类名 "> 文本、图像或表格 </div>

<div> 标签的主要属性如下。

（1）id 属性

此属性用于唯一标识一个元素。在设置 id 值时，必须确保其以字母或下划线开头，不能以数字开头。

（2）class 属性

该属性用于定义元素的类名或元素组，便于将相似的元素或某一类元素进行归类和统一管理。通过 class 属性，可以轻松地为具有共同特性的元素组应用相同的样式规则。

果乐惠
网站首页
所有果蔬
活动专区
购物车
会员中心
新鲜绿色
自然健康
天然
绿色
有机
最新上架
Recommend

南充特产猕猴桃
猕猴桃美味可口，营养丰富，口感独特，给您带来别样的味蕾享受。无论是自己品尝还是与亲朋好友分享，都能为您的生活增添一份美好和快乐。

红心西柚8只装
红心西柚色泽鲜红，果肉饱满多汁。每一口都散发着浓郁的清香，酸甜交融，口感爽口。富含维生素C和抗氧化物质，有助于提高免疫力，保持健康。

酷爽柠檬
柠檬清新怡人，让您畅快一夏。富含维生素C，有助于提高免疫力。酸爽的味道带来清凉，每一口都令人陶醉，让您感受到夏日的活力与清爽。

水果特惠
Copyright©2013-2023 果乐惠电子商城

图 6-33　任务效果图

小贴士

<div> 标签是块级元素，浏览器通常会在 <div> 标签的前后自动添加一个换行符，使得内容在视觉上呈现块状布局。<div> 标签就像一个无形的容器，当我们把内容放入其中时，内容的原始外观并不会发生变化。这种特性非常有利于实现网页内容与表现的分离，便于后期的维护和修改。然而，要设置内容的视觉呈现效果，我们还需要为 <div> 标签添加 CSS 样式属性，以此来定义其外观和格式。

二、<div> 标签的使用方法

接下来，我们通过一个具体案例来演示 <div> 标签的使用方法。

步骤一：首先，在网页文档中找到想要插入 <div> 标签的确切位置，并单击以确定插入点。

步骤二：在菜单栏中，依次选择“插入”“HTML”“div”，或者可以直接点击“HTML”插入栏中的“div”按钮，打开“插入 div”对话框（见图 6–34）。在此对话框中，可以根据需要设置各项参数。设置完成后，点击“确定”按钮，即可在之前确定的插入点位置成功插入 <div> 标签。

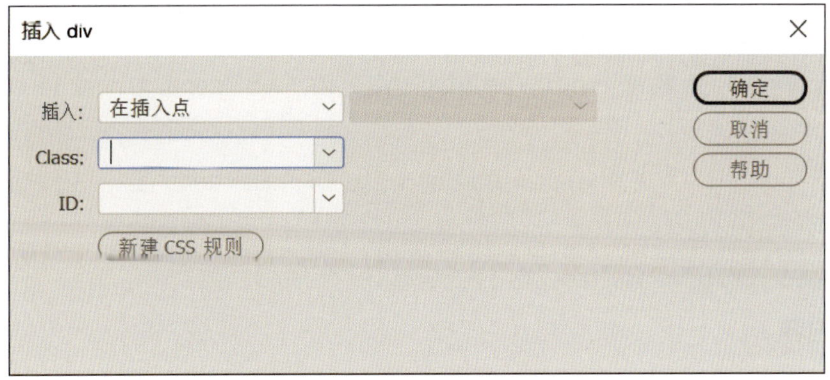

图 6–34 “插入 div”对话框

“插入 div”对话框中的各项设置作用如下。

插入：“插入”下拉列表中的内容会依据插入点所处的具体位置而有所变化。通过在下拉列表中选择不同的选项，可以更加精准地确定 <div> 标签的插入位置。

class：此选项允许我们选择想要应用到 <div> 标签的类样式。如果需要为该 <div> 标签创建新的类样式，可以在“类”编辑框中输入新的样式名称，然后点击“新建 CSS 样式”按钮来定义这个新的类样式。

ID：若需要为特定的 <div> 标签创建独有的 ID 样式，可以在“ID”编辑框内输入样式名称，随后点击“新建 CSS 规则”按钮来定义这个独特的 ID 样式。

三、DIV+CSS 盒模型

盒模型是 CSS 中控制页面布局的一个核心概念。在网页设计中，所有元素，包括文本、图像、超链接、<div> 标签等，均可被视为盒子。这些盒子将页面元素包裹在一个矩形区域内，这个区域就是我们所说的“盒模型”。

网页的布局设计可以看作是在页面空间内合理地排列这些盒子的过程。通过调整盒子的边框宽度、边界距离等参数，我们能够精准地控制每个盒子的位置和大小，从而实现对整个网页布局的精细调整。

盒模型的结构从内到外依次包括内容（content）、填充（padding）、边框（border）和边界（margin）四部分，如图 6-35 所示。盒子的实际尺寸是这四部分尺寸的总和。以图 6-35 所示的盒子为例，其宽度计算公式为：左边界 + 左边框 + 左填充 + 内容 + 右填充 + 右边框 + 右边界。

小贴士

以下是盒模型的两个计算公式：

盒子的实际宽度 =width+padding（左、右）+border（左、右）+margin（左、右）；

盒子的实际高度 =height+padding（上、下）+border（上、下）+margin（上、下）。

1. 内容

内容指的是盒子内部的实质部分，是盒模型中至关重要的组成元素。它可以涵盖网页上的各种元素，例如文本、图片或视频等。内容区域的大小由 width 和 height 属性来定义，其基本语法格式如下：

```
width: auto | length;
height: auto | length;
```

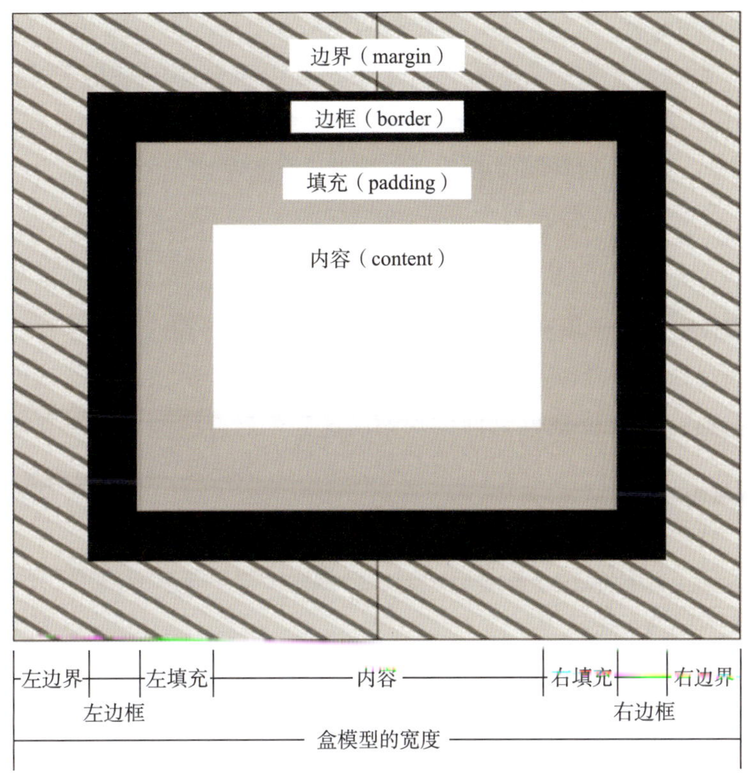

图 6-35　盒模型

其中，auto 表示宽度或高度将根据内容自动进行调整，而 length 则代表具体的长度值或百分比值。当使用百分比值时，它是基于父元素的相应维度来计算的。

2. 边界

边界指的是盒模型与其他相邻盒模型之间的间隔距离。它通过使用 margin 属性来设定，其基本语法格式如下：

margin: auto l length;

这里的 length 可以是具体的长度值或百分比值，百分比值是基于父元素的尺寸来计算的。此外，length 值也可以是负数，这样能够实现盒子间的重叠视觉效果。我们还可以通过 margin 的四个子属性（margin-top、margin-bottom、margin-left、margin-right）来分别设定盒子四周各边的边界值，它们的语法与 margin 相同。需要注意的是，对于行内元素而言，仅有左右边界会生效。

3. 填充

填充用于调整内容与盒子边框之间的空隙。这一设置通过 padding 属性来完成，其基本语法格式如下：

margin: length;

在这里，length 代表长度值或百分比值，其中百分比值是基于父元素的尺寸。与 margin 类似，我们也可以使用 padding 的四个子属性（padding-top、padding-bottom、padding-left、padding-right）来分别定义盒子四个方向的填充值。需要注意的是，这里的长度值不能为负。

4. 边框

边框在盒模型中位于填充和边界之间，起到分界的作用。边框的样式、宽度和颜色可以分别通过 border-style、border-width 和 border-color 这三个属性来定义。此外，也可以直接在 border 属性后面依次添加这三个对应的值，并用空格隔开，进行设置。

（1）边框样式

边框样式通过 border-style 属性描述，包括以下可选值。

- none：无边框，默认值。
- hidden：隐藏边框。
- dashed：由点划线构成的虚线边框。
- dotted：由点构成的虚线边框。
- solid：实线边框。
- double：双实线边框。
- groove：根据 color 值，显示 3D 凹槽边框。
- ridge：根据 color 值，显示 3D 凸槽边框。
- inset：根据 color 值，显示 3D 凹边边框。
- outset：根据 color 值，显示 3D 凸边边框。

（2）边框宽度

边框宽度通过 border-width 属性描述，值可以是关键字 medium、关键字 thin、关键字 thick、长度值或百分比。

（3）边框颜色

边框颜色通过 border-color 属性描述，其值与 color 属性的值相同，可以是 RGB 值、颜色名等。

在进行属性设置时，边框的样式属性是不可或缺的。如果省略了该属性，边框将不存在，此时即使设置了其他属性（如宽度和颜色）也将失去意义。

四、DIV+CSS 布局定位

CSS 布局通常首先利用 <div> 标签将网页整体划分为若干个区域，也就是盒子，随后对每个盒子进行精确的定位。常见的布局方式主要包括定位布局和浮动布局，它们分别通过定位（position）属性和浮动（float）属性来实现。

1. 定位属性

盒子的定位与其类型紧密相关。在 CSS 文件中，盒子可以分为块级元素和行内元素两类。通过 display 属性，可以定义盒子是块级元素还是行内元素。默认情况下，像 <div>、<p> 这样的块级元素会按照 HTML 规则上下排列；而像 <span>、<a> 这样的行内元素则会左右排列。

使用 position 属性，可以精确地控制盒子的位置。其语法格式如下：

position: static | relative | absolute | fixed;

（1）static：静态定位

当 position 属性的值设置为 static，或者不进行设置（即默认为 static）时，元素会按照 HTML 文档流进行定位。这是默认的定位方式。在此模式下，设置 top、left、bottom、right 等属性是无效的。

（2）relative：相对定位

通过 top、left、bottom、right 等属性值来设定元素相对于其原始位置的偏移量。在这种定位方式下，元素仍然会占用其原始位置的空间。

（3）absolute：绝对定位

通过 top、left、bottom、right 等属性值来设定元素相对于其最近的具有 position 设置的父元素的偏移量。在这种定位方式下，元素会脱离文档流，不占用原页面空间，后续元素会填充其原有的位置。

（4）fixed：固定定位

通过 top、left、bottom、right 等属性值来设定元素相对于浏览器窗口的偏移量。

小贴士

当父对象设置了 position 属性时，绝对定位的元素会以离其最近的设置了 position 属性的父对象为基准点进行定位。若绝对定位元素的所有上层父对象均未设置 position 属性，则该元素会以 body 元素为参照，也就是以浏览器窗口为基准进行绝对定位。

当被定位的元素遮挡住其他元素时，可以使用层叠定位属性来定义页面元素的堆叠顺序。z-index 的取值表示各元素之间的层次关系，数值越大表示元素越在上面；当取值为负数时，表示该元素位于页面之下。

2. 浮动属性

浮动属性可以控制盒子左右浮动，直到其边界碰到父对象或另一个浮动对象，其语法格式如下：

float: none | left | right;

各属性值含义如下：

- none：默认值，元素不浮动。
- left：元素向父对象的左侧浮动。
- right：元素向父对象的右侧浮动。

（1）基本浮动定位

设置了向左或向右浮动的盒子，整个盒子会做相应的浮动。浮动盒子不再占用原本在文档中的位置，其后续元素会自动向前填充，遇到浮动对象边界则停止。

（2）清除浮动属性

浮动设置使设计人员能够更加自由方便地布局网页，但有时某些盒子可能需要清除浮动设置，这时需要用到浮动属性 clear，其语法格式如下：

clear: none | left | right | both;

各属性值含义如下：

- none：默认值，允许浮动。
- left：清除左侧浮动。
- right：清除右侧浮动。
- both：清除两侧浮动。

在设计网页之前，需要先对整体布局有一个明确的规划。随后，可以利用盒模型对网页进行初步的分块布局设计。在此基础上，进一步运用各类标签和属性，精确设计和调整各个块内及块间的相对位置。根据任务效果图，我们将着手制作首页文件 index.html。

● 步骤 1：创建站点文件夹 web

在 D 盘的根目录下，首先需要建立一个站点文件夹，并将其命名为“web”。随后，在该文件夹中创建两个子文件夹，分别是“image”和“css”。接下来，在

“web”文件夹中新建一个网页文件，并将其命名为“index.html”，如图 6–36 所示。

图 6–36　站点文件夹结构

在“CSS 设计器”面板中，先选择“源”，然后选择“创建新的 CSS 文件”。会弹出一个名为“创建新的 CSS 文件”对话框（见图 6–37）。在这个对话框中，点击“浏览”按钮，在弹出的“将样式表文件另存为”对话框中，新建一个样式表文件，命名为“style.css”，并将其保存在之前创建的“css”文件夹中。

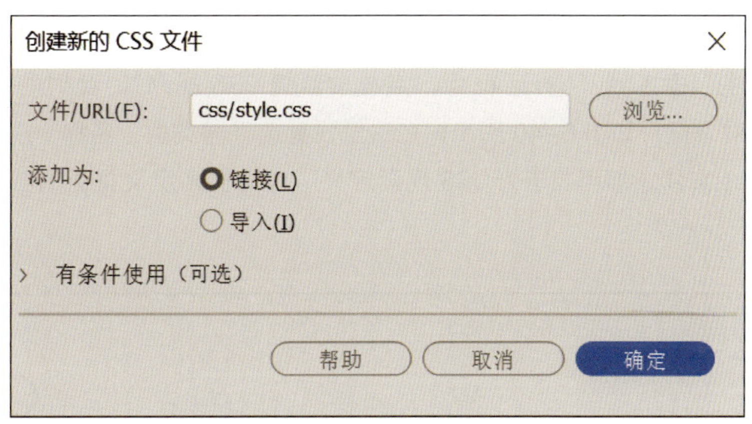

图 6–37　“创建新的 CSS 文件”对话框

完成上述步骤后，请确保“文件 /URL”一栏设置为“css/style.css”，这表示样式表文件相对于当前网页文件的位置。接着，在“添加为”一栏中选择“链接”，最后点击“确定”按钮。至此，我们就成功地引入了外部的 CSS 样式表文件。

● 步骤 2：页面结构布局

网站首页从上到下可以分为 4 个模块，id 为“header”的 <div> 标签用于搭建导航和 banner 模块的结构，id 为“newpro”的 <div> 标签用于搭建最新上架模块的结构，id 为“hot”的 <div> 标签用于搭建水果特惠模块的结构，id 为“footer”的 <div> 标签用于搭建版权信息模块的结构，如图 6–38 所示。

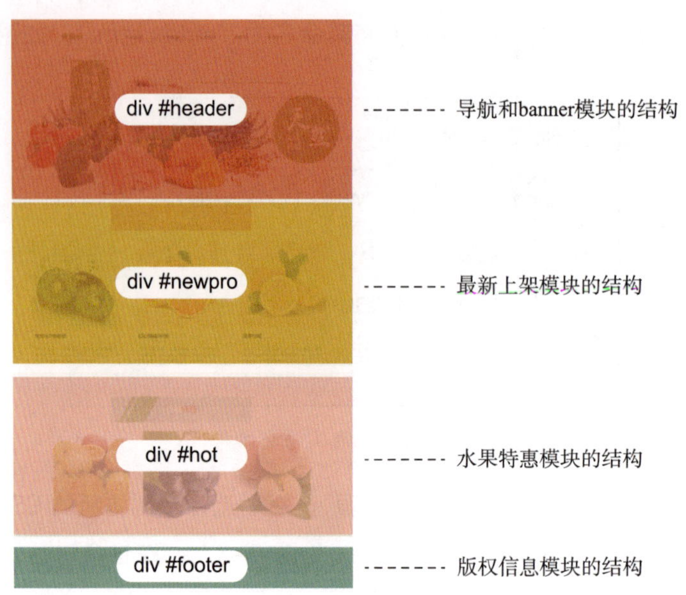

图 6–38　页面结构布局

执行菜单栏“插入—div”命令对页面进行布局，根据顺序设置 ID 名称，依次插入 <div> 标签，如图 6–39 所示。

在弹出的“插入 div”对话框中，点击“新建 CSS 规则”，此时将弹出“新建 CSS 规则”对话框，如图 6–40 所示，在这里设置选择器类型、名称，规则定义注意选择 style.css 文件，即可打开“CSS 规则定义”对话框来定义页面的基础样式，如图 6–41 所示。

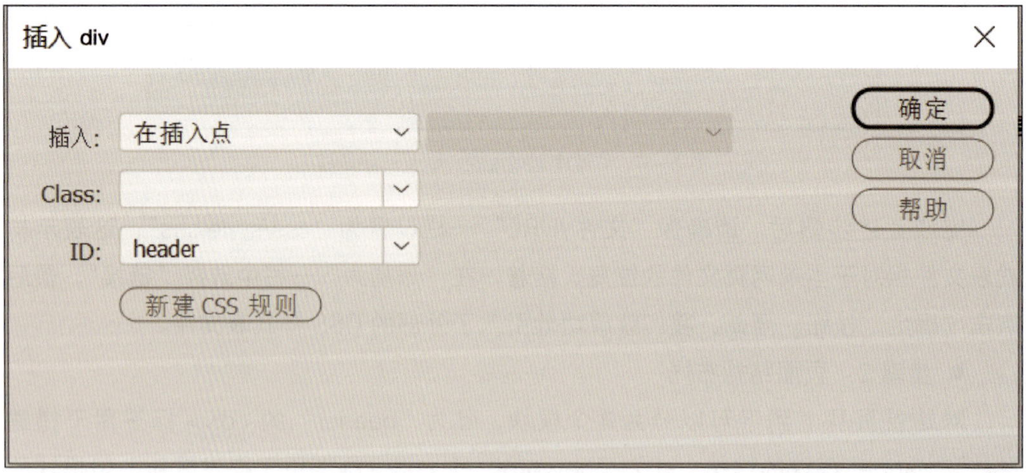

插入 div

插入：在插入点

Class:

ID: header

新建 CSS 规则

确定

取消

帮助

图 6–39　“插入 div”对话框

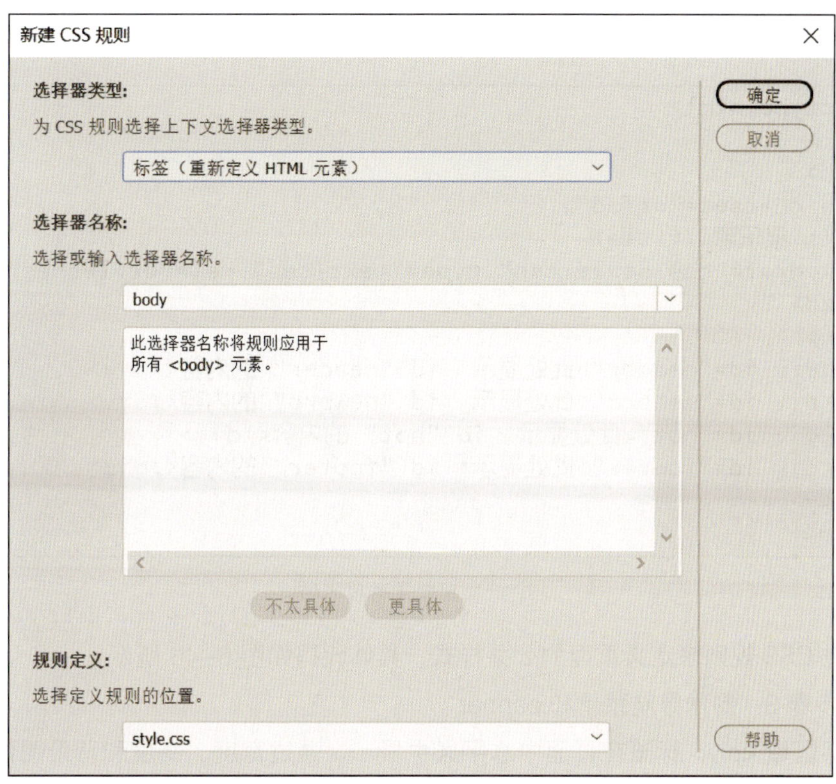

图 6-40 “新建 CSS 规则”对话框

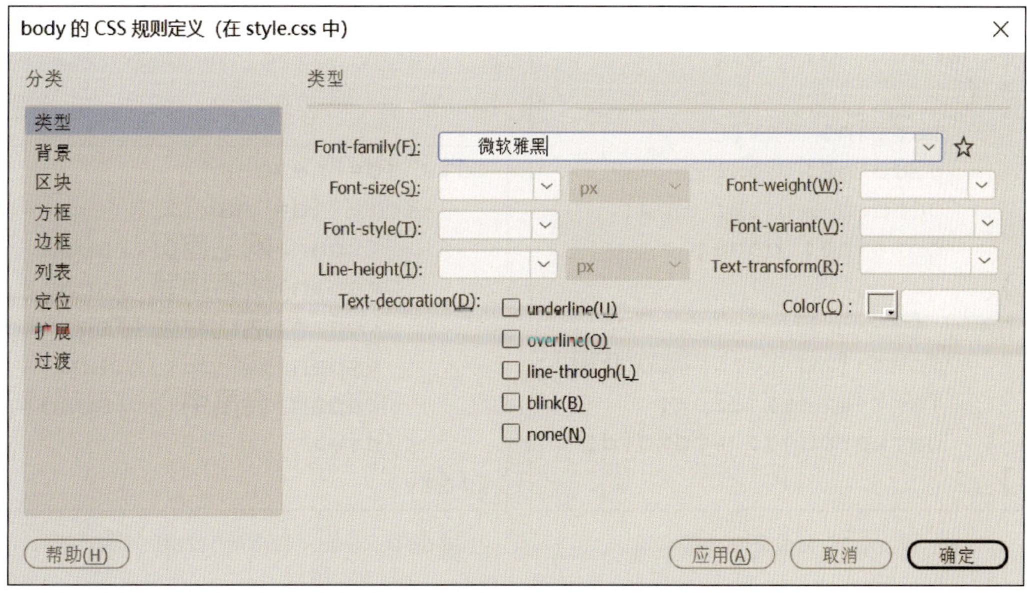

图 6-41 “CSS 规则定义”对话框

网页布局的具体代码如图 6–42 所示。

```
<!doctype html>
<html>
<head>
<meta charset="utf-8">
<title>果乐惠</title>
<link href="css/style.css" type="text/css" rel="stylesheet" />
</head>
<body>
    <div id="header">此处显示  id "header" 的内容</div>
    <div id="newpro">此处显示  id "newpro" 的内容</div>
    <div id="hot">此处显示  id "hot" 的内容</div>
    <div id="footer">此处显示  id "footer" 的内容</div>
</body>
</html>
```

图 6–42　网页布局代码

通过 CSS 规则来定义页面的公共样式，具体代码如图 6–43 所示。

● 步骤 3：制作导航菜单和 banner

头部区域 <div> 标签在页面中水平居中显示，通过宽度、高度和背景图像等添加 banner 图片。导航菜单通过在 <div> 标签中嵌套 <span> 标签来实现，logo 通过插入背景图像的方式添加。该模块的 HTML 结构代码如图 6–44 所示。

```
@charset "utf-8";
* {
    margin: 0px;
    padding: 0px;
    border-width: 0px;
    outline: none;
}
body {
    font-family: "微软雅黑";
    font-size: 12px;
    background: #fdfdfd;
}
```

图 6–43　页面公共样式代码

```
<div id="header">
    <div id="nav">
      <span>网站首页</span>
      <span>所有果蔬</span>
      <span>活动专区</span>
      <span>购物车</span>
      <span>会员中心</span>
    </div>
</div>
```

图 6–44　header 区域的 HTML 结构代码

添加对应的 CSS 样式代码，具体代码如图 6–45 所示。

```
#header{
    width: 1200px;
    height: 617px;
    background: url(../image/bg.png) no-repeat;
    margin: 0 auto;
}
#nav{
    width: 700px;
    height: 50px;
    margin: 0px auto;
    padding: 50px 0 0 250px;
    background: url(../image/logo.png) left center no-repeat;
}
#nav span{
    font-size: 16px;
    color: #333;
    padding: 0 30px;
}
```

图 6–45 header 区域的 CSS 样式代码

● 步骤 4：制作最新上架模块

最新上架模块由 3 个样式相同的 <div> 标签构成，其中的图片和文本信息可通过在 <div> 标签中嵌套 <img> 标签、<h2> 标签和 <p> 标签来定义。该模块的 HTML 结构代码如图 6–46 所示。

```
<div id="newpro">
    <div class="pro">
        <img src="image/newpro1.jpg" />
        <h2 class="title">南充特产猕猴桃</h2>
        <p class="text">猕猴桃美味可口，营养丰富，口感独特，给您带来别样的味觉享受。无论
        是自己品尝还是与亲朋好友分享，都能为您的生活增添一份美好和快乐。</p>
    </div>
    <div class="pro">
        <img src="image/newpro2.jpg" />
        <h2 class="title">红心西柚8只装</h2>
        <p class="text">红心西柚色泽鲜红，果肉饱满多汁。每一口都散发着浓郁的清香，酸甜交
        融，口感爽口。富含维生素C和抗氧化物质，有助于提高免疫力，保持健康。</p>
    </div>
    <div class="pro">
        <img src="image/newpro3.jpg" />
        <h2 class="title">酷爽柠檬</h2>
        <p class="text">柠檬清新怡人，让您畅快一夏。富含维生素C，有助于提高免疫力。酸爽的
        味道带来清凉，每一口都令人陶醉，让您感受到夏日的活力与清爽。</p>
    </div>
</div>
```

图 6–46 newpro 区域的 HTML 结构代码

添加对应的 CSS 样式代码，具体代码如图 6–47 所示。

```
#newpro{
    width: 1200px;
    height: 455px;
    background: url(../image/zuixin.jpg) center top no-repeat;
    margin: 18px auto;
    padding-top: 120px;
}
.pro{
    float: left;
    margin-left: 70px;
}
.pro .title{
    width: 284px;
    height: 50px;
    padding-left: 10px;
    line-height: 50px;
    font-weight: bold;
    font-size: 16px;
    border-bottom: 1px solid #ddd;
}
.pro .text{
    width: 284px;
    height: 70px;
    line-height: 20px;
    padding: 10px 0 0 10px;
    font-size: 12px;
    color: #bbb;
}
```

图 6–47　newpro 区域的 CSS 样式代码

● 步骤 5：制作水果特惠模块

通过嵌套的 <div> 标签来放置标题和图片。该模块的 HTML 结构代码如图 6–48 所示。

```
<div id="hot">
    <h3></h3>
    <div class="pic">
        <img src="image/img1.jpg" />
        <img src="image/img2.jpg" />
        <img src="image/img3.jpg" />
    </div>
</div>
```

图 6–48　hot 区域的 HTML 结构代码

添加对应的 CSS 样式代码，具体代码如图 6–49 所示。

```
#hot{
    width: 1200px;
    background-image: url("../image/bgimg.png");
    margin: 50px auto;
}
#hot h3{
    width: 636px;
    height: 150px;
    margin: 0px auto;
    background: url(../image/tehui.png) no-repeat center center;
}
#hot .pic{
    width: 1000px;
    height: 360px;
    margin: 0 auto;
}
#hot .pic img{
    margin-left: 45px;
}
```

图 6-49 hot 区域的 CSS 样式代码

● 步骤 6：制作版权信息

在 <div> 标签中输入文本内容。该模块的 HTML 结构代码如图 6-50 所示。

```
<div id="footer">Copyright©2013-2023 果乐惠电子商城</div>
```

图 6-50 footer 区域的 HTML 结构代码

添加对应的 CSS 样式代码，具体代码如图 6-51 所示。

```
#footer{
    width:1200px;
    height: 80px;
    margin: 0 auto;
    background-color: #EDE8E2;
    color: #99A3B8;
    text-align: center;
    line-height: 80px;
}
```

图 6-51 footer 区域的 CSS 样式代码

任务评价

任务评价表

学习任务	使用 DIV+CSS 布局网页		
项目	**评价内容**	**配分**	**得分**
知识	了解 <div> 标签的使用方法	10	
	掌握盒模型概念	10	
	掌握元素的定位方式	10	
	掌握 DIV+CSS 的布局方法	10	
技能	能合理使用 <div> 标签控制页面分区	20	
	能正确设置 CSS 盒模型相关属性	20	
	能正确使用 DIV+CSS 对页面进行布局	20	
任务评价		合计得分	

思考与练习

1. 简述 div 标签的基本使用方法，并解释它在网页布局中的作用。
2. 请描述盒模型的主要组成部分，并详细说明如何根据这些组成部分来计算元素的总宽度。
3. 简述 CSS 中绝对定位的设置效果，并解释它如何影响元素在页面上的布局，以及在使用绝对定位时需要注意的事项。

项目七
网页特效的制作

项目概述

随着网络的不断发展，网络已经不仅仅是一个信息获取的平台，正逐步向个性化服务领域拓展。网站的美观程度和信息的丰富性成为吸引用户的关键因素，直接影响着网站的访问量。因此，对于任何网站或网页而言，其外观设计都显得尤为重要。通过综合运用 HTML、CSS 和 JavaScript 技术，我们能够构建风格各异、富有动态感和吸引力的网页。

通过本项目的学习，我们将学会利用 JavaScript 制作网页特效，包括实现日期时间类特效、文字类特效和图片类特效。这些动态效果不仅能有效吸引访问者的注意力，还能大幅提升网页的视觉吸引力和互动趣味性。

学习任务 1　日期时间类网页特效的制作

学习目标

● 知识目标

1. 掌握 JavaScript 的数据类型、运算符等基础知识。
2. 掌握 JavaScript 的日期对象和计时方法的概念。

● 技能目标

1. 能够正确使用 JavaScript 语句编写表达式。
2. 能够正确使用日期对象实现倒计时功能。

任务描述

某旅游公司为庆祝成立五周年，特别推出了旅游专线优惠活动。该活动将持续至2024 年 4 月 10 日，这期间只要参加团购，即可享受折扣价，游览丰富多彩的景点，并有机会升级至五星级酒店住宿。目前，公司正着手制作宣传网页，以广泛宣传此次优惠活动。网页设计定版如图 7–1 所示。

相关知识

日期时间类网页特效设计，主要是通过运用多种技术手段，对日期时间元素进行美化与动态化处理，旨在创造出独特的视觉效果和页面布局，进而增强其视觉吸引力和艺术美感。通过这种设计，可以使网页更加生动、有趣，并提升用户体验。

一、JavaScript 简介

JavaScript 是一种在网络浏览器中运行的编程语言，通常称之为脚本语言。这种基于对象和事件驱动的客户端脚本语言，具有较高的安全性，并且被广泛应用于客户端 Web 开发。脚本语言是在浏览器端执行的程序代码，它并非一个独立的软件。脚本语言可以轻松地集成到使用 HTML 和 CSS 构建的网站中，当页面加载时，脚本会自动执行。在实现各种页面动态效果和交互功能方面，脚本语言发挥着举足轻重的作用。例如，在购物网站上，购物车的使用和成本估算功能就需要依赖 JavaScript 来实现。如果没有 JavaScript，购物车的各项操作以及结算功能将无法完成。

经过多年的发展，JavaScript 已经成为备受欢迎且增长迅速的编程语言之一，尤其深受前端开发人员青睐。凭借其丰富用途和广泛的浏览器支持，JavaScript 成为互联网上广为流行的脚本语言。在当前“大前端”“全端”的开发趋势下，JavaScript 展现出了极强的适应性，不仅可以用于前端开发，还可以涉足后端、客户端，甚至能够开发各种应用和操作系统。

Go Tours
首页
旅游资讯
机票订购
风景欣赏
关于公司
团购活动倒计时
还剩1天19小时54分43秒
旅游资讯
国内长线
曼谷-芭提雅6日游
包团特惠，超丰富景点，升级1晚国五，无自费，赠送600元成人券...
¥2864
¥6093
立即抢购
交通：春秋航空，杭州出发，无需转
团期：11/01、11/03、11/08...
本团游由山河旅行社赞助提供，截止于2024-10-10
加载更多...
景点推荐
曼谷(12)
东京(12)
西双版纳(6)
漓江(12)
呼伦贝尔(7)
首尔(12)
巴厘岛(12)
土耳其(12)
夏威夷(12)
热门旅游
曼谷-芭提雅6日游
旅游百宝箱
天气预报
火车票查询
航空查询
地铁线路查询
合作伙伴
途牛旅游网
驴妈妈旅游网
携程旅游
中国青年旅社
旅游FAQ
旅游合同签订方式?
儿童价是基于什么制定的?
旅游的线路品质是怎么界定的?
旅游保险有些什么种类?
联系方式
微博：weibo.com/maodo
邮件：sh@maodou.com
地址：西安市雁塔区123号
Copyright © SHMD 山河旅行社| 陕ICP备120110119号| 旅行社经营许可证：L-SH-BK12345

图 7-1　任务效果图

二、JavaScript 的基础知识

1. 数据类型

JavaScript 的基本数据类型主要包括字符串、数字、布尔、null 和 undefined（见表 7–1），而引用类型则主要有数组和对象。JavaScript 具有动态类型特性，这意味着同一个变量可以被用作不同的数据类型。

表 7–1　JavaScript 的基本数据类型

数据类型	解释
字符串	字符串可以是引号中的任意文本，可以使用单引号和双引号
数字	数字可以带小数点，也可以不带
布尔	布尔类型只有两个值：true 和 false，常用在条件测试中
null	可以通过将变量的值设置为 null 来清空变量
undefined	表示变量不含有值

2. 常量和变量

在 JavaScript 中，常量和变量是用来存储数据的标识符。它们之间的主要区别在于，常量的值在声明并初始化后不能被重新赋值，而变量的值是可以改变的。

3. 运算符和表达式

运算符也称为操作符，JavaScript 常用的运算符有：算术运算符（包括 +、–、*、/、%、++、––）、比较运算符（包括 <、<=、>、>=、==、!=）、逻辑运算符（&&、||、!）、赋值运算符（=、+=、–=、*=、/=、%=）、条件运算符（?:）以及其他类型的运算符。

表达式是运算符和操作数的组合，表达式通过求值确定表达式的值，这个值是操作数据实施运算所确定的结果。由于表达式是以运算符为基础的，所以表达式可以分为算术表达式、字符串表达式、赋值表达式、逻辑表达式等。

三、JavaScript 的日期对象

日期对象主要用于从系统中获取当前日期和时间，或者设置特定的日期和时间。此外，它还能在时间、日期与字符串之间进行转换。Date ( ) 是一个构造函数，用于创建日期对象，创建时必须使用 new 关键字。日期对象的函数功能见表 7–2。

表 7-2　日期对象的函数功能

函数名称	功能描述	示例
Date ( )	获取当日的日期和时间，也可以创建日期对象	var d =new Date ( )
getTime ( )	返回从 1970 年 1 月 1 日至今的毫秒数	var d1=new Date ( ).getTime ( )
setFullYear ( )	设置具体的日期	d.setFullYear（2024，4，7）
toUTCString ( )	将当日的日期转换为字符串	d.toUTCString ( )
getFullYear ( )	从 Date 对象以 4 位数字返回年份	d.getFullYear ( )
getMonth ( )	从 Date 对象返回月份（0～11）	d.getMonth ( )
getDate ( )	从 Date 对象返回一个月中的某一天（1～31）	d.getDate ( )
getDay ( )	从 Date 对象返回一周中的某一天（0～6，0 表示周日，6 表示周六）	d.getDay ( )
getHours ( )	返回 Date 对象的小时（0～23）	d.getHours ( )
getMinutes ( )	返回 Date 对象的分钟（0～59）	d.getMinutes ( )
getSeconds ( )	返回 Date 对象的秒数（0～59）	d.getSeconds ( )
getMilliseconds ( )	返回 Date 对象的毫秒（0～999）	d.getMilliseconds ( )

四、JavaScript 的计时方法

通过使用 JavaScript 的计时功能，我们可以在一个设定的时间间隔之后执行代码，而无须在函数调用后立即执行。这种机制被称为计时事件。在 JavaScript 中，处理计时事件的两个关键方法是 setTimeout ( ) 和 clearTimeout ( )。

1. setTimeout ( ) 方法

setTimeout ( ) 方法用于指定未来的某个时间点执行代码，即经过指定时间间隔后调用函数或执行 JavaScript 表达式。

其语法格式如下：

var t=setTimeout（“JavaScript 语句”，毫秒数）

setTimeout ( ) 方法会返回某个值。在上面的语句中，该返回值被储存在名为 t 的变量中。

setTimeout ( ) 的第 1 个参数是包含 JavaScript 语句的字符串。这个语句可以是诸如“alert(“5seconds!”)”这样的简单语句，也可以是对函数的调用，诸如“alertMsg ( )”。第 2 个参数指示从当前起多少毫秒后执行第 1 个参数。

2. clearTimeout ( ) 方法

用于重置 JavaScript 定时器，如果希望阻止 setTimeout 的运行，就可以调用 clearTimeout ( ) 方法。

3. setInterval ( ) 方法

setInterval ( ) 方法可按照指定的周期（以毫秒计）来调用函数或计算表达式。setInterval ( ) 方法会不停地调用函数，直到 clearInterval ( ) 方法被调用或窗口被关闭。由 setInterval ( ) 方法返回的值可用作 clearInterval ( ) 方法的参数。

其语法格式如下：

setInterval（code, millisec）

两个参数都是必需参数，其中参数 code 表示要调用的函数或要执行的代码串，millisec 表示周期性执行或调用 code 之间的时间间隔，以毫秒计。

4. clearInterval ( ) 方法

clearInterval ( ) 方法可取消由 setInterval ( ) 方法设置的毫秒时间。

其语法格式如下：

clearInterval（id_of_setInterval）

参数 id_of_setInterval 必须是由 setInterval ( ) 方法返回的 ID 值。

任务实施

本任务要求运用 JavaScript 语句，通过调用日期对象的相关方法，结合 JavaScript 的计时功能，在网页上实现倒计时效果的显示。

● 步骤 1：创建网页

通过菜单栏，依次选择“文件”“新建”，会弹出新建文档窗口，如图 7–2 所示。在此窗口中，选择“空白页”，并将页面类型设置为“HTML”。之后，点击“创建”按钮，即可生成一个新的 HTML 页面，并将其命名为“index.html”。接下来，以同样的方式新建一个页面类型为“CSS”的空白页，并将其命名为“style.css”。

● 步骤 2：修饰网页

打开 style.css 文件，在文件中通过设置 margin:0; 和 padding:0; 将页面边距调整为 0。同时，将图片设置为块级元素（display:block;），并使其宽度占据 100% 的容器宽度。此外，还需对项目列表和超链接进行初始化设置。具体代码如图 7–3 所示。

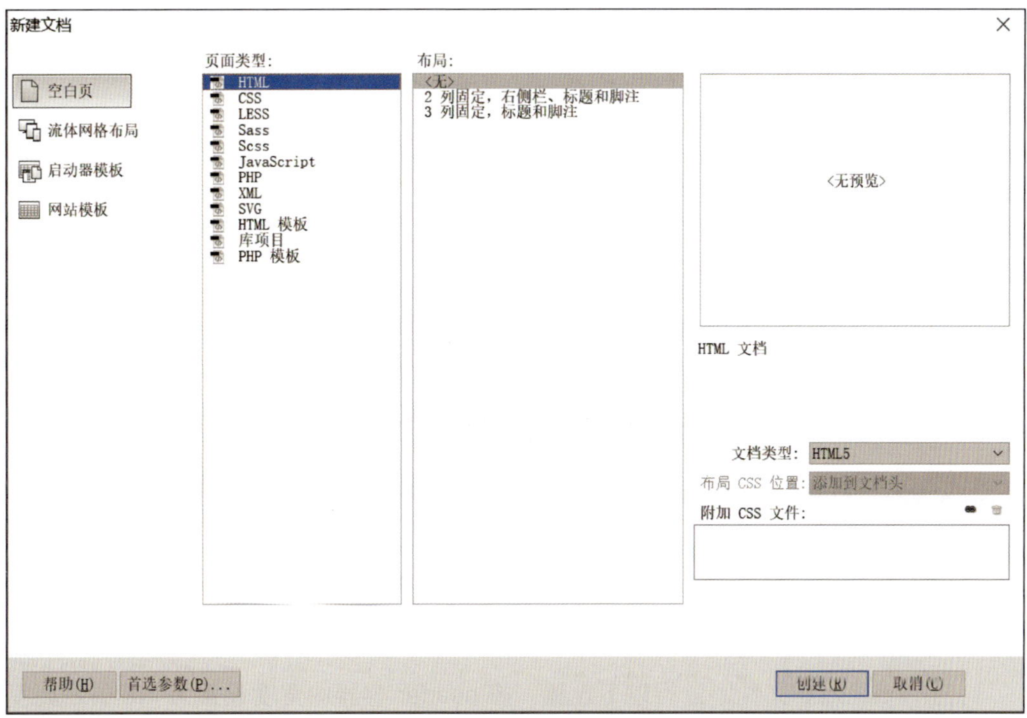

图 7-2　新建文档窗口

```
body,h1,h2 ,h3,h4,ul,ol,p,fieldset,figure{
    margin:0;
    padding:0;
}
img{
    display:block;
    max-width:100%;
}
ul,ol{
    list-style:outside none none;
}
a{
    text-decoration:none;
}
```

图 7-3　修饰网页代码

● 步骤 3：制作导航条

打开 index.html 文件，在工作区中添加 <header> 标签作为网页的头部区域。在 <header> 标签内部，放置 logo 和导航条。使用 <h1> 标签设置和展示 logo 图片，同时利用 <nav> 标签布局导航条。为了修饰导航条中的各个项目，使用 <ul> 和 <li> 标签列举“首页”“旅游资讯”“机票订购”“风景欣赏”以及“关于公司”等导航项，如图 7–4 所示。

```
<header id="header">
        <h1 class="logo"></h1>
        <nav class="link" >
            <ul>
                <li><a href="#">首页</a></li>
                <li class="active"><a href="#">旅游资讯</a></li>
                <li><a href="#">机票订购</a></li>
                <li ><a href="#">风景欣赏</a></li>
                <li><a href="#">关于公司</a></li>
            </ul>
        </nav>
</header>
```

图 7–4　制作导航条代码

● 步骤 4：修饰导航条

打开 index.css 文件，进行以下设置：将 header 容器的宽度设置为 100%，高度设置为 70px，并指定背景颜色为 #333；将 logo 图片的宽度设置为 30%，高度设置为 70px，并确保其靠左对齐；将导航条的链接宽度设置为 55%，高度和行高均调整为 70px，文本颜色设置为 #aaaaaa，并确保其靠右对齐；针对导航条中的文字项目，设置每个项目的宽度为 20%，使文本居中显示，并确保它们水平排列。设置文本颜色为 #eeeeee，并以块级元素的方式显示。设置当鼠标悬停时，项目的背景颜色改变为 #000。具体代码如图 7–5 所示，效果如图 7–6 所示。

● 步骤 5：制作倒计时区域

打开 index.html 文件，在工作区中插入 <div> 标签，作为倒计时显示区域，并将其命名为“headline”。在该区域内，插入名为 headline.jpg 的图片文件，以实现背景图片的插入。接着，利用 <h3> 和 <h2> 标签实现倒计时时间的输出显示。具体代码如图 7–7 所示。

● 步骤 6：修饰倒计时区域

设置 headline 区域的最大宽度为 1 920px，采用相对定位。将图片宽度设置为 100%。在图片上的文字区域使用 <hgroup> 标签包裹倒计时内容，并为其设置绝对定位。同时，设定定位参数：bottom 为 2%，left 为 5%。将文本颜色设置为 #FFF，字体大小设置为 45px。此外，为文字添加黑色阴影效果（text–shadow:–2px 2px 0px #000;）。具体代码如图 7–8 所示，效果如图 7–9 所示。

```
#header{
    width:100%;
    height:70px;
    background-color:#333;
}
#header .logo{
    width:30%;
    height:70px;
    background:url(../img/logo.png) no-repeat left center;
    float:left;
}
#header .link{
    width:55%;
    height:70px;
    line-height:70px;
    color:#aaaaaa;
    float:right;
}
#header .link li{
    width:20%;
    text-align:center;
    float:left;
}
#header .link  a {
    color:#eeeeee;
    display: block;
}
#header .link a:hover, #header .active a{
    background-color:#000;
}
```

图 7-5　修饰导航条代码

图 7-6　导航条效果

```
<div id="headline">
    <img src="img/headline.jpg" alt="">
    <hgroup>
        <h3>团购活动倒计时</h3>
        <h2 class="time">
            <span id="LeftTime"></span>
        </h2>
        <script>
            function FreshTime()
            {
                var endtime=new Date("2024/4/9,12:20:12");//结束时间
                var nowtime = new Date();//当前时间
                var lefttime=parseInt((endtime.getTime()-nowtime.getTime())/1000);
                d=parseInt(lefttime/3600/24);
                h=parseInt((lefttime/3600)%24);
                m=parseInt((lefttime/60)%60);
                s=parseInt(lefttime%60);

                document.getElementById("LeftTime").innerHTML="还剩" + d+"天"+h+"小时"+m+"分"+s+"秒";
                if(lefttime<=0){
                    document.getElementById("LeftTime").innerHTML="团购已结束";
                    clearInterval(sh);
                }
            }
                FreshTime();
                var sh;
                sh=setInterval(FreshTime,1000);
        </script>
    </hgroup>
</div>
```

图 7-7　制作倒计时区域代码

```
#headline{
    max-width:1920px;
    padding:0px 0 0 0;
    margin:0 auto;
    position:relative;
}
#headline img{
    width:100%;
}
#headline hgroup{
    position:absolute;
    bottom:2%;
    left:5%;
}
#headline h2{
    color:#FFF;
    font-size:45px;
    letter-spacing:1px;
    text-shadow:-2px 2px 0px #000;
}
#headline h3{
    color:#FFF;
    font-size:24px;
    letter-spacing:1px;
    text-shadow:-2px 2px 0px #000;
}
```

图 7-8　修饰倒计时区域代码

图 7-9　倒计时区域效果

● 步骤 7：制作中间区域

打开 index.html 文件，在工作区中插入 <div> 标签，将其作为中间区域，并命名为“container”。在 container 内部，首先插入 <aside> 标签，命名为“sidebar”，用于存放“景点推荐”“热门旅游”和“旅游百宝箱”三个部分的网页元素。接下来，在 container 内部继续插入 <div> 标签，命名为“list–information”，用于存放“旅游资讯”和“加载更多”两个部分的网页元素，具体代码如图 7–10 所示。

```
<div id="container">
    <aside class="sidebar">
        <div class="sidebox recommend">
            <h2>景点推荐</h2>
            <div cl...
        </div>
        <div class="sidebox hot">
            <h2>热门旅游</h2>
            <div cl...
        </div>
        <div class="sidebox  treasure">
            <h2>旅游百宝箱</h2>
            <div cl...
        </div>
    </aside>
    <div class="list information">
        <h2 style="margin:0 0 20px 0">旅游资讯 </h2>
        <figure...
        <figure...
        <div class="more">加载更多...</div>
    </div>
</div>
```

图 7-10　制作中间区域代码

接下来制作景点推荐区域：在“景点推荐”文字下方插入一个命名为“tag”的盒子。在这个盒子中，利用 <ul> 和 <li> 标签插入以下文字列表：“曼谷（12）”“东京（12）”“西双版纳（6）”“漓江（12）”“呼伦贝尔（7）”“首尔（12）”“巴厘岛（12）”“土耳其（12）”“夏威夷（12）”，如图 7–11 所示。

```
<h2>景点推荐</h2>
<div class="tag">
    <ul>
        <li><a href="###">曼谷(12)</a></li>
        <li><a href="###">东京(12)</a></li>
        <li><a href="###">西双版纳(6)</a></li>
        <li><a href="###">漓江(12)</a></li>
        <li> <a href="###">呼伦贝尔(7)</a></li>
        <li><a href="###">首尔(12)</a></li>
        <li> <a href="###">巴厘岛(12)</a></li>
        <li><a href="###">土耳其(12)</a></li>
        <li><a href="###">夏威夷(12)</a></li>
    </ul>
</div>
```

图 7–11　制作景点推荐区域代码

接下来制作热门旅游区域：插入一个命名为“figure”的盒子。在这个盒子内部，设置 4 个 <figure> 标签，分别用于存放 4 张图片及其对应的文字说明。这 4 张图片分别为 hot1.jpg、hot2.jpg、hot3.jpg 和 hot4.jpg，图片下方的文字如“曼谷 – 芭提雅 6 日游”则使用 <figcaption> 标签进行标注，如图 7–12 所示。

```
<h2>热门旅游</h2>
<div class="figure">
    <figure>
        <img src="img/hot1.jpg" alt="曼谷-芭提雅6日游">
        <figcaption>曼谷-芭提雅6日游</figcaption>
    </figure>
    <figure>
        <img src="img/hot2.jpg" alt="曼谷-芭提雅6日游">
        <figcaption>曼谷-芭提雅6日游</figcaption>
    </figure>
    <figure>
        <img src="img/hot3.jpg" alt="曼谷-芭提雅6日游">
        <figcaption>曼谷-芭提雅6日游</figcaption>
    </figure>
    <figure>
        <img src="img/hot4.jpg" alt="曼谷-芭提雅6日游">
        <figcaption>曼谷-芭提雅6日游</figcaption>
    </figure>
</div>
```

图 7–12　制作热门旅游区域代码

接下来是旅游百宝箱区域的制作：在“旅游百宝箱”文字下方插入一个命名为“box”的盒子。在盒子内部设置 4 个超链接，分别对应“天气预报”“火车票查询”“航空查询”和“地铁线路查询”4 个功能，如图 7–13 所示。

```
<h2>旅游百宝箱</h2>
<div class="box">
    <a href="###" class="treat1">天气预报</a>
    <a href="###" class="treat2">火车票查询</a>
    <a href="###" class="treat3">航空查询</a>
    <a href="###" class="treat4">地铁线路查询</a>
</div>
```

图 7–13　制作旅游百宝箱区域代码

最后是旅游资讯区域的制作：在“旅游资讯”文字下方插入一个命名为“tour”的 <figure> 标签。在这个标签内部，首先插入图片 tour1.png，然后在图片下方插入相关的文字说明，如图 7–14 所示。

```
<h2 style="margin:0 0 20px 0">旅游资讯 </h2>
<figure class="tour">
    <img src="img/tour1.png" alt="曼谷-芭提雅6日游">
    <figcaption>
        <article>
            <header>
                <hgroup>
                    <h2>曼谷-芭提雅6日游</h2>
                    <h3 class="xs-hidden">包团特惠，超丰富景点，升级1晚国五，无自费，赠送600元成人券…</h3>
                </hgroup>
            </header>
            <ol class="md-hidden">
                <li><mark>交通</mark>：春秋航空，杭州出发，无需转机</li>
                <li><mark>团期</mark>：11/01、11/03、11/08…</li>
            </ol>
            <div class="buy">
                <div class="price">￥<strong>2864</strong><s>￥6093</s></div>
                <div class="reserve md-hidden"><a href="###">立即抢购</a></div>
            </div>
            <div class="type">国内长线</div>
            <div class="disc xq-hidden"><span>4.7折</span></div>
            <footer class="md-hidden">本团游由山河旅行社赞助提供，截止于<time>2024-10-10</time></footer>
        </article>
    </figcaption>
</figure>
```

图 7–14　制作旅游资讯区域代码

● 步骤 8：修饰中间区域

打开 style.css 文件，对文件中的 container、sidebar、recommend、hot、treasure 容器以及 <h2> 标签进行设置，如图 7–15 所示；为景点推荐区域的 tag 设置样式，如图 7–16 所示；调整热门旅游区域的 figure 样式，如图 7–17 所示；对旅游百宝箱区域的 box 进行样式设计，如图 7–18 所示；设计旅游资讯区域的样式，如图 7–19 至图 7–21 所示。效果如图 7–22 所示。

```
#container{
    max-width:1263px;
    margin:30px auto;
}
#container .sidebar{
    width:28%;
    float:right;
}
#container .recommend{
    text-align:center;
    border:1px solid #eee;
    background-color:#fff;
    margin:0 0 10px 0;
}
#container .hot{
    border:1px solid #eee;
    margin:0 0 10px;
    text-algin:center;
    background-color:#eee;
}
#container .treasure{
    border:1px solid #eee;
    margin:0 0 10px;
    background-color:#fff;
}
#container .recommend h2,
#container .hot h2,
#container .treasure h2{
    font-size:20px;
    font-weight: normal;
    letter-spacing:1px;
    text-indent:8px;
    height:40px;
    line-height:40px;
    background-color: #fafafa;
    color:#666;
    text-align:left;
}
```

图 7–15　修饰中间区域代码

```
#container .tag{
    padding:10px 0;
}
#container .tag li{
    display:inline-block;
    width:100px;
    height:35px;
    line-height:35px;
    margin:2px 0;
    background-color: #eeeeee;
    text-align:left;
    text-indent:8px;
}
#container .tag a{
    display:block;
    color:#999;
}
#container .tag a:hover{
    background-color: #458b00;
    color:#fff;
}
```

图 7–16　修饰景点推荐区域代码

```
#container .hot figure {
    display: inline-block;
    color: #666;
    padding: 4px;
}
```

图 7–17　修饰热门旅游区域代码

```
#container .box{
    margin:10px auto;
    text-align: center;
}
#container .box a{
    display:inline-block;
    width:150px;
    height:40px;
    line-height:40px;
    margin:2px 0;
    color:#999;
    background-color: #eeeeee;
    text-align:left;
    text-indent:35px;
}
#container .box a.treat1{
    background: #eee url(../img/treat.png) no-repeat 10px  center;
}
#container .box a.treat2{
    background: #eee url(../img/treat.png) no-repeat 10px  center;
}
#container .box a.treat3{
    background: #eee url(../img/treat.png) no-repeat 10px  center;
}
#container .box a.treat4{
    background: #eee url(../img/treat.png) no-repeat 10px  center;
}
```

图 7-18　修饰旅游百宝箱区域代码

```
#container .list{
    width:71%;
    float:left;
}
.list h2{
    height:40px;
    line-height:40px;
    font-size:30px;
    font-weight:normal;
    border-bottom:1px dashed #999;
    padding:0 0 15px 0;
    color:#666;
}
.list .more {
    width: 200px;
    height: 50px;
    line-height: 50px;
    text-align: center;
    border: 1px solid #ccc;
    border-radius: 10px;
    font-size: 18px;
    margin: 0 auto;
    cursor: pointer;
    background-color: #fafafa;
    display:block;
}
#container .tour{
    position:relative;
    margin:0 0 20px 0;
    border:1px solid #eee;
    background-color: #ffffff;
    overflow: hidden;

}
#container .tour:after{
    content:'.';
    height:0;
    visibility:hidden;
    display: block;
    clear:both;
}
#container .tour img{
    width:45%;
    float:left;
}
#container .tour  figcaption{
    width:55%;
    float:right;
}
#container .tour hgroup{
    width:300px;
}
```

图 7-19　修饰旅游资讯区域代码（1）

```
#container .tour h2{
    font-size:24px;
    color:#333;
    font-weight:normal;
    padding:10px 0 10px 25px;
    border:none;
}
#container .tour h3{
    font-size:16px;
    color:#666;
    font-weight:normal;
    padding:10px 0 10px 25px;
    line-height:1.5;
}
#container .tour ol{
    padding:0 0 0 25px;
    line-height:2;
    color:#666;
}
#container .tour mark{
    background-color: #fff;
    border:1px solid #458b00;
    border-radius:4px;
    padding:0 5px;
    color:#458b00;
}
#container .tour  .buy{
    position:absolute;
    top:55px;
    right:30px;
}
#container .tour .price{
    color:#f60;
    font-size:20px;
}
#container .tour .price strong{
    font-size: 36px;
}
#container .tour .price s{
    font-size: 16px;
    color:#999;
}
#container .tour .reserve{
    margin:10px 0 0 0;
}
#container .tour .disc{
    width:52px;
    height:52px;
    background: url(../img/disc.png) no-repeat;
    position:absolute;
    top:0;
    right:0;
}
```

图 7-20　修饰旅游资讯区域代码（2）

```
#container .tour .reserve a{
    display: inline-block;
    width:152px;
    height:40px;
    font-size: 20px;
    background-color:#ff6600 ;
    line-height: 40px;
    text-align: center;
    /*padding:2px 2px;*/
    border-radius: 4px;
    color:#fff;
}
#container .tour .type{
    width:90px;
    height:25px;
    line-height: 25px;
    font-size: 14px;
    text-align: center;
    background-color: #59b200;
    border-bottom-right-radius: 4px;
    letter-spacing: 1px;
    color:#fff;
    position:absolute;
    top:0;
    left:0;
}
#container .tour .disc span{
    width:52px;
    height:52px;
    display: block;
    transform:rotate(45deg);
    padding:5px 0 0 0;
    text-indent:7px;
    font-size:14px;
    color: #ff7a4d;
}
#container .tour footer{
    width:55%;
    height:30px;
    line-height: 30px;
    letter-spacing:1px;
    text-indent:25px;
    background-color: #fafafa;
    position:absolute;
    bottom:0;
}
#container .tour time{
    color:#458b00;
}
```

图 7-21　修饰旅游资讯区域代码（3）

图 7-22　中间区域效果

- 步骤 9：制作底部区域

打开 index.html 文件，在工作区中插入 <footer> 标签作为底部区域，并将其命名为“footer”。在 footer 内部，再依次插入 4 个 <div> 标签，分别命名为“top sm-hidden”“clearfix”“version sm-visible”和“bottom”。其中，“top sm-hidden”盒子将用于展示合作伙伴、旅游 FAQ 和联系方式三部分内容，这三部分将分别用“block left”“block center”和“block right”进行命名。“clearfix”盒子用于清除浮动效果。“version sm-visible”盒子用于存放“客户端 | 触屏版 | 电脑版”等文字信息。“bottom”盒子用于展示版权信息。具体代码如图 7-23 所示。同时，文字部分使用 <ul> 和 <li> 标签进行修饰，具体代码如图 7-24 所示。

- 步骤 10：修饰底部区域

设置底部背景颜色、字体大小以及文本颜色等属性，具体代码如图 7-25 所示，效果如图 7-26 所示。

```
<footer id="footer">
    <div class="top sm-hidden">
        <div class="block left">
            <h2>合作伙伴</h2>
            <hr>
            <ul cla...
        </div>

        <div class="block center">
            <h2>旅游FAQ</h2>
            <hr>
            <ul cla...
        </div>
        <div class="block right">
            <h2>联系方式</h2>
            <hr>
            <ul cla...
        </div>
    </div>
    <div class="clearfix"></div>
    <div class="version sm-visible">
        客户端 | 触屏版 | 电脑版
    </div>
    <div class="bottom">Copyright © SHMD 山河旅行社| 陕ICP 备120110119 号
    <span class="sm-hidden">| 旅行社经营许可证: L-SH-BK12345</span></div>
</footer>
```

图 7-23 制作底部区域代码

```
<div class="top sm-hidden">
    <div class="block left">
        <h2>合作伙伴</h2>
        <hr>
        <ul class="ul">
            <li>途牛旅游网</li>
            <li>驴妈妈旅游网</li>
            <li>携程旅游</li>
            <li>中国青年旅社</li>
        </ul>
    </div>
    <div class="block center">
        <h2>旅游FAQ</h2>
        <hr>
        <ul class="ul">
            <li>旅游合同签订方式? </li>
            <li>儿童价是基于什么制定的? </li>
            <li>旅游的线路品质是怎么界定的? </li>
            <li>旅游保险有些什么种类? </li>
        </ul>
    </div>
    <div class="block right">
        <h2>联系方式</h2>
        <hr>
        <ul class="ul">
            <li>微博:weibo.com/maodo</li>
            <li>邮件: sh@maodou.com</li>
            <li>地址:西安市雁塔区123号</li>
        </ul>
    </div>
</div>
```

图 7-24 修饰底部区域文字代码

```
#footer{
    background-color: #222;
    clear:both;
    position:relative;
    top:10px;
}
#footer .top{
    max-width:1263px;
    height:280px;
    margin:0 auto;
    text-align:center
}
#footer .version{
    color:#777;
    text-align: center;
    padding:10px 0;
    font-size:13px;
}
#footer .block{
    width:33.33%;
    height:280px;
    display:inline-block;
    text-align:left;
    color:#ccc;
    vertical-align:top;
    display:block;
    float: left;
}
#footer h2{
    font-size:24px;
    font-weight:normal;
    padding:20px 0 0 20px;
}
#footer hr{
    width:90%;
    border:1px dashed #666666;
}
#footer ul{
    font-size:18px;
    color:#777;
    text-indent:20px;
    line-height:2;
}
#footer .bottom {
    padding:15px 0;
    color: #777;
    text-align: center;
    font-size: 18px;
    background-color: #000;
    border-top: 1px solid #444;
}
```

图 7-25　修饰底部区域代码

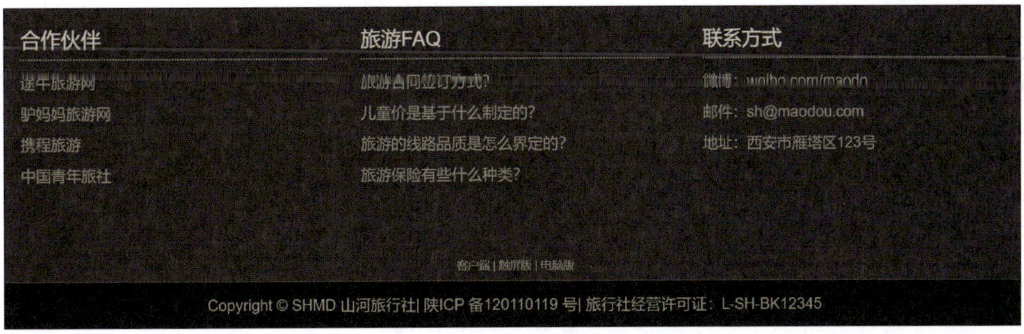

图 7-26　底部区域效果

任务评价

学习任务	日期时间类网页特效的制作			
项目	**评价内容**	**配分**	**得分**	
知识	掌握 JavaScript 的数据类型、运算符等基础知识	25		
	掌握 JavaScript 的日期对象和计时方法的概念	25		
技能	能够正确使用 JavaScript 语句编写表达式	25		
	能够正确使用日期对象实现倒计时功能	25		
任务评价			合计得分	

思考与练习

1. 简述 JavaScript 的作用。
2. JavaScript 的日期对象是什么?
3. 如何调用日期对象?

学习任务 2　文字类网页特效的制作

学习目标

知识目标

1. 掌握 DOM 及其文档节点的含义。
2. 掌握在 DOM 节点运动中涉及的各种宽度、高度、位置坐标等概念。

技能目标

1. 能够正确使用 DOM 创建、查找和修改网页元素。
2. 能够在网页中正确计算网页元素的尺寸和位置。

任务描述

在之前的任务中，我们为某旅游公司的团购优惠活动设计了一个宣传网页。为了提升网页的交互性和增加用户的停留时间，进而促进客户转化，现在我们计划为网页中的“景点推荐”模块增添一个特色功能：实现文字向上循环滚动的效果。当用户将鼠标悬停在相关文字上时，滚动将停止，以便用户能够清晰地聚焦并阅读内容；而当鼠标移出该区域时，文字将继续其循环滚动的展示。这一设计旨在提高用户体验，引导用户更加关注景点推荐，从而增强活动的宣传效果。

相关知识

一、HTML DOM

DOM（Document Object Model，文档对象模型）是 W3C 制定的官方标准，用于访问 HTML 元素。HTML DOM 确立了一种标准方法来访问和操作 HTML 文档。借助 HTML DOM，我们能够触及 HTML 文档中的所有元素。此外，HTML DOM 具有平台和语言独立性，可以被诸如 Java、JavaScript 等多种编程语言所使用。

1. 节点

当网页被加载时，浏览器会构建页面的文档对象模型。在这个模型中，每一个元素都被视作一个节点。

（1）整个文档被视为一个文档节点。

（2）每个 HTML 元素代表一个元素节点。

（3）HTML 元素内部包含的文本内容被视为文本节点。

（4）HTML 标签上的每个属性构成一个属性节点。

（5）代码中的注释则属于注释节点。

HTML 文档中的所有这些节点共同组成了一棵节点树。在这棵树状结构中，HTML 文档的每个元素、属性和文本都是树上的一个节点。这棵树以文档节点为根，从这里延伸出多个分支，最终到达叶节点——文本节点，如图 7–27 所示。

在 HTML 文档的节点树中，各节点之间存在明确的层级关系，即节点之间构成了父子关系。例如，<html> 是 <head> 和 <body> 的父节点，而文本节点“我的标题”则隶属于 <h1> 元素，作为其子节点。进一步来看，<head> 元素下有一个子节点 <title>，而 <title> 下又包含文本节点“文档标题”。当多个节点共享同一个父节点

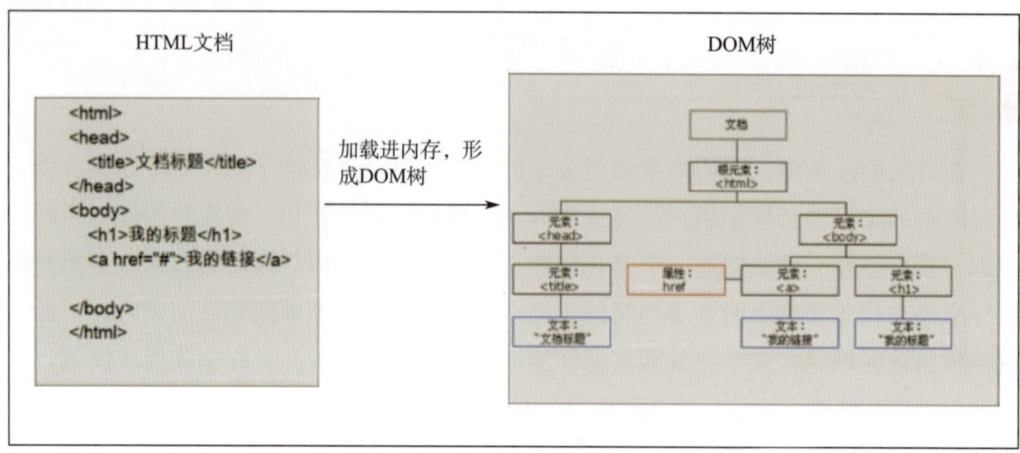

图 7-27　HTML 文档节点

时，它们便成为同级节点。例如，<a> 和 <h1> 就是同级节点，因为它们都直接隶属于 <body> 元素。

在节点树中，一个节点可以拥有后代，这里所说的后代，指的是该节点的所有直接子节点以及这些子节点所衍生的子节点，依此类推。相应地，节点也可以追溯其先辈，即该节点的父节点以及父节点的父节点，以此往上追溯。

在 DOM 操作中，我们可以使用特定的方法和属性来访问这些节点。要访问一个节点的父节点，可以使用 parentNode 属性或者 parentElement 属性。若需访问节点的第一个子节点，可以使用 firstChild 属性，或者通过 childNodes 数组的第一个元素 childNodes［0］来获取。类似地，访问最后一个子节点可以通过 lastChild 属性，或者使用 childNodes［childNodes.length−1］。若要在同级节点之间导航，可以使用 nextSibling 属性来访问紧接在当前节点之后的节点，而 previousSibling 属性则用于访问当前节点之前的节点。

小贴士

DOM 的顶层节点是内置的 document 对象。调用 document.parentNode 会返回 null，因为没有节点是 document 的父节点。类似地，对于任何节点的最后一个子节点，其 nextSibling 属性也会返回 null，因为它后面没有兄弟节点；而对于第一个子节点，其 previousSibling 属性同样会返回 null，因为它前面没有兄弟节点。

有两种特殊的文档属性可用来访问根节点，即 document.documentElement 和 document.body。借助可编程的对象模型，JavaScript 能创建动态的 HTML 内容。JavaScript 具有以下能力。

（1）可以修改页面中的所有 HTML 元素。

（2）能够更改页面中的所有 HTML 属性。

（3）可以调整页面中的所有 CSS 样式。

（4）能够对页面中的所有事件作出响应。

2. 查找 HTML 元素

在网页设计中，JavaScript 经常需要操作 HTML 元素。为了实现这一目的，我们首先需要定位并找到这些元素。查找 HTML 元素主要有三种方法：通过元素的 ID 进行查找，通过元素的标签名进行查找，以及通过元素的类名进行查找。

（1）通过 ID 查找 HTML 元素

在 DOM 中，查找 HTML 元素的一种高效方法是使用 document.getElementById ( ) 方法。这个方法通过元素的 ID 来返回对应的 HTML 元素。

其语法格式如下：

document.getElementById（“id 标记名称”）

此方法通过 HTML 元素所指定的唯一 ID，来获取该元素。值得注意的是，在一个合规的 HTML 文档中，每个元素的 ID 应该是唯一的。因此，如果页面中存在多个相同 ID 的节点，这种方法将只返回第一个匹配的元素。document.getElementById ( ) 方法可以查找整个 HTML 文档中的任何 HTML 元素，并且它会忽略文档的结构，直接返回与指定 ID 匹配的元素。

（2）通过标签名查找 HTML 元素

根据 HTML 元素指定的标签名称，可以获取具有相同名称的一组元素。以下是相应的语法格式：

document.getElementsByTagName（“标签名称”）

document.getElementById（“id”）.getElementsByTagName（“标签名称”）

由于这些方法返回的是包含具有指定标签名的元素集合，也就是一个元素对象数组，因此，若要访问列表中的具体元素，需要使用循环结构进行逐个访问。访问数组中的某个元素时，要根据该元素在 HTML 文档流中的顺序来确定其索引位置，其中第一个元素的索引为 0。

若想知道集合中对象的数量，可以使用表达式 x.length 来获取。而如果想获取某个对象的内部 HTML 文本内容，则可以使用表达式 x［索引］.innerHTML 来实现。例

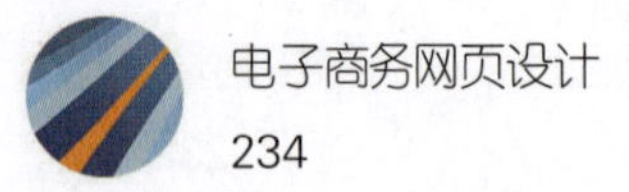

如，x［0］.innerHTML 将返回第一个元素的文本内容。

（3）通过类名查找 HTML 元素

通过 HTML 元素的 class 属性，我们可以查找具有相同类名的元素。其语法格式如下：

document.getElementsByClassName（“类名”）

该方法会返回一个包含所有具有指定类名的元素的 HTMLCollection。若想知道类名为“check”的复选框数量，可以使用表达式 x.length 来获取。而 x［0］.value 则会返回第一个复选框的值，而非文本内容。

3. 改变元素

（1）改变 HTML 元素的 HTML 内容

HTML DOM 允许 JavaScript 改变 HTML 元素的内容，修改 HTML 内容最简单的方法是使用 innerHTML 属性，其语法格式如下：

document.getElementById（“id”）.innerHTML=“新的 HTML 内容”

使用 document.getElementById（“id”）.innerHTML 还可以获取 HTML 元素的内容。

（2）改变 HTML 元素的文本内容

使用元素节点的 innerText 属性来改变元素的文本内容，其语法格式如下：

element.innerText =“新的文本内容”

（3）改变 HTML 元素的属性值

使用元素节点的属性来改变 HTML 元素的属性值，其语法格式如下：

element.attribute=“新的属性值”

使用元素节点的 setAttribute 方法来改变 HTML 元素的属性值，其语法格式如下：

element.setAttribute（“attribute”，“新的属性值”）

（4）改变 HTML 元素的行内样式值

使用元素节点的 style 属性来改变 HTML 元素的行内样式值，其语法格式如下：

element.style. 样式 =“新的样式值”

4. 创建元素

如果需要向 HTML DOM 添加新元素，则必须首先创建该元素（元素节点），然后向一个已经存在的元素追加该元素。

创建 HTML 标签对象的语法格式如下：

document.createElement（“标签名称”）

创建文本节点的语法格式如下：

document.createTextNode（"文本内容"）

创建新属性节点的语法格式如下：

document.createAttribute（"属性名称"）

在已有 HTML 元素中添加新元素的语法格式如下：

element.appendChild（"元素名称"）

二、网页元素的尺寸和位置

在 JavaScript 中，当我们操作 DOM 节点以实现动画效果时，经常会涉及元素的宽度、高度以及位置坐标等核心概念。

1. 网页元素的尺寸

在网页设计中，网页元素的尺寸通常受网页内容和 CSS 样式表的共同影响。浏览器窗口所展示的部分网页区域，我们称之为视口（viewport），它并不包含工具栏和滚动条。

显然，若网页内容能够完全适应并在浏览器窗口中显示（即无须滚动条），此时网页的尺寸与浏览器窗口的尺寸是一致的。若网页内容超出浏览器窗口的显示范围，用户则可通过滚动窗口来浏览网页的各个部分。

（1）innerHeight 和 innerWidth 属性

window.innerHeight 代表浏览器窗口的内部高度，而 window.innerWidth 则代表浏览器窗口的内部宽度。具体而言，innerHeight 返回的是窗口文档显示区域的高度，若存在垂直滚动条，其高度也会计入其中。同样，innerWidth 返回的是窗口文档显示区域的宽度，包含水平滚动条（如果存在）的宽度。需要注意的是，innerWidth 和 innerHeight 均为只读属性，其值不能被修改。

（2）clientHeight 和 clientWidth 属性

clientHeight 和 clientWidth 同样是只读属性，它们分别返回元素的内部高度和宽度，单位为像素。这两个属性所返回的高度和宽度包含了元素的内边距，但不包括边框、外边距以及滚动条，如图 7–28 所示。需要注意的是，这两个属性的值都是整数，便于进行精确的布局和计算。

（3）offsetHeight 和 offsetWidth 属性

offsetHeight 和 offsetWidth 属性为只读属性，它们分别返回元素的完整像素高度和宽度。这两个属性值包含了元素的内边距和边框，但不包含外边距。请注意，这两个属性返回的是整数，且单位是像素。此外，它们并不计算 :before 或 :after 等伪类元素的高度。如图 7–29 所示，这两个属性提供了元素整体尺寸的准确度量。

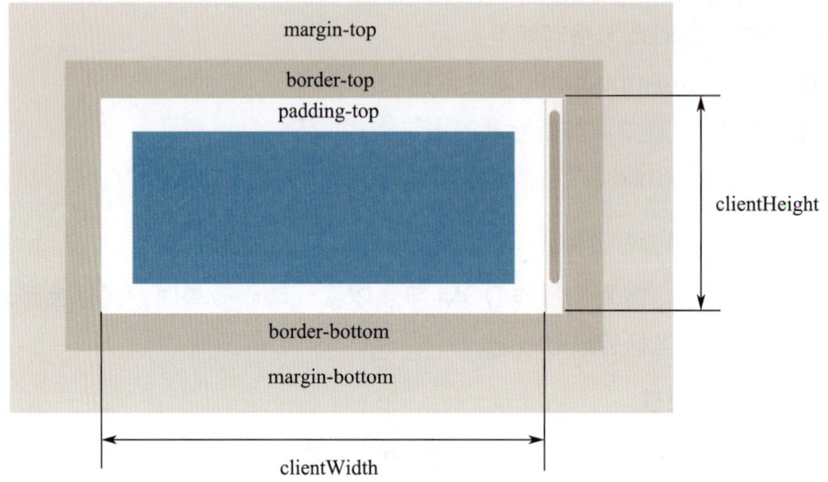

图 7–28　clientHeight 和 clientWidth 属性

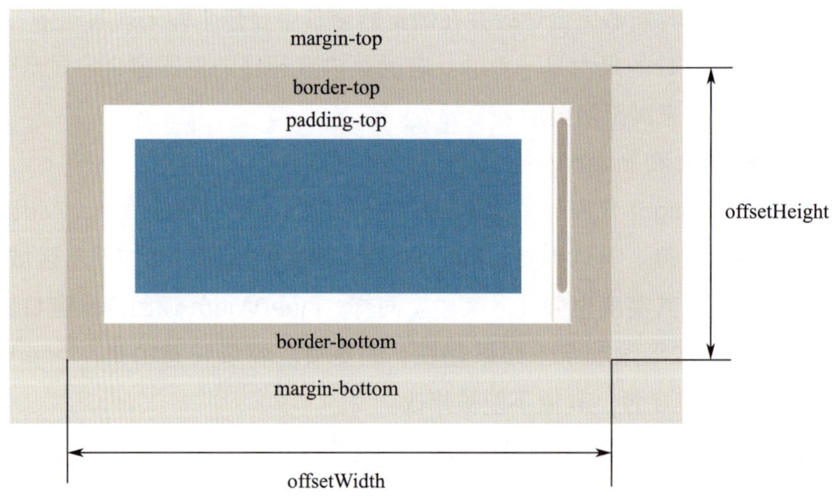

图 7–29　offsetHeight 和 offsetWidth 属性

（4）scrollHeight 和 scrollWidth 属性

scrollHeight 和 scrollWidth 属性为只读属性，它们分别返回元素的内容高度和宽度，包括由于溢出导致的视图中不可见内容（即滚动区域）的尺寸。这两个属性值包含了元素的内边距，但不包含外边距和边框的宽度。需要注意的是，这两个属性返回的是整数，且单位是像素。如图 7–30 所示，这两个属性可用于确定元素内容的总尺寸，即使部分内容在当前视图中不可见。

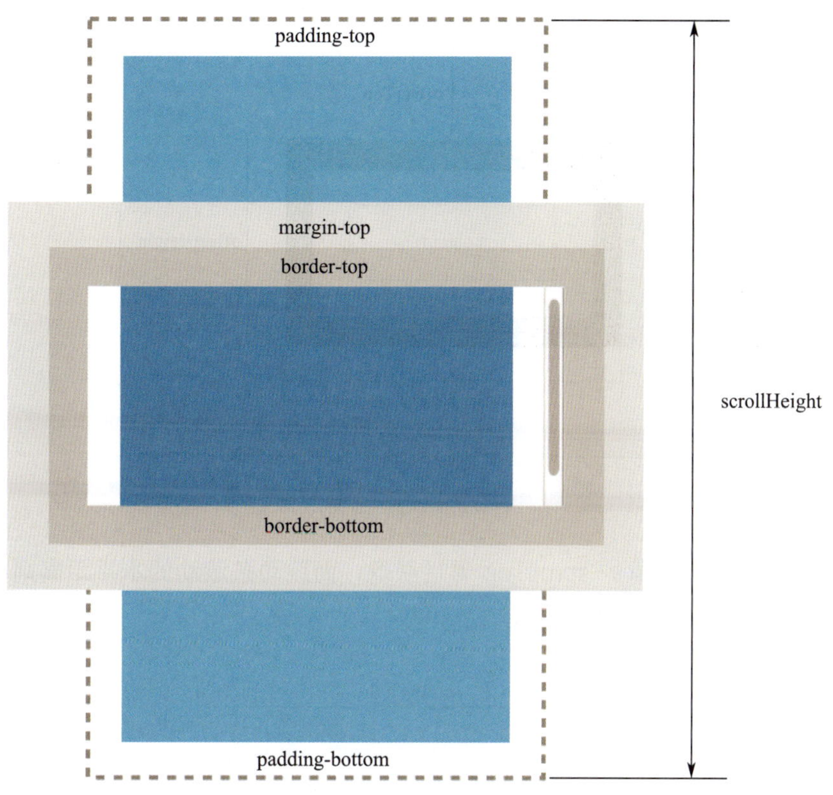

图 7–30　scrollHeight 和 scrollWidth 属性

2. 网页元素的位置

在网页制作过程中，为了实现对网页元素的精确布局或增添滚动效果，我们需要准确计算和掌握网页元素的位置。

（1）offsetLeft 和 offsetTop 属性

网页元素的绝对位置，是指该元素左上角相对于整个网页左上角的坐标位置。要确定这一绝对位置，我们需要进行计算。具体而言，每个 HTML 元素都具备 offsetTop 和 offsetLeft 这两个属性，它们分别表示该元素左上角与其父容器（即 offsetParent 对象）左上角的水平和垂直距离。因此，通过逐层累加这些 offsetTop 和 offsetLeft 的值，我们就可以精确地获取该元素在整个网页中的绝对坐标位置，如图 7–31 所示。这一过程对于精确控制网页布局和实现动态效果至关重要。

（2）scrollLeft 和 scrollTop 属性

网页元素的相对位置，是指该元素左上角相对于当前浏览器窗口可见内容左上角的坐标位置。在已知元素的绝对位置后，我们可以轻松地计算出其相对位置。具体方法是，将元素的绝对坐标减去页面滚动条滚动的距离。这里，滚动条滚动的垂直距离

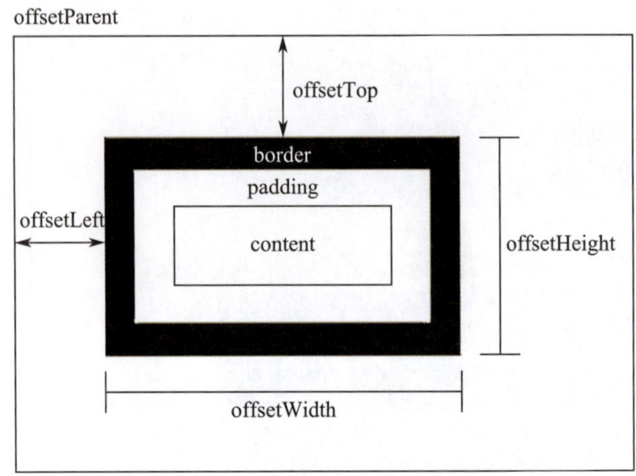

图 7–31　offsetLeft 和 offsetTop 属性

可以通过 document 对象的 scrollTop 属性获取，而滚动条滚动的水平距离则可以通过 document 对象的 scrollLeft 属性获取，如图 7–32 所示。

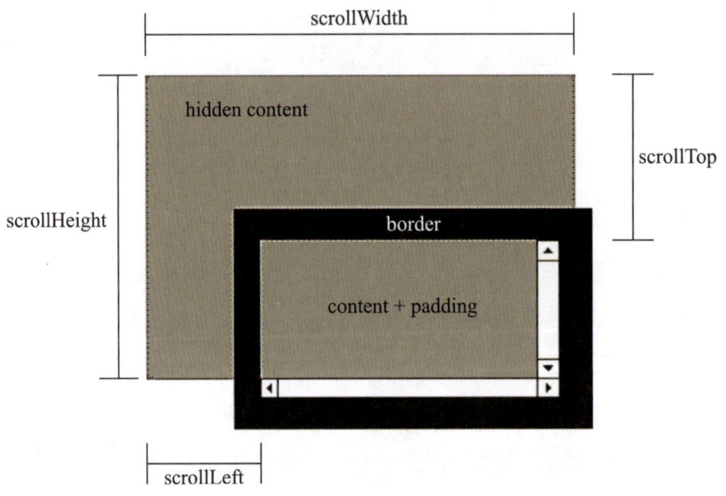

图 7–32　scrollLeft 和 scrollTop 属性

● 步骤 1：打开网页

通过依次点击菜单栏中的“文件”“打开”，系统将弹出如图 7–33 所示的对话框。在此对话框中，选择上一个任务中创建的网页文件，然后点击“打开”按钮以加载该文件。

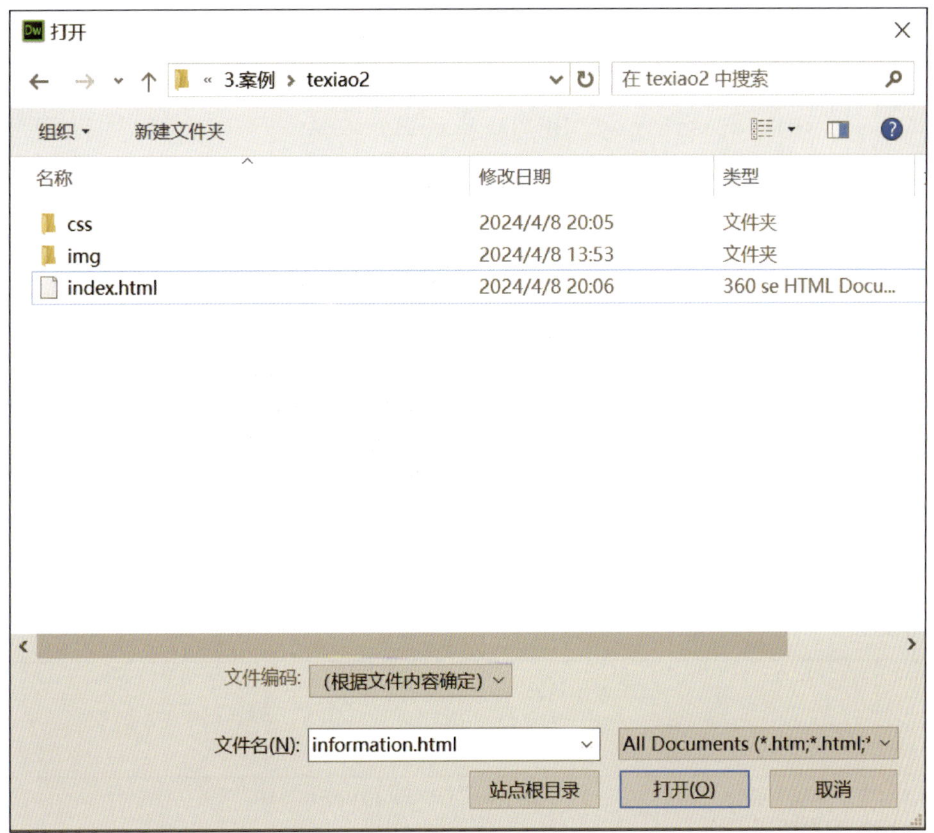

图 7-33 新建文档窗口

● 步骤 2：修改网页结构

打开 index.html 文件，进入源代码视图。找到标识为“景点推荐”的区域，该区域的结构代码对应于 recommend 盒子。在 recommend 盒子内部，新增一个名为 ke_scroll 的盒子。接下来，在 ke_scroll 盒子中，进一步添加两个子盒子，分别命名为 ke_scroll1 和 ke_scroll2，具体代码如图 7-34 所示。

● 步骤 3：增加 JavaScript 代码

首先，确保 ke_scroll1 和 ke_scroll2 两个盒子包含相同的页面内容。接下来，通过编写 JavaScript 代码，实现每隔一定时间就改变 ke_scroll 盒子的 scrollTop 属性值的功能。具体来说，当 scrollTop 的值超过 ke_scroll2 盒子的高度时，我们需要重新设置 ke_scroll 盒子的 scrollTop 属性值。这个新值是通过将当前的 scrollTop 值减去 ke_scroll1 盒子的高度来获得的，从而实现循环滚动的视觉效果，如图 7-35 所示。

```
<div class="recommend">
    <h2>景点推荐</h2>
    <div id="ke_scroll">  <!--总高度为200-->
        <div class="tag" id="ke_scroll1">
            <ul>
                <li><a href="###">曼谷(12)</a></li>
                <li><a href="###">东京(12)</a></li>
                <li><a href="###">西双版纳(6)</a></li>
                <li><a href="###">漓江(12)</a></li>
                <li> <a href="###">呼伦贝尔(7)</a></li>
                <li><a href="###">首尔(12)</a></li>
                <li> <a href="###">巴厘岛(12)</a></li>
                <li><a href="###">土耳其(12)</a></li>
                <li><a href="###">夏威夷(12)</a></li>
                <li><a href="###">香港(12)</a></li>
            </ul>
        </div>
        <div id="ke_scroll2" class="tag"></div>  <!--高度为780-->
    </div>
</div>
```

图 7-34　修改网页结构代码

```
<script language="javascript" type="text/javascript">
    var speed=120;
    var fgDemo=document.getElementById('ke_scroll');
    var fgDemo1=document.getElementById('ke_scroll1');
    var fgDemo2=document.getElementById('ke_scroll2');
    fgDemo2.innerHTML=fgDemo1.innerHTML;
    function marquee1(){
      if(fgDemo.scrollTop>=fgDemo2.offsetHeight){
           fgDemo.scrollTop-=fgDemo1.offsetHeight;
       }
      else{
           fgDemo.scrollTop++;
       }
     }
    var myMar1=setInterval(marquee1,speed);
    fgDemo.onmouseover=function() {clearInterval(myMar1);}
    fgDemo.onmouseout=function() {myMar1=setInterval(marquee1,speed);}
</script>
```

图 7-35　增加 JavaScript 代码

- 步骤 4：修饰导航条

打开 index.css 文件，我们将在文件中对各个元素进行样式设置。首先，为容器 recommend 设置样式：高度设置为 260px，文本内容居中对齐，背景颜色设置为

#fff，边框设置为 1px 的实线，颜色为 #eee。

接下来，对“景点推荐”标题文本进行样式设置：字体大小设置为 20px，高度和行高均设置为 40px，以确保文字垂直居中。背景颜色设置为 #fafafa，文本颜色设置为 #666，并确保文本左对齐。

对于盒子 ke_scroll，我们设定其高度为 200px，并启用溢出隐藏功能，这样当内容超出盒子高度时，多余的部分将被隐藏。

为了实现景点名称的整齐排列和布局，我们对 <li> 标签进行样式设置：宽度设定为 100px，高度和行高均设定为 30px，以确保文字在列表项中垂直居中。背景颜色设置为 #eeeeee。

最后，对 <a> 标签进行样式设置：文本颜色设置为 #999，并且当鼠标悬停在文字上时，文本颜色变化为 #458b00，以提供用户交互反馈，如图 7-36 所示。

```
#container .recommend{
    text-align:center;
    border:1px solid #eee;
    background-color:#fff;
    margin:0 0 10px 0;
    padding:3px 4px;
    height:260px;
}
#container .recommend h2{
    font-size:20px;
    font-weight: normal;
    letter-spacing:1px;
    text-indent:8px;
    height:40px;
    line-height:40px;
    background-color: #fafafa;
    color:#666;
    text-align:left;
}
#ke_scroll{
    height:200px;
    overflow:hidden;
}
.recommend li{
    padding:10px 17px 10px 25px;
}

#container .tag li{
    display:inline-block;
    width:100px;
    height:30px;
    line-height:30px;
    margin:2px 0;
    background-color: #eeeeee;
    text-align:left;
    text-indent:8px;
}
#container .tag a{
    display:block;
    color:#999;
}
#container .tag a:hover{
    font-weight:400;
    color:#458b00;
}
```

图 7-36 修饰导航条代码

● 步骤 5：保存并预览网页

在完成上述编辑和设计工作后，保存所有更改。随后，对网页进行预览以检查各项设置是否达到预期效果。

任务评价

任务评价表

学习任务	文字类网页特效的制作		
项目	**评价内容**	**配分**	**得分**
知识	掌握DOM及其文档节点的含义	25	
	掌握在DOM节点运动中涉及的各种宽度、高度、位置坐标等概念	25	
技能	能够正确使用DOM创建、查找和修改网页元素	25	
	能够在网页中正确计算网页元素的尺寸和位置	25	
任务评价		合计得分	

思考与练习

1. 简述 DOM 树的层次结构及其主要组成部分。
2. 列举并解释通过 DOM 访问 HTML 文档节点的常用方法。
3. 列举元素节点类型，并简要说明每种类型的作用。

学习任务 3　图片类网页特效的制作

学习目标

知识目标

1. 掌握 JavaScript 的对象的属性和方法。
2. 掌握 JQuery 文档的操作方法。

技能目标

1. 能够正确使用属性和方法操作 JavaScript 的对象。
2. 能够应用 JQuery 对网页元素进行操作。

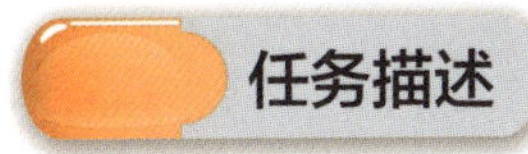

任务描述

在之前的任务中，我们制作了某旅游公司团购优惠活动的宣传网页。为了提升网页的活泼性，延长用户在页面上的停留时间，并有效促进客户转化，本任务要求应用 JQuery 技术，实现当鼠标悬停在焦点图上时停止自动播放，鼠标移出时则恢复自动播放的功能。此外，还需在焦点图的右下角设计一个切换按钮，使得用户点击该按钮时，焦点图能够自动切换到对应的图片。网页设计定版如图 7–37 所示。

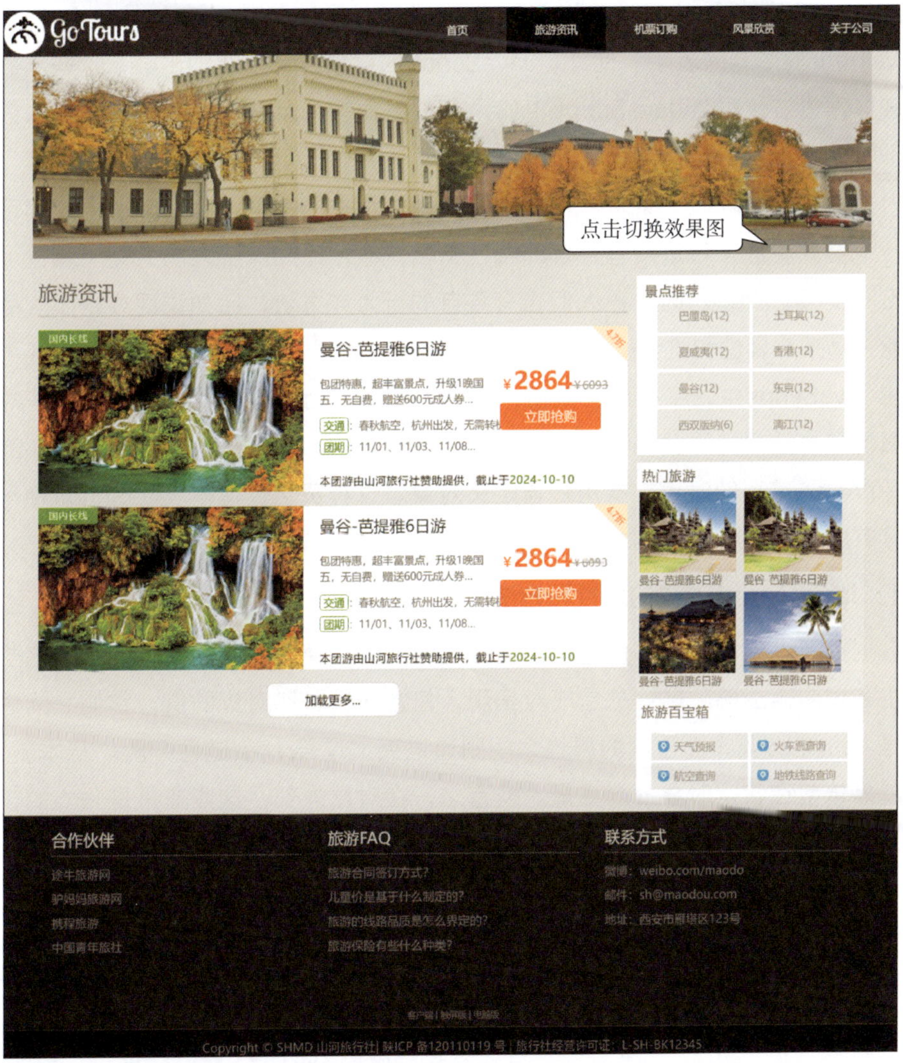

点击切换效果图

图 7–37　任务效果图

相关知识

一、JavaScript 的对象

JavaScript 是一种基于对象的脚本语言，但它并不完全遵循面向对象的编程范式。具体来说，JavaScript 虽然支持对象及其实例，并能在一定程度上实现对象的重用，但它并不具备面向对象编程中的继承性和封装性等核心特性。

在 JavaScript 中，对象可以被视作一种特殊的变量。这种变量内部可以包含其他变量，这些内部变量被称为对象的属性。属性和其对应的值通常以键值对（key:value）的形式来表示。此外，JavaScript 的对象还可以容纳函数，这些函数在对象中被称作方法。虽然 JavaScript 中的大多数事物都可以被视为对象，但基本数据类型并不属于对象范畴。

为了更好地理解这一概念，我们可以借助生活中的例子。比如，每个人都可以被视为一个对象。这些对象具有各自的属性和属性值，比如一个人的身高（属性）可能是 175 cm（属性值）。同时，人们也有各自的行为或方法，比如说话或跑步。尽管人们可能共享某些属性和方法，但每个人的具体属性和行为方式都是独一无二的。

在 JavaScript 中，字符串、数值、数组、日期和函数都被视为对象。这些对象是拥有属性和方法的特殊数据类型。此外，JavaScript 提供了多个内置对象，如 String、Date 和 Array 等，同时也支持用户自定义对象。这种灵活性使得 JavaScript 在网页设计中具有广泛的应用。

1. JavaScript 对象的属性和方法

数据描述性的信息被称作属性，例如人的姓名、身高、年龄和性别等，这些通常都是由名词来表达的。属性总是成对呈现，包含属性名和对应的值，它们之间通过英文冒号（:）来分隔，而不同的属性之间则通过英文逗号（,）进行分隔。从本质上讲，属性就是依附在特定对象上的变量。换言之，在对象外部，这些变量是独立的，而一旦它们与特定对象相关联，就成为了该对象的属性。

（1）定义对象属性

对象是一种特殊的数据类型，它不仅能保存数据，还能以更直观的方式描述事物。以下是一个定义对象的语法格式示例：

```
<script>
    let person= {
        sex: " 女 ",
```

```
            age: 24,
            name: " 张三 ",
            weight: 50
        }
    </script>
```

（2）访问对象属性

在声明了一个对象并为其添加了若干属性后，我们可以通过使用点（.）操作符来获取对象中某个属性的值，这一过程被称为属性访问。例如：

```
console.log（person.age）// 24
```

数据行为性的信息在编程中被称为方法，这些方法通常是动词性质的，比如“跑步”“唱歌”等，其本质上是函数。在对象中，方法由方法名和函数体两部分组成，它们之间通过冒号（:）进行分隔。多个属性或方法之间则使用英文逗号（,）来分隔。简单来说，方法是依附在对象内部的函数；在对象外部，我们称之为函数，而在对象内部，则称之为方法。

（3）定义对象方法

在 JavaScript 中，我们可以在对象内部定义方法，这些方法本质上是对象属性中的函数。下面是一个包含方法的定义对象示例：

```
let person = {
    name: " 张三 ",
    sing: function ( ){
        console.log(" 唱歌 ")
    },
    dance: function ( ){
        console.log(" 跳舞 ")
    }
}
```

（4）调用对象方法

在创建了一个对象并为其定义了若干方法之后，我们可以利用点（.）操作符来执行这些对象中的方法。这个过程被称作方法调用。与函数调用相类似，对象的方法同样可以接受参数，并且可能返回特定的值。

举例来说，假如我们有一个命名为“pig”的对象，该对象具备一个名为“sing”的方法，那么我们可以通过如下方式来调用这一方法：

```
pig.sing( )
let re = pig.sum(1, 2)
```

小贴士

无论是属性还是方法，若在同一个对象中出现名称相同的情况，后面的定义将会覆盖前面的定义。

2. 操作对象

对象本质上是无序的数据集合，对于对象数据的操作，主要涉及增加、删除、修改和查询四个基本操作，这些操作可以简洁地概括为“增、删、改、查”，如图 7–38 所示。

图 7–38　对象数据的操作

（1）增加内容

若要为对象增加新的内容，包括属性和方法，可以采用以下语法格式：“对象. 新属性 = 新值”用于添加新属性，或者“对象. 新方法名 = function( ){ }”用于添加新方法。以下是示例：

```
person.age = 24
person.dance = function ( ){
    console.log(" 跳舞 ")
}
```

（2）删除内容

由于在实际应用中，我们较少对对象内部的数据执行删除操作，所以此处仅做简要介绍。若需删除对象中的某个属性或方法，可以使用 delete 操作符。以下是示例：

```
delete person.age
delete person.dance
```

（3）修改内容

若需修改对象的属性或方法，可遵循以下语法格式进行操作："对象. 属性 = 新值"用于更新属性的值，而"对象. 方法 = 新匿名函数"则用于替换原有的方法。以下是示例：

```
person.name = " 小猪佩奇 "
person.sing = function ( ){
    console.log(" 啦啦啦 !!")
```

（4）查询内容

若要查询对象的属性或方法，可以采用的语法格式为："对象. 属性"用于访问属性的值，"对象. 方法 ( )"用于调用并执行方法。以下是示例：

```
console.log(person.name)
person.sing( )
```

二、JQuery 文档的操作方法

JQuery 是一个高效、精简且功能丰富的 JavaScript 工具库。它提供的 API 易于使用，并且与众多浏览器兼容，极大地简化了 HTML 文档的遍历、操作、事件处理、动画设计以及 Ajax 操作。

1. JQuery 文档处理方法

（1）选择器

利用选择器，我们可以轻松地选取文档中的元素。例如，$("#id") 用于选取 id 为"id"的元素。

（2）事件处理程序

JQuery 使得为文档中的元素绑定事件处理程序变得简单。例如，$("#id").click(function( ){...}) 为 id 为"id"的元素绑定了一个点击事件处理程序。

（3）文档遍历

JQuery 能够方便地帮助我们遍历文档中的元素。例如，$("#id").parent( ) 可以返回 id 为"id"的元素的父级元素。

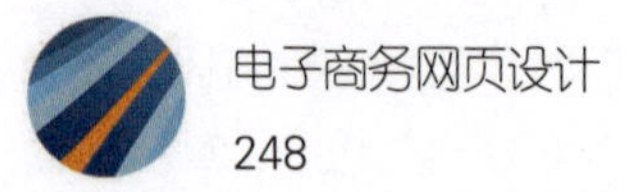

（4）文档操作

使用 JQuery，我们可以轻松地对文档中的元素进行操作。例如，$("#id").hide( ) 可以将 id 为“id”的元素隐藏起来。

（5）属性操作

JQuery 使得获取和设置元素的属性变得轻而易举。例如，$("#id").attr（" 属性名 ", " 属性值 "）可以为 id 为“id”的元素设置属性值。

（6）样式操作

通过 JQuery，我们可以灵活地控制元素的样式。例如，$("#id").css（" 属性名 ", " 属性值 "）可以为 id 为“id”的元素设置 CSS 样式。

（7）动画效果

JQuery 允许我们为元素添加生动的动画效果。例如，$("#id").animate({" 属性名 ": " 属性值 "}, 1000）可以为 id 为“id”的元素添加持续时间为 1 000 毫秒的动画效果。

（8）Ajax 操作

利用 JQuery，我们可以便捷地使用 Ajax 技术从服务器端获取数据。例如，$.get("url", function(data){...}) 可以使用 GET 方法从服务器端获取数据并进行处理。

2. JQuery 的引用

从 JQuery 官网或其他可靠来源下载 JQuery 库文件。在项目中导入该文件，通过使用 <script> 标签在 HTML 文档的 <head> 部分进行引用。示例代码如下：

```
<head>
        <script src="jquery-1.9.1.min.js"></script>
</head>
```

3. JQuery 操作文档

JQuery 为开发者提供了一套全面的文档操作方法。这些方法不仅涵盖了基础的文档处理功能，还包括更高级的操作。表 7-3 详细列出了其中的一些主要操作方法。

表 7-3　JQuery 主要操作方法

操作	方法
创建元素	$("<div></div>")
添加元素	parent.append(child)
删除元素	$("div").remove( )
替换元素	$("div").replaceWith("<p> 我是来替换的 </p>")
获取所有 div 的文本内容	$("div").text( )

续表

操作	方法
为所有的 div 设置文本内容	$("div").text(" 设置文本内容 ")
获取所有 div 的第一个 div 的 html 内容	$("div").html( )
为所有的 div 设置 html 内容	$("div").html(" 设置文本内容 ")
获取所有匹配的复选框中的第一个复选框的 checked 的属性值	$("input[type='checkbox'] ").attr("checked")
为所有匹配的复选框设置 checked 属性值为 true（设置为选中状态）	$("input[type='checked'] .attr("checked",true)
获取所有匹配的用户名输入框中的 value 值	$("#username").val( )
为所有匹配的用户名输入框设置 value 值	$("#username").val(" 设置的 value 值 ")
获取所有匹配的 table 内部所有的 td 后代元素	$("table").find("td")

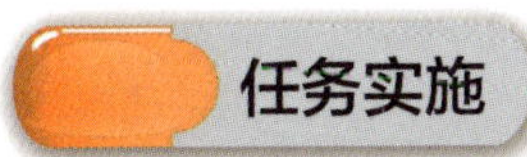

● 步骤 1：打开网页

依次点击菜单中的“文件”“打开”，系统将弹出如图 7–39 所示的“打开”对话框。在此对话框中，选择上一个任务中创建的网页文件，然后点击“打开”按钮，以加载该文件。

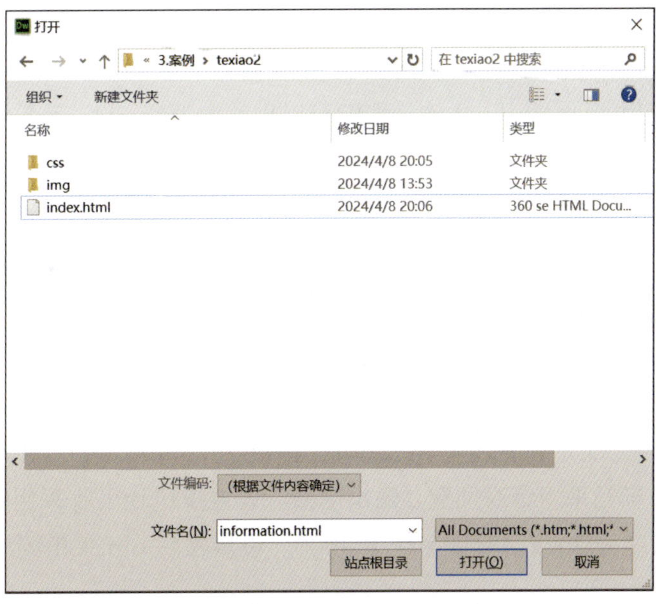

图 7–39　新建文档窗口

● 步骤 2：修改网页结构

首先，打开 index.html 文件，进入源代码视图。在导航区域的结构代码下方，即 header 之后，新增一个名为 wrapper 的盒子。接着，在这个 wrapper 盒子内部，再新增一个名为 focus 的盒子。在 focus 盒子中，使用 <ul> 标签创建一个无序列表，并利用 <li> 标签在该列表中存放将要切换的图片，如图 7–40 所示。

```
<div class="wrapper">
  <div id="focus">
    <ul>
      <li><a href="" target="_blank"><img src="img/headline.jpg"/></a></li>
      <li><a href="" target="_blank"><img src="img/headline.jpg"/></a></li>
      <li><a href="" target="_blank"><img src="img/headline.jpg"/></a></li>
      <li><a href="" target="_blank"><img src="img/headline.jpg"/></a></li>
      <li><a href="" target="_blank"><img src="img/headline.jpg"/></a></li>
    </ul>
  </div>
</div>
```

图 7–40　修改网页结构代码

● 步骤 3：添加 JavaScript 代码

我们需要编写 JavaScript 代码来实现焦点图的动态效果。首先，通过函数获取焦点图的宽度以及图片个数。由于所有的 <li> 元素都是向左浮动排列在同一行，因此必须计算出外围 <ul> 元素的宽度，以确保图片能够正确显示和切换。

接下来，实现鼠标移出焦点图时停止自动播放的功能，同时设置自动播放的时间间隔为 4 000 毫秒。当鼠标移出焦点图区域时，图片将恢复自动播放。

为了实现图片的切换效果，我们需要根据接收到的索引值来计算 <ul> 元素的 left 属性值。通过使用 animate ( ) 方法，我们可以平滑地调整 <ul> 元素的位置，使其滚动到计算出的位置。同时，我们还需要为当前的按钮添加选中效果，以提供用户直观的反馈，如图 7–41 和图 7–42 所示。

● 步骤 4：修饰导航条

打开 style.css 文件，在文件中设置容器 wrapper 的宽度为 100%，居中对齐，背景颜色为 #E9E9E9，透明度为 0.8。设置 focus 的宽度为 1 280px，高度为 300px，实现溢出隐藏功能，居中对齐。设置 <ul> 标签的高度为 380px，采用绝对位置。设置 <li> 标签呈一列显示，宽度为 1 280px，高度为 280px，溢出隐藏，采用相对位置。设置 <div> 标签采用绝对位置，溢出隐藏。设置按钮 btnBg 采用绝对位置，宽度为 1 280px，高度为 20px，背景颜色为 #000。设置按钮 btn 采用绝对位置，宽度为

```
<script type="text/javascript" src="js/jquery.js"></script>
<script type="text/javascript">
    $(function() {
     var sWidth = $("#focus").width(); //获取焦点图的宽度(显示面积)
      var len = $("#focus ul li").length; //获取焦点图个数
      var index = 0;
      var picTimer;
      var btn = "<div class='btnBg'></div><div class='btn'>";
      for(var i=0; i < len; i++) {
          btn += "<span></span>";
      }
      btn += "</div><div class='preNext pre'></div><div class='preNext next'></div>";
      $("#focus").append(btn);
      $("#focus .btnBg").css("opacity",0.5);
      $("#focus .btn span").css("opacity",0.4).mouseover(function() {
          index = $("#focus .btn span").index(this);
          showPics(index);
      }).eq(0).trigger("mouseover");
</script>
```

图 7-41 添加 JavaScript 代码(1)

```
<script type="text/javascript">
      $("#focus ul").css("width",sWidth * (len+1));
      $("#focus").hover(function() {
          clearInterval(picTimer);
      },function() {
          picTimer = setInterval(function() {
              showPics(index);
              index++;
              if(index == len) {index = 0;}
          },4000); //此4000代表自动播放的间隔,单位:毫秒
      }).trigger("mouseleave");
      function showPics(index) { //普通切换
        var nowLeft = -index*sWidth; //根据index值计算ul元素的left值
        $("#focus ul").stop(true,false).animate({"left":nowLeft},300);
        $("#focus .btn span").stop(true,false).animate({"opacity":"0.4"},300)
         .eq(index).stop(true,false).animate({"opacity":"1"},300);
      }
    });
</script>
```

图 7-42 添加 JavaScript 代码(2)

1 260px，高度为 10px，居右对齐。设置按钮 btn span 一行显示，宽度为 25px，高度为 10px，左边距为 5px，背景颜色为 #fff，如图 7-43 所示。

● 步骤 5：保存并预览网页

保存网页，并对网页进行预览，确保无误。

```
body{
    background-color:#E9E9E9;
    width:100%
}
.wrapper{
    width: 100%;
    margin: 0 auto;
    padding-bottom: 0px;
    background-color:#E9E9E9;
    opacity:0.8;
}
#focus{
    width:1280px;
    height: 300px;
    overflow: hidden;
    position: relative;
    margin:0 auto;
}
#focus ul{
    height: 380px;
    position: absolute;
}
#focus ul li{
    float: left;
    width: 1280px;
    height: 280px;
    overflow: hidden;
    position: relative;
}
#focus ul li div{
    position: absolute;
    overflow: hidden;
}
#focus .btnBg{
    position: absolute;
    width: 1280px;
    height: 20px;
    left: 0;
    bottom: 0;
    background: #000;
}
#focus .btn{
    position: absolute;
    width: 1260px;
    height: 10px;
    padding: 10px 10px;
    right: 0;
    bottom: 0;
    text-align: right;
}
#focus .btn span{
    display: inline-block;
    width: 25px;
    height: 10px;
    margin-left: 5px;
    cursor: pointer;
    background: #fff;
}
```

图 7-43 修饰导航条代码

任务评价表

学习任务	图片类网页特效的制作		
项目	**评价内容**	**配分**	**得分**
知识	掌握 JavaScript 的对象的属性和方法	25	
	掌握 JQuery 文档的操作方法	25	
技能	能够正确使用属性和方法操作 JavaScript 的对象	25	
	能够应用 JQuery 对网页元素进行操作	25	
任务评价		合计得分	

思考与练习

1. 请解释 JavaScript 对象的属性及方法的含义。
2. 请说明在动画效果中，JavaScript 的定时器发挥着怎样的作用?
3. 请列举并简述常见的 JQuery 文档处理方法。

项目八 响应式网页设计

项目概述

随着移动设备的广泛普及，网站访问方式已然经历了深刻的变革。时至今日，用户已不再局限于使用台式机来获取信息或享受在线服务。这一转变无疑给网页设计带来了前所未有的挑战：如何打造一个在多样化设备上均能流畅运作且用户体验一致的网站，已成为每位网页设计人员关注的焦点。在此背景下，响应式网页设计技术应运而生。通过本项目的学习，我们将深入探索响应式网页设计的常见实现手段和布局策略，以确保 Web 内容能够灵活适应不同系统、尺寸和屏幕方向的设备，从而为用户提供卓越的浏览体验。

学习任务 1　使用媒体查询布局网页

学习目标

- 知识目标

1. 掌握视口的概念。
2. 掌握栅格系统的概念。

- 技能目标

1. 能够正确使用媒体查询实现响应式布局。

2. 能够正确使用百分比布局。

任务描述

驰嘉网络科技公司作为国内领先的移动互联网广告营销服务提供商，紧随移动互联网的发展步伐，决定重新打造一套响应式网页。这套新网页将确保桌面端、移动端等各类终端用户都能顺畅地浏览并了解公司信息，从而进一步促进与公司的合作，实现宣传效果的最大化。网页设计定版如图 8–1、图 8–2 所示。

图 8–1　任务效果图（大屏幕）

图 8-2　任务效果图（小屏幕）

相关知识

响应式网页设计的核心理念是实现“一站式适配”。它主要运用流式布局，即页面元素的宽度依据屏幕宽度的百分比来设定。这样，无论屏幕尺寸怎样变化，页面元素都能保持其相对位置和比例不变。此外，响应式网页设计还利用 CSS 媒体查询技术，以确保在不同设备尺寸下能够加载相应的样式。

一、视口

视口是用户在网页上可见的区域，即用户在网页上能直接观看的范围。对于桌面端来说，视口指的就是浏览器的显示区域，其宽度与浏览器窗口的宽度相同。在 CSS 的标准文档中，这个视口也被称作初始包含块，它是 CSS 中所有百分比宽度计算的基准，为 CSS 布局设定了一个最大的宽度限制。相比之下，移动端的视口概念则更为复杂，它包含三个不同的视口：布局视口、视觉视口以及理想视口。

1. 布局视口

布局视口，也称视窗视口（见图 8–3），指的是网页中可见内容区域的大小，即浏览器窗口所显示的部分。为了确保网页能在各种设备上正确展示和布局，开发者会运用响应式设计，根据设备的特性来调整布局视口的大小。在移动设备上，由于屏幕尺寸有限，通常需要对网页内容进行缩放以适配屏幕，因此，移动设备上的布局视口尺寸往往小于桌面端浏览器中的视口。

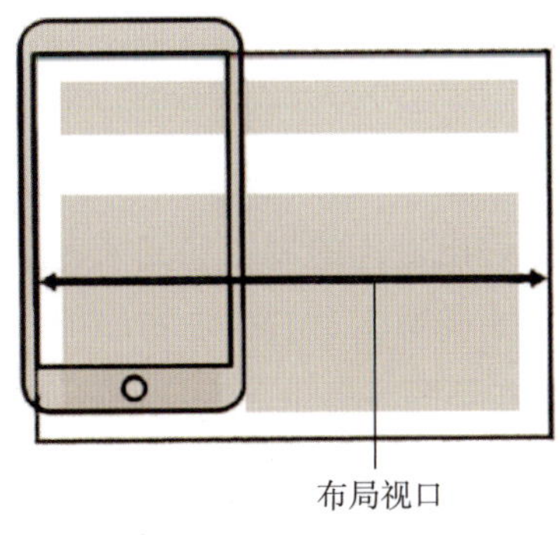

图 8–3　布局视口

布局视口是移动端浏览器用来呈现桌面端网页的一个固定区域。在 Android 和 iOS 系统中，布局视口的默认宽度通常被设置为 980px。这意味着，当桌面端的网页在移动端显示时，它会被机械地装入这个布局视口中。这一过程实际上是将原本为宽屏显示器设计的网页内容，强制压缩到手机屏幕的宽度内。因此，网页中的元素在视觉上会显得更小。为了查看网页的详细内容，用户需要用手指进行缩放操作。

2. 视觉视口

视觉视口是指用户在浏览器中当前实际看到的页面区域，如图 8–4 所示。其大小由设备的屏幕尺寸和浏览器窗口的大小共同决定。在桌面端浏览器中，视觉视口的大小通常与浏览器窗口的大小保持一致。然而，在移动设备浏览器中，由于设备屏幕相对较小，页面往往需要进行缩放以适应屏幕尺寸，因此视觉视口会小于布局视口。

为了确保网页能在各种设备上正确展示和布局，开发者在设计过程中必须充分考虑不同设备的视觉视口大小和缩放需求。通过运用响应式设计、弹性布局以及流体布局等先进技术，开发者可以使页面能够根据不同设备的特性，自适应地调整布局和排版，从而为用户提供更加优质的浏览体验。

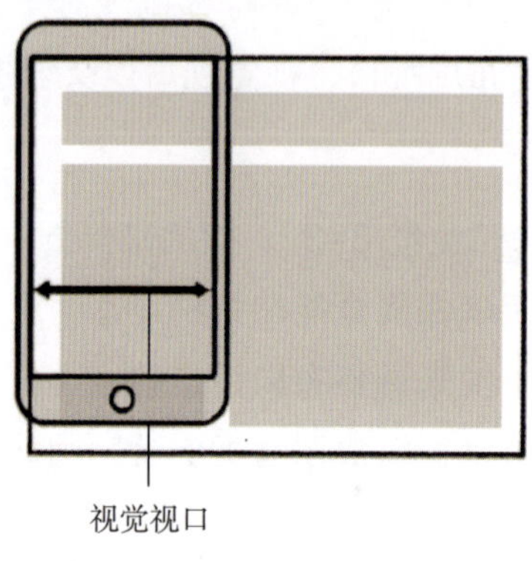

图 8-4 视觉视口

3. 理想视口

理想视口是针对特定设备而言最适宜的视口尺寸，如图 8-5 所示。通过设定理想视口，网页能够在浏览器上展现出最佳的浏览和阅读宽度。理想视口的大小通常依据网页的内容和布局来确定，理想情况下，它应与布局视口的大小保持一致。通过合理配置理想视口，可以确保网页在不同设备上展现出统一的布局和视觉效果。

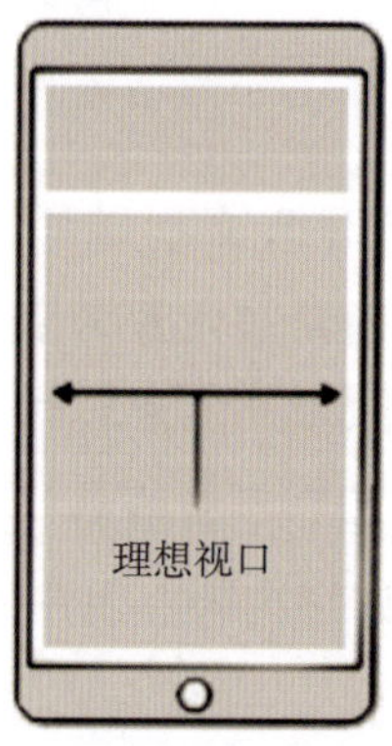

图 8-5 理想视口

在 HTML5 中，通过设置 <meta> 标签的 name 属性为 viewport，我们可以对视口进行配置。以下是一个示例代码：

```
<meta name="viewport" content="user-scalable=no, width=device-width,
```

initial-scale=1.0, maximum-scale=1.0">

在上述代码中，content 属性包含了多个用逗号分隔的值，这些值用于定义视口的不同参数。其中，user-scalable=no：此属性用于设置用户是否可以缩放页面，其默认值为 yes。在这里，no 表示禁止用户缩放。width=device-width：这个属性用于定义布局视口的宽度。device-width 意味着布局视口的宽度将与设备的屏幕宽度相同。此外，这个属性也可以被设置为一个具体的像素宽度值。initial-scale=1.0：此属性设定了页面的初始缩放比例，其值范围从 0.0 到 10.0。在这里，1.0 表示不进行缩放，即页面内容以原始大小显示。maximum-scale=1.0：这个属性限制了用户能够缩放到的最大比例，其值范围也是从 0.0 到 10.0。1.0 表示不允许页面被放大。

二、媒体查询

媒体查询是响应式设计的基石，它能够根据设备的不同类型或同一设备的不同状态来调整应用的样式。媒体查询提供了丰富的特性检测能力，可以针对设备的和应用的各种属性信息（如显示区域大小、色彩模式、分辨率等）来设计相匹配的布局。当屏幕发生动态变化时（如分屏操作、横竖屏切换），媒体查询能够同步更新应用的页面布局，因此在移动设备上的应用非常广泛。

媒体查询通过设定查询条件并绑定回调函数来实现页面的响应式设计。当满足特定条件时，回调函数会触发以更改页面布局或实现特定的设计效果。媒体查询由媒体类型、逻辑操作符以及媒体特征组成。其中，媒体类型是可选的；逻辑操作符用于连接不同的媒体类型和媒体特征；而媒体特征则需要使用括号包裹，并且可以定义多个。具体的语法规则如下：

[media-type] [and|not|only] [(media-feature)]

在这个规则中，[media-type] 代表媒体类型，[and|not|only] 是逻辑操作符，用于组合或排除特定的媒体特征，而 [(media-feature)] 则代表具体的媒体特征条件。通过这样的语法结构，媒体查询能够精确地根据不同的设备和情境来调整网页的样式和布局。

1. 媒体类型

媒体查询允许我们通过 [media-type] 来定义不同的媒体类型（见表 8-1）。其中，最常用的媒体类型是 screen，它适用于电脑屏幕、手机以及平板等设备。这些媒体类型的主要作用在于，能够根据设备的特性来应用相应的样式规则，从而确保网站或网页在各种设备上都能展现出优质的视觉效果。

表 8-1　媒体类型

类型名称	含义	描述
屏幕	screen	带屏幕的设备
打印预览	print	打印预览模式
阅读器	speech	屏幕阅读模式
不区分类型	all	默认值，包括以上 3 种情形

2. 逻辑操作符

在媒体查询中，逻辑操作符 and、or、not 和 only 被用于构建复杂的媒体查询条件。此外，我们还可以使用逗号（,）来组合多个查询条件。这些操作符的详细解释和用法见表 8-2。

表 8-2　逻辑操作符

类型	说明
and	将多个媒体特征（media feature）以“与”的方式连接成一个媒体查询，只有当所有媒体特征都为 true，查询条件成立。另外，它还可以将媒体类型和媒体功能结合起来 例如：screen and（device-type: wearable）and（max-height: 600）表示当设备类型是智能穿戴且应用的最大高度小于等于 600 个像素单位时成立
or	将多个媒体特征以“或”的方式连接成一个媒体查询，如果存在结果为 true 的媒体特征，则查询条件成立 例如：screen and（max-height: 1000）or（round-screen: true）表示当应用高度小于等于 1000 个像素单位或者设备屏幕是圆形时，条件成立
not	取反媒体查询结果，媒体查询结果不成立时返回 true，否则返回 false 例如：not screen and（min-height: 50）and（max-height: 600）表示当应用高度小于 50 个像素单位或者大于 600 个像素单位时，条件成立 使用 not 运算符时必须指定媒体类型
only	当整个表达式都匹配时，才会应用选择的样式，可以应用在防止某些较早的版本的浏览器上产生歧义的场景。一些较早版本的浏览器对于同时包含了媒体类型和媒体特征的语句会产生歧义，比如：screen and（min-height: 50），老版本浏览器会将这句话理解成 screen，从而导致仅仅匹配到媒体类型（screen），就应用了指定样式，使用 only 可以很好地规避这种情况 使用 only 时必须指定媒体类型

续表

类型	说明
,（comma）	将多个媒体特征以“或”的方式连接成一个媒体查询，如果存在结果为 true 的媒体特征，则查询条件成立。其效果等同于 or 运算符 例如：screen and（min-height: 1000），（round-screen：true）表示当应用高度大于或等于 1 000 个像素单位或者设备屏幕是圆形时，条件成立

3. 媒体特征

媒体特征是用来具体描述媒体类型的各种属性，比如当前屏幕的宽度和高度、分辨率、屏幕方向是横向还是纵向等。这些详细的媒体特征见表 8-3。

表 8-3　媒体特征

特性名称	属性	值
视口的宽和高	width，height	数值
视口最大宽或高	max-width，max-height	数值
视口最小宽或高	min-width，min-height	数值
屏幕方向	orientation	portrait：竖屏 landscape：横屏

小贴士

常见的响应式布局容器尺寸划分见表 8-4。

表 8-4　响应式布局容器尺寸划分

设备划分	尺寸区间	宽度设置
超小屏幕	≤575px	100%
小屏幕（次小屏幕）	≥576px	540px
中等屏幕	≥768px	720px
大屏幕	≥992px	960px
超大屏幕	≥1 200px	1 140px

具体代码如下。

```
<!doctype html>
<html>
<head>
<meta charset="utf-8" name="viewport" content=
"user-scalable=no,width=device-width,initial-scale=1.0,maximum-scale=1.0">
<style>
    body{
        background-color:red;
    }
    @media screen and (max-width:575px){    /*超小屏幕*/
        body{  background-color:blue;  }
    }
    @media screen and (min-width:576px){    /*小屏幕*/
        body{  background-color:yellow;  }
    }
    @media screen and (min-width:768px){    /*中等屏幕*/
        body{  background-color:grey;  }
    }
    @media screen and (min-width:992px){   /*大屏幕*/
        body{  background-color:pink;  }
    }
    @media screen and (min-width:1200px){ /*超大屏幕*/
        body{  background-color:yellowgreen;  }
    }
</style>
</head>
<body>
</body>
</html>
```

三、百分比布局

在制作响应式网页时，单纯依赖媒体查询是不足够的。因为媒体查询只能针对特定视口尺寸进行适配，而在达到下一个设定的视口尺寸之前，页面布局保持不变。这种方式可能会导致页面显示的不连贯，并且难以适应日益多样化的设备屏幕。为了实现真正灵活的页面设计，我们需要将百分比布局与媒体查询相结合。百分比布局是一种根据屏幕宽度等比例调整元素宽度的布局方式，在 CSS 文件中通过设定元素宽度为其父元素宽度的百分比来实现。这种布局方法能够使页面元素随着屏幕宽度的变化而自动伸缩，从而摆脱固定像素尺寸的束缚，让内容能够灵活填充屏幕空间。

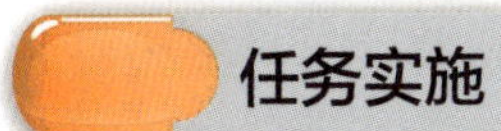

任务实施

● 步骤 1：创建网页

通过菜单栏，依次选择“文件”“新建”，此时会弹出一个新建文档窗口，如图 8–6 所示。在这个窗口中，选择“空白页”，并将页面类型设定为“HTML”。接着，点击“创建”按钮，并将新建的 HTML 页面命名为“index.html”。随后，以相同的方式再创建 3 个空白页，但这次将页面类型选择为“CSS”，并分别命名为“style.css”“index.css”和“media.css”。

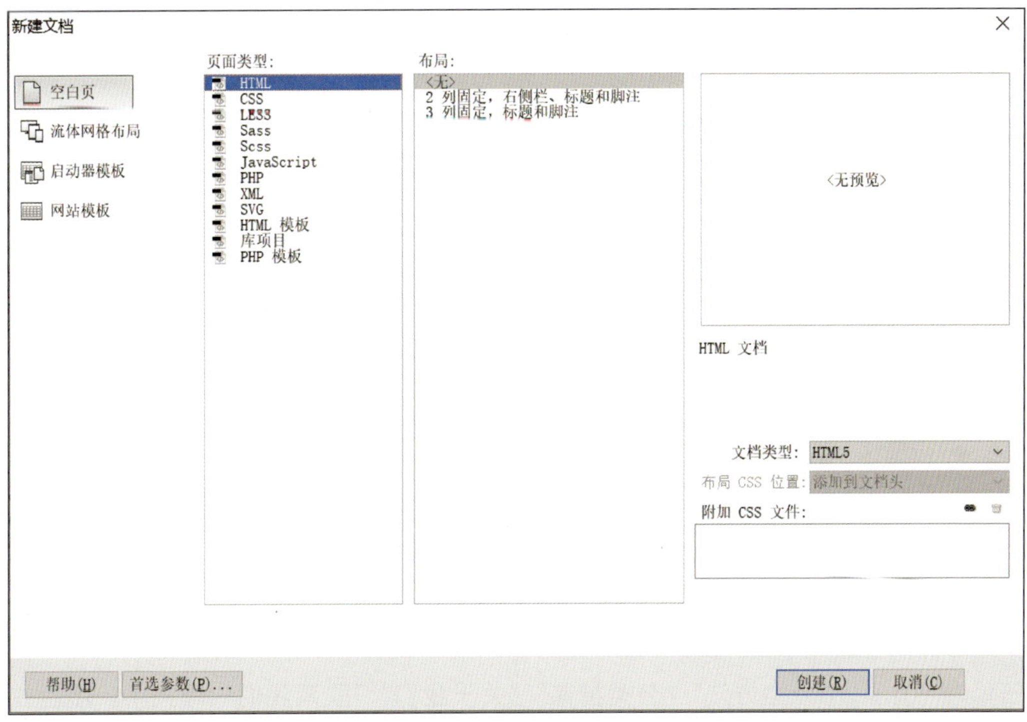

图 8–6　新建文档窗口

● 步骤 2：修饰网页

打开 style.css 文件，在文件中设置 box-sizing: border-box;，以确保元素在预设的宽度和高度内完成绘制。接下来，设定网页的外边距、内边距以及边框的宽度均为 0。默认网页宽度设定为 100%，背景颜色设定为 #fff，字体默认使用“Roboto Slab”。同时，去掉超链接的下划线（text-decoration: none;），设置过渡效果

（transition）的时长为 0.5 s。设定网页中的图片最大宽度为 100%，高度和宽度自动调整，并保证图片居中显示。此外，还需设置清除浮动的 clearfix 样式。具体代码如图 8–7 所示。

```
html {
    font-family: sans-serif;
    box-sizing: border-box;
}

*,
*:before,
*:after {
    box-sizing: inherit;
}

* {
    margin: 0;
    padding: 0;
    border: 0;
}

ul,li {
    list-style-type: none;
}

body {
    width: 100%;
    background: #fff;
    font-family: 'Roboto Slab', serif;
}

a {
    text-decoration: none;
    transition: 0.5s all;
}

img {
    max-width: 100%;
    height: auto;
    width: auto;
    vertical-align: middle;
}

.clearfix {
    clear: both;
}
```

图 8–7　修饰网页代码

● 步骤 3：制作导航条

打开 index.html 文件，在工作区中插入 <div> 标签作为头部区域，命名为“header”，在 header 内部再插入 <div> 标签，命名为“container”，存放头部区域网页元素。

首先在“container”盒子中放一个 <nav> 标签制作导航条，利用 <ul> 和 <li> 标签修饰“首页”“分类方法”“分类指南”“关于我们”“联系我们”等文字。然后在“container”盒子中利用 <label> 标签制作汉堡菜单并插入图片 menu.png。最后利用 <div> 标签构建“clearfix”实现清除浮动，具体代码如图 8–8 所示。

需要注意的是，在操作过程中，应确保“menu.png”图片已经正确地放置在项目的相关文件夹中，这样网页才能顺利地加载并显示该图片。另外，“clearfix”的实现方式可能会因不同的 CSS 框架或样式表而有所差异，因此在实际应用中可能需要进行相应的调整。

```
<!-- header部分 -->
<div class="header">
  <div class="container">
    <nav>
      <input type="checkbox" id="togglebox" />
      <ul>
        <li><a href="index.html">首页</a></li>
        <li><a href="#">分类方法</a></li>
        <li><a href="#">分类指南</a></li>
        <li><a href="#">关于我们</a></li>
        <li><a href="#">联系我们</a></li>
      </ul>
    </nav>
    <!--汉堡菜单按钮-->
    <label class="menu" for="togglebox">
      <img src="images/menu.png" />
    </label>
    <div class="clearfix"></div>
  </div>
</div>
```

图 8-8　制作导航条代码

- 步骤 4：修饰导航条

打开 index.css 文件，在文件中设置容器 container、header 的宽度为 100%；header 设置为相对位置，背景颜色为 #333；导航条的文本之间相距 35px，颜色为 #FFF，字体大小为 1.25cm，字体粗细为 500，并以块进行显示；将复选框（input [type="checkbox"]）和汉堡菜单（menu）设置为相对于父元素进行绝对定位，左定位为 2%，上定位为 10px，默认隐藏不显示（display: none;），具体代码如图 8-9 所示，效果如图 8-10、图 8-11 所示。

- 步骤 5：制作 banner

打开 index.html 文件，在工作区中插入 <div> 标签作为 banner 区域，命名为 "banner"，如图 8-12 所示。

```
.container {
  margin: 0 auto;
  padding: 0 15px;
  width: 100%;
}
.header {
  width: 100%;
  background:#333;
  padding: 33px 0;
  position: relative;
}
nav ul li {
  margin: 0 35px;
  display: inline-block;
}
nav ul li a {
  color: #FFF;
  font-size: 1.25em;  /*20px÷16px=1.25*/
  font-weight: 500;  /* 定义字体粗细 */
}
/* 复选框用于切换菜单的开合状态 */
nav input[type="checkbox"],
.menu {
  position: absolute;
  /* 相对于父元素绝对定位 */
  left: 2%;
  top: 10px;
  display: none;
  /* 隐藏不显示 */
}
```

图 8-9　修饰导航条代码

首页	分类方法	分类指南	关于我们	联系我们

图 8-10　导航条效果（大屏显示）

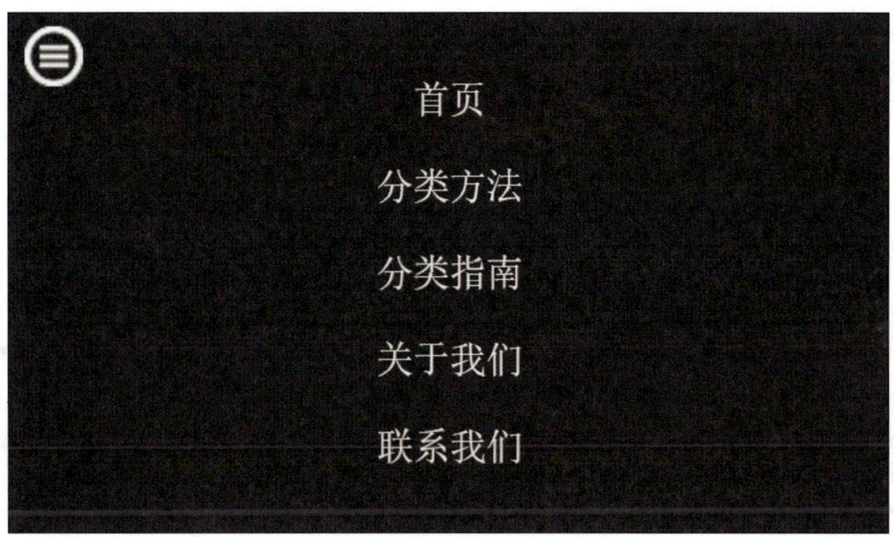

图 8-11 导航条效果（小屏显示）

```
<!-- banner部分 -->
<div class="banner"></div>
```

图 8-12 制作 banner 代码

● 步骤 6：修饰 banner

设置 banner 区域的宽度为 100%，背景图片为 banner.png，图片全覆盖区域，最小高度为 540px，具体代码如图 8-13 所示，效果如图 8-14、图 8-15 所示。

```
/*-- banner部分样式代码 --*/
.banner {
  width: 100%;
  background: url(../images/banner.png) no-repeat center center;
  background-size: cover;

/* zrd */
  min-height: 540px;
}
```

图 8-13 修饰 banner 代码

● 步骤 7：制作中间区域

打开 index.html 文件，在工作区中插入 <div> 标签作为中间区域，命名为“mission”，在 mission 内部再插入 <div> 标签，命名为“container”，存放中间区域网页元素。首先在“container”盒子中放一个“mis-left”盒子，利用 <img> 标签实

图 8-14　banner 效果（大屏显示）

图 8-15　banner 效果（小屏显示）

现左半部分的图片；然后利用 <h3> 标签、<p> 标签修饰文字，并放在“mis-right”盒子中。最后利用 <div> 标签构建“clearfix”实现清除浮动，具体代码如图 8-16 所示。

- 步骤 8：修饰中间区域

打开 index.css 文件，在文件中设置容器 mission 背景颜色为 #fbffec；设置左边盒子 mis-left 的位置为相对，最小高度为 1px，左浮动，设置图片的宽度为 100%；设置右边盒子 mis-right 的宽度为 40%，标题文本颜色为 #F06113，大小为 3.25em，段落文本颜色为 #000，大小为 0.875em，行高为 1.8em。具体代码如图 8-17 所示。

```
<div class="mission">
    <div class="container">
        <div class="mis-left">
            <img src="images/mission_img.jpg" alt="" />
        </div>
        <div class="mis-right">
          <h3>驰嘉网络科技</h3>
          <p style="text-indent:2em;margin-bottom:0">
             驰嘉是国内领先的移动互联网广告营销服务提供商，致力于为移动互联网开发者
             提供生命周期内的全套立体化服务，满足开发者应用分发、活跃用户等多样化需求。
             短短三年，驰嘉以业内顶尖的研发技术、多渠道全方位的营销整合能力，以及覆盖全
             国的优势资源，获得资本市场的肯定，于2015年正式挂牌新三板。
          </p>
          <p style="text-indent:2em">
             截至目前，公司服务国内外知名开发商逾200家。专业的服务能力以及优秀的服务意
             识，为驰嘉赢得百度、腾讯等合作伙伴的认可和业界的高度关注。
          </p>
          <h3>公司文化</h3>
          <p style="margin-bottom:5px">  驰嘉定位：为移动互联网开发者服务  </p>
          <p style="margin-bottom:5px">  驰嘉愿景：成为国际知名移动互联网服务商  </p>
          <p style="margin-bottom:5px">  我们的文化：创造价值，分享价值  </p>
          <p style="margin-bottom:5px">  驰嘉态度：不将就 </p>
        </div>
        <div class="clearfix"></div>
    </div>
</div>
```

图 8-16　制作中间区域代码

```
.mission {
  background: #fbffec;
  padding: 60px 0;
}
.mis-left{
  position: relative;
  min-height: 1px;
  padding: 0 15px;
  float: left;
}
.mis-left img {
  position: relative;
  min-height: 1px;
  padding: 0 15px;
  float: left;
  width: 100%;
}
.mis-right {
  width: 40%;
  float: left;
  margin-left:20px;
}
.mis-right h3 {
  font-size: 3.25em;
  color:#F06113;
}
.mis right p {
  font-size: 0.875em;
  color: #000;
  line-height: 1.8em;
  margin: 12px 0 0 0;
}
```

图 8-17　修饰中间区域代码

● 步骤 9：制作底部区域

打开 index.html 文件，在工作区中插入 <div> 标签作为底部区域，命名为“footer”，在 footer 内部再插入 <div> 标签，命名为“container”，利用 <p> 标签制作版权信息文字。最后利用 <div> 标签构建“clearfix”实现清除浮动，具体代码如图 8–18 所示。

```
<!-- footer部分 -->
<div class="footer">
  <div class="container">
    <p> Copyright 2021 驰嘉网络科技. All Rights Reserved by 驰嘉科技</p>
    <div class="clearfix"></div>
  </div>
</div>
```

图 8–18　制作底部区域代码

● 步骤 10：修饰底部区域

设置底部背景颜色为 #000，字体大小为 0.875em，居中对齐且颜色为 #fff，如图 8–19 所示。

```
.footer {
  padding: 18px 0;
  background: #000;
}

.footer p {
  margin: 9px 0 0 0;
  font-size: 0.875em;
  color: #fff;
  text-align: center;
}
```

图 8–19　修饰底部区域代码

● 步骤 11：制作媒体查询

媒体查询分为超小屏幕（≤575px）、小屏幕（≥576px）、中等屏幕（≥768px）、大屏幕（≥992px）、超大屏幕（≥1 200px）五种情况。

1. 超小屏幕

超小屏幕的媒体查询是 @media(max-width:575px){ }，需要把先前的导航条变为汉堡式导航，代码如图 8–20 所示。banner 部分需要设置导航条的最小高度为 200px，代码如图 8–21 所示。footer 部分需要设置文字间距，代码如图 8–22 所示。mission 部分需要修改图片的大小和文字的大小，代码如图 8–23 所示。

```
@media (max-width: 575px) {
    .header {
        padding: 25px 0;
    }
    .menu { /* 汉堡菜单按钮 */
        display: block;
        cursor: pointer;
    }
    nav>ul {
        display: none;
    }
    nav input[type="checkbox"]:checked~ul {
        display: block;
    }
    nav ul li {
        width: 100%;
        display: inline-block;
        text-align: center;
        margin: 0;
        padding: 0;
    }

    nav ul li a {
        display: block;
        margin: 10px 0;
    }
}
```

图 8-20　超小屏幕修饰代码（1）

```
@media (max-width: 575px) {
    /* banner部分代码 */
    .banner {
        min-height: 200px;
    }
}
```

图 8-21　超小屏幕修饰代码（2）

```
@media (max-width: 575px) {
    .footer p {
        margin: 0px 0 20px 0;
    }
}
```

图 8-22　超小屏幕修饰代码（3）

2. 小屏幕

小屏幕的媒体查询是 @media(min-width: 576px){ }，需要设置 banner 最小高度为 240px，代码如图 8-24 所示。

3. 中等屏幕

中等屏幕的媒体查询是 @media(min-width: 768px){ }，需要设置导航条文字的间距，banner 最小高度为 300px，同时调整中间部分 mission 图片和文字的间距，代码如图 8-25 所示。

```
@media (max-width: 575px) {
    .mission {
        padding: 20px 0;
    }
    .mis-left img {
        display: block;
        margin: 0 auto; /* 居中显示 */
    }
    .mis-right h3 {
        font-size: 1em;
    }
    .mis-left,
    .mis-right {
        padding: 0;
        float: left;
        width: 100%;
    }
    .mis-right {
        margin: 30px 0 0 0;
        width: 100%;
    }
    .mis-left {
        width: 100%; /* 修改图片宽度为100% */
        margin-top: 3px;
    }
    .mis-right p {
        margin: 10px 0 0 0;
    }
}
```

图 8-23　超小屏幕修饰代码（4）

4. 大屏幕

大屏幕的媒体查询是 @media(min-width: 992px){ }，需要设置导航条文字的间距，banner 最小高度为 360px，同时调整中间部分 mission 图片和文字的间距，代码如图 8-26 所示。

5. 超大屏幕

超大屏幕的媒体查询是 @media(min-width: 1200px){ }，需要设置导航条文字的间距，banner 最小高度为 540px，同时调整中间部分 mission 图片和文字的间距，代码如图 8-27 所示。

```
@media (min-width: 576px) {
    /* header部分代码 */
    nav>ul li a {
        font-size: 1em;
    }
    nav>ul li {
        margin: 0 10px;

    }
    /* banner部分代码 */
    .banner {
        min-height: 240px;
    }
}
```

图 8-24　小屏幕修饰代码

```
@media (min-width: 768px) {

    /* header部分代码 */
    .header {
        padding: 24px 0;
    }
    nav>ul li {
        margin: 0 20px;
    }
     /* banner部分代码 */
    .banner {
        min-height: 300px;
    }
    /* 中间区域 */
    .mis-left {
        padding: 0 5px;
    }
    .mis-right p {
        margin-top: 2px;
    }
}
```

图 8-25　中等屏幕修饰代码

```
@media (min-width: 992px) {
    /* header部分代码 */
    nav>ul li {
        margin: 0 35px;
    }
    nav>ul li a {
        font-size: 1.25em;
    }
    /* banner部分代码 */
    .banner {
        min-height: 360px;
    }
    .mis-left{
        padding: 0 15px;
    }
    .mis-right p {
        margin-top: 10px;
    }
}
```

图 8-26　大屏幕修饰代码

```
@media (min-width: 1200px) {
    nav>ul li {
        margin: 0 40px;
    }

    .banner {
        min-height: 540px;
    }
}
```

图 8-27　超大屏幕修饰代码

任务评价

任务评价表

学习任务	使用媒体查询布局网页			
项目	**评价内容**	**配分**	**得分**	
知识	掌握视口的概念	25		
	掌握栅格系统的概念	25		
技能	能够正确使用媒体查询实现响应式布局	25		
	能够正确使用百分比布局	25		
任务评价			合计得分	

思考与练习

1. 请对视口这一概念进行简要描述。
2. 请简要说明媒体查询的定义。
3. 在网页设计中，媒体查询扮演着怎样的角色或起到了哪些具体作用?

学习任务 2 使用弹性盒子布局网页

学习目标

- **知识目标**

1. 掌握弹性盒子的概念。
2. 掌握弹性盒子的常用属性。

- **技能目标**

1. 能够正确使用弹性盒子实现响应式布局。
2. 能够正确设置弹性盒子的属性。

任务描述

为适应移动互联网的发展趋势，某旅游公司现已决定重新打造一套响应式网页。这套全新的网页设计将确保桌面端、移动端等各类终端用户，无论使用何种设备，都能流畅地浏览公司的宣传内容，从而更有效地吸引潜在客户，促进旅游业务的发展。网页设计定版如图 8-28 和图 8-29 所示。

图 8-28　任务效果图（大屏幕）

图 8-29　任务效果图（小屏幕）

弹性盒子是 CSS3 中引入的一种功能强大且兼容性良好的布局方式。它能够便捷地处理页面元素布局，创建出可自动适应屏幕大小变化的动态用户界面。利用弹性盒子布局模型，我们可以减少对浮动布局的依赖，实现元素的完美垂直与水平居中，从而极大提升了页面排版的灵活性和工作效率。

一、弹性盒子

1. 弹性盒子结构

弹性盒子主要由弹性容器、弹性子元素以及轴构成，其结构可参考图 8–30。弹性容器内部包含一个或多个弹性子元素，而弹性容器外部及子元素内部则保持正常的渲染方式。弹性盒子的规则仅定义了弹性子元素在弹性容器内部的布局方式。在默认情况下，这些子元素会在弹性容器内以单行形式展现，且每个弹性容器初始只包含一行元素。

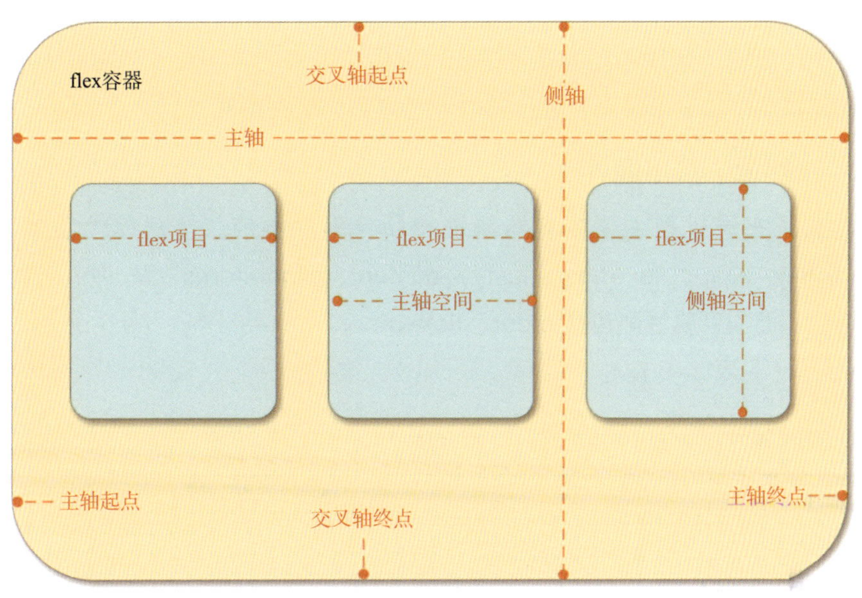

图 8–30　弹性盒子结构

2. 弹性布局特点

弹性布局具有以下特点。

（1）主轴与交叉轴

在弹性布局中，弹性容器设定了主轴（main axis）和交叉轴（cross axis）。在默认情况下，主轴沿水平方向延伸，而交叉轴则沿垂直方向延伸。

（2）弹性容器

通过将父元素的 display 属性设置为 flex 或 inline-flex 来创建弹性容器。

（3）弹性项目

弹性容器中的每个子元素都被视为一个弹性项目。子元素可以指定各自在主轴和交叉轴上的大小、位置以及对齐方式等。

（4）主轴对齐

弹性项目可以在主轴上按照一定比例分配空间，也可以使用 justify-content 属性定义主轴的对齐方式。

（5）交叉轴对齐

弹性项目可以在交叉轴上进行对齐，包括顶部对齐、底部对齐、居中对齐等，使用 align-items 属性定义交叉轴对齐方式。

（6）换行与自动调整

弹性布局允许控制弹性项目是否换行，并且具备自动调整元素大小的能力。

弹性布局简化了网页布局的开发过程，提供了更灵活、响应式的布局方式。它适用于各种屏幕尺寸和设备类型，并能够快速适应不同的布局需求。

二、弹性盒子常用属性

弹性盒子布局模型主要由容器属性和项目属性构成。容器属性涵盖了 flex-direction、flex-wrap、flex-flow、justify-content、align-items以及 align-content 等（见表 8-5）。而项目属性则包括 order、flex-grow、flex-shrink、flex-basis、flex 和 align-self 等（见表 8-6）。

表 8-5　容器属性

属性	描述
flex-direction	指定弹性子元素的排列方向
flex-wrap	设置弹性子元素超出父容器时是否换行
flex-flow	控制弹性子元素的排列方向和换行方式
align-items	设置弹性子元素在交叉轴（纵轴）方向上的对齐方式
align-content	当弹性子元素多行排列时，设置这些行在交叉轴方向上的对齐方式
justify-content	设置弹性子元素在主轴（横轴）方向上的对齐方式

表 8-6 项目属性

属性	描述
order	设置弹性子元素的排列顺序
flex-grow	设置弹性子元素的扩展比率
flex-shrink	指定弹性子元素的收缩规则
flex-basis	设置弹性子元素的伸缩基准值
flex	设置弹性子元素的空间分配方式
align-self	覆盖容器的 align-items 属性

运用弹性盒子布局模型相当简便。首先，需将容器元素的 display 属性设定为 flex。随后，可依据实际需求配置其他容器属性，例如 flex-direction、flex-wrap、justify-content 以及 align-items 等。之后，为项目元素设定对应的属性，诸如 order、flex-grow、flex-shrink 和 flex-basis 等。

1. flex-flow 属性

flex-flow 属性是 flex-direction 和 flex-wrap 的简写，其语法结构如下所示：

```
.box {
    flex-flow: <flex-direction> <flex-wrap>;
}
```

flex-flow 属性用于控制弹性子元素的排列方向和换行方式，包括 flex-direction（见表 8-7）和 flex-wrap（见表 8-8）两个属性。

表 8-7 flex-direction 属性

取值	描述
row	弹性子元素按横轴方向顺序排列（默认值）
row-reverse	弹性子元素按横轴方向逆序排列
column	弹性子元素按纵轴方向顺序排列
column-reverse	弹性子元素按纵轴方向逆序排列

表 8-8　flex-wrap 属性

取值	描述
nowrap	弹性容器为单行，该情况下 flex 子项可能会溢出容器
wrap	弹性容器为多行，flex 子项溢出的部分会被放置到新行，第一行在上方
wrap-reverse	反转 wrap 排列（换行），第一行显示在下方

2. align-items 属性

align-items 属性用于设置弹性子元素在交叉轴（纵轴）方向上的对齐方式，见表 8-9。

表 8-9　align-items 属性

取值	描述
flex-start	弹性子元素向交叉轴的起始位置对齐
flex-end	弹性子元素向交叉轴的结束位置对齐
center	弹性子元素向交叉轴的中间位置对齐
baseline	如果弹性子元素的行内轴与侧轴为同一条，则该值与 flex-start 等效。其他情况下，该值将参与子元素的第一行文字的基线对齐
stretch	默认值，将元素拉伸以适合伸缩容器。可用空间在所有元素之间平均分配。子元素如果没有设置高度或高度为 auto，则将占满整个容器的高度，同时会遵照 min/max-width/height 属性的限制

3. align-content 属性

align-content 属性定义了多根轴线的对齐方式，见表 8-10。如果项目只有一根轴线，该属性不起作用。

表 8-10　align-content 属性

取值	描述
flex-start	弹性子元素向交叉轴的起始位置对齐
flex-end	弹性子元素向交叉轴的结束位置对齐
center	弹性子元素向交叉轴的中间位置对齐
space-between	弹性子元素向交叉轴两端对齐，轴线之间的间隔平均分布

续表

取值	描述
space-around	每根轴线两侧的间隔都相等。所以，轴线之间的间隔比轴线与边框的间隔大一倍
stretch	轴线占满整个交叉轴，默认值

4. justify-content 属性

justify-content 属性用于设置弹性盒子在主轴（横轴）方向上的对齐方式，见表 8-11。

表 8-11　justify-content 属性

取值	描述
flex-start	弹性项目向行头紧挨着填充。这个是默认值。第一个弹性项目的 main-start 外边距边线被放置在该行的 main-start 边线，而后续弹性项目依次平齐摆放
flex-end	弹性项目向行尾紧挨着填充。第一个弹性项目的 main-end 外边距边线被放置在该行的 main-end 边线，而后续弹性项目依次平齐摆放
center	弹性项目居中紧挨着填充（如果剩余的自由空间是负的，则弹性项目将在两个方向上同时溢出）
space-between	弹性项目平均分布在该行上。如果剩余空间为负或者只有一个弹性项目，则该值等同于 flex-start。否则，第 1 个弹性项目的外边距和行的 main-start 边线对齐，而最后 1 个弹性项目的外边距和行的 main-end 边线对齐，然后剩余的弹性项目分布在该行上，相邻项目的间隔相等
space-around	弹性项目平均分布在该行上，两边留有一半的间隔空间。如果剩余空间为负或者只有一个弹性项目，则该值等同于 center。否则，弹性项目沿该行分布，且彼此间隔相等（比如是 20px），同时首尾两边和弹性容器之间留有一半的间隔（1/2 × 20px=10px）

5. order 属性

order 属性用于定义弹性容器内项目的排列顺序。该属性的值是一个整数，数值越小，项目在容器中的排列位置就越靠前。默认情况下，order 的值为 0。其语法结构如下所示：

```
.item {
order: <integer>;
}
```

6. flex-grow 属性

flex-grow 属性定义项目的放大比例，默认为 0，即如果存在剩余空间，也不放大。其语法结构如下所示：

```
.item {
  flex-grow: <number>; /* default 0 */
}
```

7. flex-shrink 属性

flex-shrink 属性定义了项目的缩小比例，默认为 1，即如果空间不足，该项目将缩小。其语法结构如下所示：

```
.item {
  flex-shrink: <number>; /* default 1 */
}
```

8. flex-basis 属性

flex-basis 属性定义了在分配多余空间之前，项目占据的主轴空间（main size）。浏览器根据这个属性，计算主轴是否有多余空间。它的默认值为 auto，即项目的本来大小。它可以设为跟 width 或 height 属性一样的值（比如 350px），则项目将占据固定空间。其语法结构如下所示：

```
.item {
  flex-basis: <length> | auto; /* default auto */
}
```

9. flex 属性

flex 属性是 flex-grow、flex-shrink 和 flex-basis 的简写，默认值为 0 1 auto，见表 8-12。其语法结构如下所示：

```
.item {
  flex: none | [ <'flex-grow'> <'flex-shrink'>? || <'flex-basis'> ]
}
```

表 8-12　flex 属性

取值	描述
flex-grow	一个数字，规定项目相对于其他元素进行扩展的量
flex-shrink	一个数字，规定项目相对于其他元素进行收缩的量

续表

取值	描述
flex-basis	项目的长度。合法值：auto、inherit 或一个后跟 %、px、em 或任何其他长度单位的数字
auto	与 1 1 auto 相同
none	与 0 0 auto 相同
initial	设置该属性为它的默认值，即为 0 1 auto
inherit	从父元素继承该属性

10. align-self 属性

align-self 属性允许单个项目有与其他项目不一样的对齐方式，可覆盖 align-items 属性，见表 8-13。默认值为 auto，表示继承父元素的 align-items 属性，如果没有父元素，则等同于 stretch，其语法结构如下所示：

```
.item {
  align-self: auto | flex-start | flex-end | center | baseline | stretch;
}
```

表 8-13 align-self 属性

取值	描述
auto	默认值。元素继承了它的父容器的 align-items 属性。如果没有父容器则为 stretch
stretch	元素被拉伸以适应容器
center	元素位于容器的中心
flex-start	元素位于容器的开头
flex-end	元素位于容器的结尾
baseline	元素位于容器的基线上
initial	设置该属性为它的默认值
inherit	从父元素继承该属性

- 步骤 1：创建网页

首先，通过菜单栏依次选择“文件”“新建”，弹出一个新建文档窗口，如图 8-31

所示。在这个窗口中，选择“空白页”，并将页面类型设定为“HTML”。接着，点击“创建”按钮，即可生成一个新的 HTML 页面。将此页面命名为“index.html”。

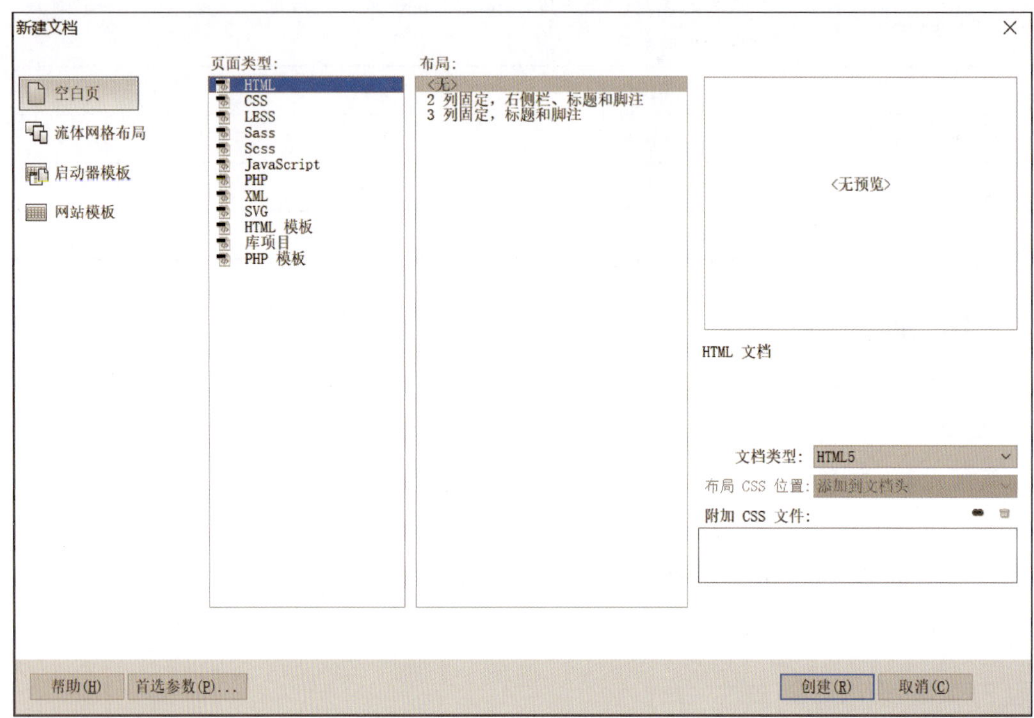

图 8-31　新建文档窗口

随后，重复上述操作，但这次页面类型选择为“CSS”，并分别创建两个空白页，命名为“style.css”和“media.css”。这样，我们就完成了网页及相关样式表的创建工作。

● 步骤 2：制作导航条

在工作区中插入 <div> 标签作为网页的头部区域，并将其命名为“header”。随后，在“header”内部再次插入 <div> 标签，命名为“container”，用于存放头部区域的所有网页元素。

接下来，我们在“container”盒子中放置 <nav> 标签制作导航条。在这个导航条内，我们使用 <ul> 和 <li> 标签修饰和排列“首页”“旅游咨询”“机票订购”“风景欣赏”以及“联系我们”等导航文字。

之后，我们依然在“container”盒子内，使用 <label> 标签制作一个汉堡菜单，并插入名为 menu.png 的图片作为菜单的图标。

最后，为了确保布局的正确性，我们使用 <div> 标签构建一个名为“clearfix”

的元素，其作用是清除前面元素产生的浮动效果，以确保后续内容的正确排列，如图 8-32 所示。这样，我们就完成了导航条的制作。

```
<div class="header">
  <div class="container">
    <nav>
      <input type="checkbox" id="togglebox" />
      <ul>
        <li><a href="index.html">首页</a></li>
        <li><a href="#">旅游咨询</a></li>
        <li><a href="#">机票订购</a></li>
        <li><a href="#">风景欣赏</a></li>
        <li><a href="#">联系我们</a></li>
      </ul>
    </nav>
    <!--汉堡菜单按钮-->
    <label class="menu" for="togglebox">
      <img src="images/menu.png" />
    </label>
    <div class="clearfix"></div>
  </div>
</div>
```

图 8-32　制作导航条代码

● 步骤 3：修饰导航条

打开 style.css 文件，在文件中设置容器 container、header 的宽度为 100%；header 设置为相对位置，背景颜色为 #333；导航条的文本之间相距 35px，颜色为 #FFF，字体大小为 1.25em，字体粗细为 500，并以块进行显示；将复选框（input [type="checkbox"]）和汉堡菜单（menu）设置为相对于父元素进行绝对定位，左定位为 2%，上定位为 10px，默认隐藏不显示（display: none;），具体代码如图 8-33 所示，效果如图 8-34、图 8-35 所示。

● 步骤 4：制作 banner

打开 index.html 文件，在工作区中插入 <div> 标签作为 banner 区域，命名为“banner”，如图 8-36 所示。

● 步骤 5：修饰 banner

设置 banner 区域的宽度为 100%，具体代码如图 8-37 所示，效果如图 8-38、图 8-39 所示。

```
.container {
  margin: 0 auto;
  padding: 0 15px;
  width: 100%;
}
.header {
  width: 100%;
  background:#333;
  padding: 33px 0;
  position: relative;
}
nav ul li {
  margin: 0 35px;
  display: inline-block;
}
nav ul li a {
  color: #FFF;
  font-size: 1.25em;  /*20px÷16px=1.25*/
  font-weight: 500;  /* 定义字体粗细 */
}
/* 复选框用于切换菜单的开合状态 */
nav input[type="checkbox"],
.menu {
  position: absolute;
  /* 相对于父元素绝对定位 */
  left: 2%;
  top: 10px;
  display: none;
  /* 隐藏不显示 */
}
```

图 8-33　修饰导航条代码

首页　旅游咨询　机票订购　风景欣赏　联系我们

图 8-34　导航条效果（大屏显示）

图 8-35　导航条效果（小屏显示）

```
<div class="banner">
  <img src="images/banner.jpg">
</div>
```

图 8-36　制作 banner 代码

```
.banner img {
  width: 100%;
}
```

图 8-37　修饰 banner 代码

图 8-38　banner 效果（大屏显示）

图 8-39　banner 效果（小屏显示）

● 步骤 6：制作热门景点标题

打开 index.html 文件，在工作区中插入 <div> 标签作为热门景点区域，命名为“list”，在 list 内部再插入 <h2> 标签，存放“热门景点”文字元素，如图 8-40 所示。

● 步骤 7：修饰热门景点标题

打开 style.css 文件，在文件中设置容器 list 宽度为 100%，文本居中对齐，设置内边距的上、左、下、右分别为 40px、0px、20px、0px；设置 <h2> 标签的字体大小为 36px，文本颜色为 #313131，文字加粗且以块显示，段落文字为相对位置。具体代码如图 8-41 所示，效果如图 8-42、图 8-43 所示。

```
<div class="list">
  <h2>
    热门景点
  </h2>
</div>
```

图 8-40 制作热门景点标题代码

```
.list {
  width: 100%;
  text-align: center;
  padding: 40px 0 20px 0;
}
.list h2 {
  font-size: 36px;
  color: #313131;
  font-weight: bold;
  display: inline-block;
  position: relative;
}
```

图 8-41 修饰热门景点标题代码

图 8-42 热门景点标题效果（大屏幕）

● 步骤 8：制作热门景点区域

打开 index.html 文件，在工作区中插入 <div> 标签作为热门景点区域，命名为“inner”，在 inner 内部再插入 <div> 标签，命名为“box”，存放热门景点区域网页元素。利用 <ul> 和 <li> 标签排列每个景点，使用名为“img_box”的 <div> 标签和 <img> 标签存放景点图片，使用 <h2> 标签存放景点名称。具体代码如图 8-44 所示。

图 8-43　热门景点标题效果（小屏幕）

```
<div class="inner">
    <div class="box">
        <ul class="item">
            <li>
                <div class="img_box">
                    <img src="images/s1.png" alt="">
                </div>
                <h2>杭州</h2>
            </li>
            <li>
                <div class="img_box">
                    <img src="images/s2.png" alt="">
                </div>
                <h2>乌镇</h2>
            </li>
            <li>
                <div class="img_box">
                    <img src="images/s3.png" alt="">
                </div>
                    <h2>千岛湖</h2>
            </li>
          <li>
              <div class="img_box">
                <img src="images/s4.png" alt="">
              </div>
              <h2>九寨沟</h2>
          </li>
        </ul>
    </div>
</div>
```

图 8-44　制作热门景点区域代码

● 步骤 9：修饰热门景点区域

打开 style.css 文件，在文件中设置容器 item 宽度为 100%，弹性布局（display: flex;），主轴方向为从左到右（flex-direction: row;），子元素位于弹性容器的中心居中对齐（justify-content: center; ），并设置换行（flex-wrap: wrap;）。此外，设置 li 元素宽度为 20%，隐藏溢出的元素（overflow: hidden;），圆角（border-radius）为 10px；设置盒子 img_box 的高度为 auto，圆角为 10px，溢出隐藏。设置图片 img 的宽度和最大高度均为 100%。设置 <h2> 标签的字体大小为 15px，颜色为 #515151，行高为 24px，溢出文本以省略号代替（text-overflow: ellipsis;），实现弹性布局（display: -webkit-box;），容器内元素垂直排列（-webkit-box-orient: vertical;），最多显示两行文本（-webkit-line-clamp: 2;），高度为 45px，文本居中。具体代码如图 8-45 所示，效果如图 8-46、图 8-47 所示。

```
.inner {
  margin: 10px auto;
}
.box {
  padding: 15px 0;

}
.item {
  width: 100%;
  display: flex;
  flex-direction: row;
  justify-content: center;
  flex-wrap: wrap;
}
.item li {
  width: 20%;
  overflow: hidden;
  border-radius: 10px;
  padding: 0 10px 30px 10px;
}
.item li .img_box {
  height: auto;
  border-radius: 10px;
  overflow: hidden;
}
.img_box img {
  width: 100%;
  max-height: 100%;
}
.item li h2 {
  font-size: 15px;
  color: #515151;
  line-height: 24px;
  margin: 10px 0;
  padding: 0 10px;
  overflow: hidden;
  text-overflow: ellipsis;
  display: -webkit-box;
  -webkit-box-orient: vertical;
  -webkit-line-clamp: 2;
  height: 45px;
  text-align:center;
}
```

图 8-45　修饰热点景点区域代码

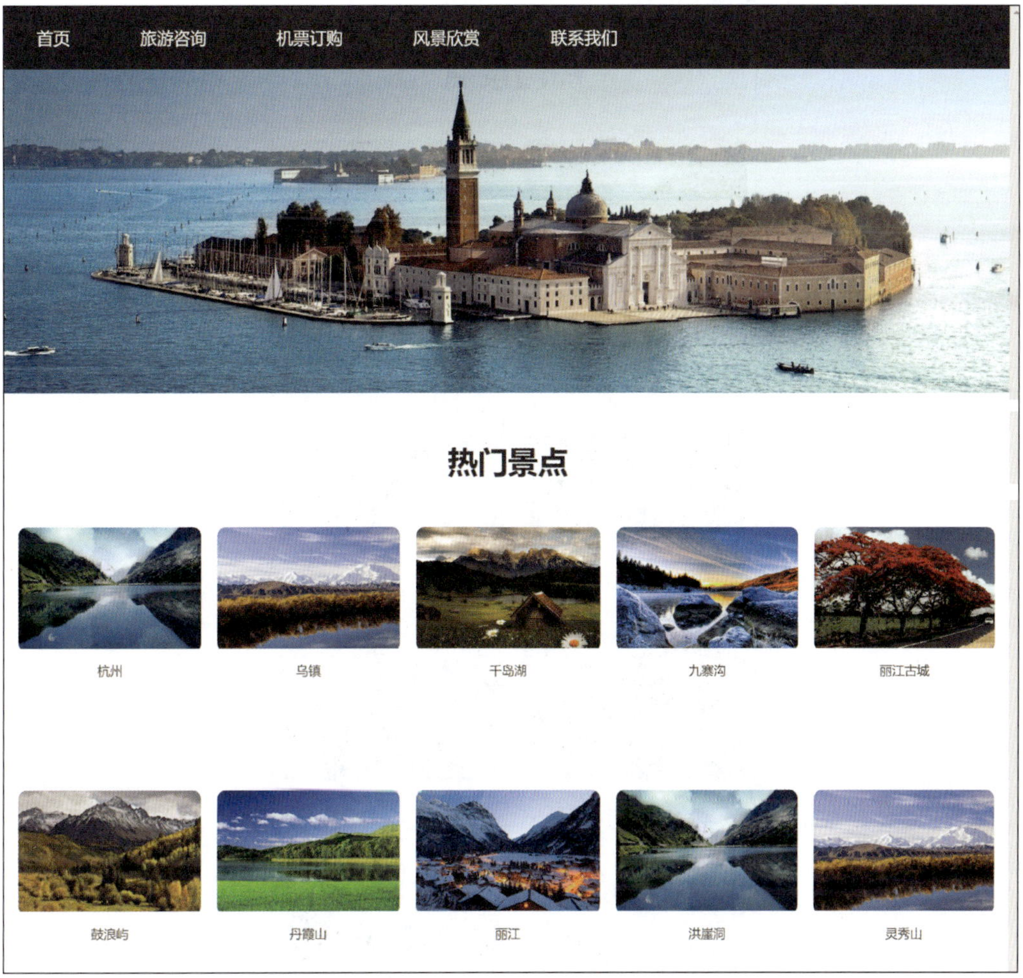

图 8-46　热门景点区域效果（大屏幕）

图 8-47 热门景点区域效果（小屏幕）

● 步骤 10：制作底部区域

打开 index.html 文件，在工作区中插入 <div> 标签作为底部区域，命名为“footer”，利用 <p> 标签制作版权信息文字，如图 8-48 所示。

```
<div class="footer">
    <p>Copyright 2021 旅游公司. All Rights Reserved by</p>
</div>
```

图 8-48 制作底部区域代码

● 步骤 11：修饰底部区域

设置底部背景颜色为 #000，字体大小为 0.875em，居中对齐且颜色为 #fff，如图 8-49 所示。

```
.footer {
  padding: 18px 0;
  background: #000;
}

.footer p {
  margin: 9px 0 0 0;
  font-size: 0.875em;
  color: #fff;
  text-align: center;
}
```

图 8-49 修饰底部区域代码

● 步骤 12：制作媒体查询

1. 超小屏幕

需要把先前的导航条变为汉堡式导航，代码如图 8-50 所示。需要设置 inner 宽度为 100%，<li> 标签的宽度为 50%，字体大小为 26px，代码如图 8-51 所示。

2. 小屏幕

需要设置 inner 宽度为 540px，<li> 标签的宽度为 50%，字体大小为 30px，代码如图 8-52 所示。

3. 中等屏幕

需要设置 inner 宽度为 720px，<li> 标签的宽度为 33.3%，代码如图 8-53 所示。

```
@media (max-width: 575px) {
    .header {
        padding: 25px 0;
    }
    .menu { /* 汉堡菜单按钮 */
        display: block;
        cursor: pointer;
    }
    nav>ul {
        display: none;
    }
    nav input[type="checkbox"]:checked~ul {
        display: block;
    }
    nav ul li {
        width: 100%;
        display: inline-block;
        text-align: center;
        margin: 0;
        padding: 0;
    }

    nav ul li a {
        display: block;
        margin: 10px 0;
    }
}
```

图 8-50　超小屏幕修饰代码（1）

```
@media screen and (max-width: 575px) {
    .inner {
        width: 100%;
    }
    .inner_hd {
        padding: 30px 0;
    }
    .item li {
        width:50%;
    }
    .inner_hd h2 {
        font-size: 26px;
    }
}
```

图 8-51　超小屏幕修饰代码（2）

```
@media screen and (min-width: 576px) {
    nav>ul li a {
        font-size: 1em;
    }
    nav>ul li {
        margin: 0 10px;
    }
    .inner {
        width: 540px;
    }
    .item li {
        width:50%;
    }
    .inner_hd h2 {
        font-size: 30px;
    }
}
```

图 8-52　小屏幕修饰代码

```
@media screen and (min-width: 768px) {
    .header {
        padding: 24px 0;
    }
    nav>ul li {
        margin: 0 20px;
    }
    .inner {
        width: 720px;
    }
    .item li {
        width:33.3%;
    }
}
```

图 8-53　中等屏幕修饰代码

4. 大屏幕

需要设置 inner 宽度为 960px，<li> 标签的宽度为 25%，代码如图 8-54 所示。

```
@media screen and (min-width: 992px) {
    nav>ul li {
        margin: 0 35px;
    }
    nav>ul li a {
        font-size: 1.25em;
    }
    .inner {
        width: 960px;
    }
    .item li {
        width:25%;
    }
}
```

图 8-54　大屏幕修饰代码

5. 超大屏幕

需要设置 inner 宽度为 1 200px，<li> 标签的宽度为 20%，代码如图 8-55 所示。

```
@media screen and (min-width: 1200px) {
    nav>ul li {
        margin: 0 40px;
    }
    .inner {
        width: 1200px;
    }
    .item li {
        width:20%;
    }
}
```

图 8-55　超大屏幕修饰代码

任务评价

任务评价表

学习任务	使用弹性盒子布局网页			
项目	**评价内容**	**配分**	**得分**	
知识	掌握弹性盒子的概念	25		
	掌握弹性盒子的常用属性	25		
技能	能够正确使用弹性盒子实现响应式布局	25		
	能够正确设置弹性盒子的属性	25		
任务评价			合计得分	

思考与练习

1. 请简要描述弹性盒子的定义及其特点。
2. 弹性盒子包含哪些主要属性?
3. 弹性盒子在网页设计中的作用是什么?